GOLDMANN
Lesen erleben

Buch

Agrar-Rebell Sepp Holzer zieht auf seinem Bergbauernhof im Salzburger Lungau noch in einer Seehöhe von 1500 Metern Kiwis, Kirschen und Kürbisse, mitten im Winter erntet er Radieschen, und sein Getreide wächst im Wald: Der »Krameterhof« ist längst zum Symbol für eine neue Art der Landwirtschaft geworden.
Sepp Holzer hat eine eigene Form der Permakultur entwickelt, die bereits Gegenstand wissenschaftlicher Forschungsarbeiten ist und auch Projekt der EXPO 2000 in Hannover war. Unter geschickter Ausnutzung ökologischer Beziehungen und Kreisläufe lässt er die Natur für sich arbeiten und erzielt mit minimalem Arbeitsaufwand – ohne die Umwelt zu belasten – ein Maximum an wirtschaftlichem Erfolg. Dass sich dieses Konzept unter den unterschiedlichsten Umweltbedingungen anwenden lässt, zeigt Holzer als Berater bei zahlreichen Projekten, wo zerstörte Böden mit Hilfe der Permakultur wieder in landwirtschaftliches Land verwandelt werden.
In diesem reich bebilderten Buch erläutert Sepp Holzer nicht nur die Grundprinzipien seines Denkens, er schildert auch lebendig, wie er dazu kam, sein wirtschaftliches Überleben auf dem ererbten, chancenlosen Bergbauernbetrieb mit neuen, alternativen Methoden zu versuchen, und gegen welche Widerstände von Seiten der Behörden er dabei zu kämpfen hatte.

Autor

Sepp Holzer wurde 1942 als Bergbauernsohn auf dem Krameterhof (1300 m ü.d.M.) in der Gemeinde Ramingstein, Land Salzburg, geboren. Landmaschinen gab es in seiner Kindheit nicht, elektrischer Strom kam erst 1955 ins Haus. 1962 übernahm er den Hof. Mit seiner Experimentierfreude und Beobachtungsgabe probierte er die verschiedensten Möglichkeiten aus, auf seinem klimatisch und von der Bodengüte her extrem benachteiligten Gelände von 1100 bis 1500 m Höhe Acker-, Obst- und Gemüsebau, Fischwirtschaft und Viehzucht zu betreiben. Naturnah und achtsam beschritt er unkonventionelle Wege, und zwar so erfolgreich, dass er inzwischen weltweit bewundert und um Rat gefragt wird. Auf seinen Krameterhof pilgern mittlerweile jährlich Zehntausende.

Sepp Holzer
Der Agrar-Rebell

GOLDMANN

Die Hardcover-Originalausgabe erschien 2002
im Leopold Stocker Verlag, Graz.

Bildnachweis: Univ.-Prof. Dr. Bernd Lötsch, Wien: S. 168 oben, 274 unten, 279, 300 unten; Konrad Liebchen, Neumarkt: S. 144; Johanna Lehner, LIK-LAK, Leonding: S. 322 oben und unten, 330 oben und unten, 331 oben und unten; Gerhard Petrlic, Zeutschach: S. 74 unten, 114 unten, 168 unten, 192 unten,
261, 271 oben;
Tuschezeichnungen: Gabi Wolf, Ottensheim, gabi.wolf@utanet.at
Die restlichen Bilder wurden dem Verlag freundlicherweise
vom Autor zur Verfügung gestellt.

MIX
Papier aus verantwortungsvollen Quellen
FSC www.fsc.org FSC® C005833

Verlagsgruppe Ramdon House FSC-DEU-0100
Das FSC®-zertifzierte Papier für dieses Buch
Profibulk von Sappi liefert IGEPA

4. Auflage
Vollständige Taschenbuchausgabe Juni 2006
Arkana, München
in der Verlagsgruppe Random House GmbH
© 2002 Leopold Stocker Verlag, Graz
Umschlaggestaltung: Design Team München
Umschlagfoto: Gerhard Petrlic
WL · Herstellung: CZ
Satz: Uhl+Massopust, Aalen
Druck und Bindung: Těšínská tiskárna, a.s., Český Těšín
Printed in the Czech Republic
ISBN 978-3-442-21771-7

www.goldmann-verlag.de

Inhalt

**Der Agrar-Rebell –
Wie ich Sepp Holzer sehe (von Bernd Lötsch)** 11

Vorwort 25

»Beißwürmer« im Beet – die Kindheit
   Erinnerungen an die früheste Kindheit 28
   Erste Keimversuche in Mutters Blumentrögen . . 36
   Mein erster Grund – der »Beißwurmboanling« . . 39
   Verfrühte Ernte im Krautland 42
   Schwere Arbeiten beim Stallneubau 43
   Schulanfang 1950 45
   Erster Pflanzenverkauf und -tausch 48
   Fische – meine ersten Tiere 51
   Geschäfte mit den Schulkameraden 60
   Angst vor dem Religionsunterricht 62
   Wegen der Arbeit die Schule geschwänzt 63
   Ein Streich mit dem Knecht Isidor 64
   Mein erstes Lamm 65
   Ein schwerer Unfall im Stall 66
   Zugarbeiten am Hof und Streiche mit Poldl 67
   Das Zinsvieh am Ochsenkar 71
   Der herrliche Geschmack des Leinöls 72
   Erste Umpflanzungsversuche bei Obstbäumen . 73
   Kinder werden heute verzogen 78
   Kartenspielen – meines Vaters Schwäche 80

Wege und Irrwege

Schulende – mein Irrweg beginnt 83
Ausbildung zum Obstbaumwärter 87
Fischereiausbildung am Mondsee 96
Schreibarbeiten für die ganze Umgebung 101
Vorzeitiges Ende des Grundwehrdienstes
   wegen Hofübernahme 102
Die erste Zeit als Jungbauer 105
Neuer Weg – hohe Kosten 106
Grundstücksrückkauf von den
   Bundesforsten 109
Heilpraktiker und Schulmediziner 110
Familiengründung 113
Die erste öffentliche Fernsprechstelle
   beim Krameter 116
Zusätzliche Geldquellen durch Saisonarbeit . . . 117
Pilzzucht – eine erfolgreiche Nische bis
   zur Katastrophe von Tschernobyl 118
1969 bis 1975: Wildgehege, Jausenstation,
   Pension 120
Neid, ein fürchterliches Laster 128
Neue Grundankäufe 129
Biberzucht 130
Imkerei 131
Zucht seltener Vögel 131
Das Luchsprojekt 132
Giftpflanzen sind für Tiere wichtig 136
Unterschiede zwischen Haus- und Wildrind . . . 137
Gelungene Enzianzucht 139
Wertvolle Silberglanzweiden vermehren 143

Begegenheiten mit »naturfremden«
   Menschen 148
Schlangenzucht 151
Versuchsprojekt mit Klärschlamm-
   vererdung 154

Der Oberforstdirektor ohne Jagdschein – Erlebnisse mit Jägern und Jagdbehörden

Beginn der Jagdpacht 157
Ein Oberforstdirektor lädt sich selbst
   zur Jagd ein 158
Verurteilung durch das Jägerehrengericht 159
Die Jagd fällt an mich zurück 165
Negative Folgen der Monokulturen:
   Schälschäden und Versiegen des Brunnens ... 166
Erlebnisse mit Jagdgästen und Wilderern 173

Der Fischerobmann im Bärengehege – Fischzucht und Teichwirtschaft

Beginn der Fischzucht 179
Alternative Möglichkeiten der
   Fischfütterung 183
Fischvielfalt in einem Gewässer 185
Steine für warmes Wasser 189
Angelzentrum für Sportfischer 191
Renaturierung der Teiche 193
Rechtliche Probleme bei Bauprojekten 194
Interessenvertretung gegen das Mitglied:
   der Landesfischereiverband 198

Anträge, Bescheide und Schikanen – Erfahrungen mit Behörden

»Riebernweg« – ein Projekt durch alle
  Instanzen 209
Behörden kennen keine Praxis 216
Sinnlose Bescheide für die Wildgatter-
  bewirtschaftung 218
Letztes laufendes Verfahren 221
Meine Verteidigungsstrategie 225
Das Problem mit den Steuern 230
Einsicht eines Beamten 231
Erfahrungen als Kammerrat und
  Gemeinderat 234
Unterschiedliche Interpretation
  des Forstgesetzes 237
Verfahren bezüglich der Hausmühle 239
Lagerhaus – nicht immer nah und für
  alle da 245
Erfahrungen mit Menschen 247

Gärten der Vielfalt – der Krameterhof heute

Permakultur – ein Weg für alle 253
Beispiel Ernteland 256
Permakultur auch in der Stadt 258
Schweinehaltung im Freiland 264
Alte Kultur- und Wildpflanzen 270
Familienleben ist wichtig 272
Das Wissen weitergeben 277
Hoch- und Hügelbeete 282
Techniken des Wassersammelns 287

Inhalt 9

Regenwürmer – wertvolle Mitarbeiter
  in der Permakultur 289
Ameisenzucht – ein spezielles Verfahren 293
Der Krameterhof heute 296
Projekt »Naturerlebnisland Lungau« 304

Auslandsprojekte

Projekte in Süd- und Mittelamerika,
  in Bosnien und Nordamerika (2000/2001) . . 315
Menschliche Tragödien in Kolumbien 320
Riesige Brandrodungen in Brasilien 324
Schlechte Trinkwasserversorgung und
  Murengefahr in der Gegend um Medellin . . . 328
Spendenaktion für Kolumbien 335

Schlussbetrachtung

Philosophie der Vielfalt weckt Interesse
  an der Landwirtschaft 338
Ehrlich und direkt miteinander
  kommunizieren 340
Die Natur ist einfach und perfekt 341
Meine Botschaft 342

Der Agrar-Rebell

Wie ich Sepp Holzer sehe

von Bernd Lötsch

»... *ich wechselte nur von einer Universität auf die andere, von der Universität Wisconsin auf die Universität der Wildnis*«, schrieb John Muir (1838–1914), Umweltgewissen und Wildnisprophet der damals jungen Vereinigten Staaten, über die wichtigste Wende in seinem Leben.

Auch ich hatte eine Wende im Sinn, als ich meine Studenten im August 1995 von der Universität in die »Wildnis-Kultur« des kämpferischen Sepp Holzer entführte – für 10 Tage auf den von Leben überquellenden Südhang hoch über Ramingstein bei Tamsweg im Lungau, zwischen 1000 und 1500 m Seehöhe.

Zunächst hatte ich den Erzählungen über den Krameterhof misstraut – Skepsis ist schließlich mein Beruf, Naturwissenschaftler können sehr präpotent sein, wenn man sie mit allzu Originellem konfrontiert. (»Eh' ich mich so sehr wundere, glaub' ich's lieber nicht«, karikierte der witzige Roda-Roda schon vor 70 Jahren die Haltung festgefahrener Schulgelehrter.)

Ein vielseitiger HTL-Professor (DI Dr. Rudolf Habison), der bei Holzer hie und da ein Reh schoss und einen Fisch fing, hatte mich mit dem ebenso blitzgescheiten wie querköpfigen Bergbauern zusammengebracht, der, statt zu jammern, voller Ideen war, den kargen Steilhang terrassierte und in eine schimmernde Treppe von Teichen, Tümpeln und Wassergräben verwandelte (über 30 an der Zahl), Obstbäume statt Fichtenplantagen pflanzte, sein eigenes Wasserkleinkraftwerk betrieb, bildschöne Blockhäuschen für die Gäste baute, mit vielerlei Wildgehegen erfahren war und im Glashaus sogar Neuguinea-Papageien und Blaustirnamazonen züchtete, von denen jeder 10 000 Schilling (727 Euro) bringen konnte. Holzer ist ein Naturbeobachter von Kind an, der Vielfalt (statt Einfalt) als Versicherung biologischer Systeme erkannt hatte und auch die ökonomische Gesundheit seines Betriebs darauf gründete.

> **Holzers Terrassen – eine Waldverwüstung?**
> »Da hat man einen Ausblick auf die Terrassen! Wunderbar! Birnen-, Apfel- und Kirschbäume. Die Bäume verkaufe ich dann wieder. Unten auf 1100 m sind die Kirschen Mitte Juni reif und oben Ende September. Also habe ich durchgehend Kirschen. Zwischen den Hügelbeeten sind Spargel, Topinambur, verschiedene Kartoffelsorten und alles Mögliche an Gemüse. Nach dem Forstgesetz ist das eine Waldverwüstung.«

Allein das Wort »Wildnis-Kultur« ist schon ein provokant erfrischender Widerspruch in sich. Wie kann etwas Wildnis sein, sobald man es kultiviert?

Zugegeben – Holzer kämpfte mannhaft gegen Monokulturen (die eigentliche »Erbsünde« des Zivilisationsmenschen, wie der geistvolle Ökologe Karl Burian stets betonte). Als Holzer sich weigerte, neue »Stangenäcker«

Der Agrar-Rebell 13

nachzupflanzen, weil Fichtenforste mit ihrer Nadelstreu den Boden versauern, schädlingsanfällig sind, als Flachwurzler den Steilhang oft nicht wirklich festigen, keine Wildäsung, keine Faunenvielfalt und keinen Dauernutzen bringen, nicht einmal Erlebnisräume für Erholung suchende Gäste, geriet er in Klagen, Verwaltungsstrafen und Behördenprozesse. Er stand sie durch – nervlich und finanziell.

Auch mit dem überzogenen Bau von Forstwegen steht er auf Kriegsfuß – zu groß vorgeschrieben und zu kostspielig, reißen sie die Hänge an und erzwingen teure Stützbauten.

Als ich mich bei den Forstbehörden für Holzer einsetzte, war man irritiert – so tief war die Kluft zum forstlichen Ordnungsdenken. Wie konnte man sich für einen »Sonderling« einsetzen, der ganze Waldameisenvölker in Jutesäcken auf seinen Grund trug und den ihn zur Rede stellenden Waldingenieur mit Fragen wie: »Meinen Sie *Formica rufa* oder *Formica polyctena*?« in Verlegenheit brachte? Selbst Naturschutzbehörden reagierten verwundert: Wie könne ich seinen baggergestützten Landschaftsbau naturnah finden – wo es dann von Florenfälschungen und Exoten nur so wimmle? Was hätten Maronibäume, Ginster, Neuseeländische Kiwis, subtropische Wasserpflanzen, Zitrusblüten, Edelhopfen und Süßkartoffeln hier im Lungau verloren? Dagegen wären selbst Fichtenäcker noch standortgerecht.

Was also meinte Holzer mit dem charmanten Paradoxon von der »Wildnis-Kultur«, bevor man ihm sagte, dass er eine Alpinvariante der »Permakultur« entwickelt habe – einer durch größte Vielfalt, gegenseitige Förderung von Arten, biologische Selbstregulation und Kreisläufe nachhaltigen Landwirtschaftsform erstaunlich hoher Flächenproduktivität, für deren Prinzip ein tasmanischer Professor, der Australier Bill Mollison, den Alternativ-Nobelpreis Jakob von Uexkülls erhalten hat?

Natürlich ist Holzers Garten Eden keine »Wildnis«. Unter dem Zwang, so wenig arbeitsintensiv wie möglich zu sein, ist er aber auch keine wirkliche »Kultur«. Er enthält alle Erfolgsprinzipien echter Wildnis-Ökosysteme – das scheinbare Chaos der Vielfalt ökologischer Nischen, hinter dem sich die Ordnung des Lebendigen verbirgt: Synergien, Konkurrenz, Selbstregulation und Kreisläufe. Es ist der gelenkte Zufall eines scharfsichtigen Naturbeobachters. *»Der Zufall begünstigt nur den vorbereiteten Geist«*, hat Louis Pasteur aus eigener Erfahrung einen Schlüssel zur Genialität offengelegt. Und ein anderer Nobelpreisträger, der Entdecker des Vitamin C, Szent-Györgyi, meinte: *»Forschen heißt zu seh'n, was andre auch gesehen, jedoch dabei zu denken, was noch kein anderer gedacht.«*

Es ist, als hätten sie Sepp Holzer gekannt. Und müsste ich etwas zur Erklärung seines Erfolges hinzufügen, würde ich sagen: »Erfolg ist, von den Zinsen der Natur zu leben statt vom Kapital« und »Erfolg ist, seiner Zeit voraus zu sein und dennoch schon verstanden zu werden.«

Und ob er verstanden wird! Meine Studenten aus den Bereichen Ernährungswissenschaften und Biologie hingen tagelang an seinen Lippen, lernten

Der Agrar-Rebell

- wie man mit Felsbrocken in einem bisher unproduktiven Südhang Wärme liebende Nutzpflanzen von Marille und Pfirsich bis zu Rekordkürbissen fördern kann – im »Sibirien Österreichs« mit einem Jahresmittel von nur 4,2 °C und Frösten bis minus 25 °C,
- wie man Obstbäume biologisch gegen Wildverbiss schützt und dennoch Wilddichten ermöglicht, von denen andere Reviere nur träumen,
- wann Lärchen geschlägert werden müssen, damit man aus ihrem Holz dauerhafte Dachschindeln, ja sogar Kaminauskleidungen herstellen kann, die fast feuerfest sind,
- wie man Sperlingskäuze gegen Mäuse (sogar Wühlmäuse) ansiedelt,
- wie man Holzstrünke zur Zucht von Hallimasch und Shiitakepilz (der in Deutschland über 60 DM [31 Euro] pro kg brachte, weil man ihm Antitumor- und cholesterinsenkende Wirkung zuschreibt) nutzt,
- wie man aus Sägespänen, Pilzsporen und Kräuterextrakt selbst auf versauerten Waldböden die besten Pfifferling-(Eierschwammerl-)Kulturen anlegen kann,
- wie man Ohrwürmer als Nützlinge im Obstbau fördert,
- dass man auf Wegen im Hang zugleich Gemüse ziehen kann,
- wie man aus Kirschbäumen und Enzianwurzeln die beste Wertschöpfung herausholt (über Schnapsbrennereien) und
- wie man mit einem Schreitbagger samt drehbarem Baggerlöffel erwachsene Bäume vom Holzer-Hang

für die Grüngestaltung von Hotelbauten verpflanzen kann – eine enorme Chance für Landwirte, die vorausdenken, denn bei einem Tourismusbau um -zig Millionen zahlt man gerne die ein-, zweitausend Euro für einen prächtigen Baum, der schon im nächsten Jahr voll wirkt, statt Jahrzehnte warten zu müssen, bis aus einem unscheinbaren Beserl endlich eine stattliche Laubkrone herangewachsen ist.

Fasziniert waren sie von den halb wild lebenden Mangalitsa-Wollschweinen, die jedes Wort ihres Herrn zu verstehen schienen. Wenn er sie außerhalb ihres Waldgeheges antraf und deshalb schimpfte, kehrten sie eilig durch das »illegale« Loch im Zaun dorthin zurück.

Derzeit nutzt er die gescheckten Turopolje-Schweine in der ihm eigenen Schläue tiergerecht.

Holzer über Schweineglück und Ackerbau

»... da muss ich nur ein paar Zuckererbsen hinstreuen, nach denen sie wühlen, und morgen ist von den Schweinen alles gepflügt. Und übermorgen noch ein paar Erbsen, dann suchen die Schweine wieder, und so eggen sie. Erst haben sie gedüngt, dann geackert und dann geeggt.

Eine ganz robuste Rasse, die stammen von der Save-Ebene aus Kroatien, Maria Theresia hat die seinerzeit angeblich dort eingeführt. Die produzieren Junge, die ich verkaufen kann, Fleisch und Speck. Sie nehmen mir die Arbeit ab, ich muss weder Krankenkasse noch

Lohn zahlen: und wenn sie in Pension gehen, liefern sie noch guten Speck.
Wenn sich das Tier wohlfühlt, entsteht daraus auch ein gesundes Produkt.
Ich möchte die Tiere nicht einsperren, Gefängniswärter spielen und meine Gefangenen im Stall füttern. Sie brüllen und schreien im Stall, und draußen scheint die Sonne. Wie viele Tiere sehen heutzutage keine Sonne mehr. So etwas gehört verboten, da werden Menschen zu Massentierquälern – ein Verbrechen, das heute auf breitester Basis passiert. Aber jammern können sie. Ich muss nicht jammern, wenn ich alles für mich arbeiten lasse.«

Was hat er nicht schon alles ausprobiert – und fast alles wurde in seinen Händen zum Erfolg. Sobald ihm dabei aber Konkurrenz erwuchs, wenn – mit Verzögerung – bald zu viele damit begannen, war Holzer schon wieder ganz woanders. Stets auf der Suche nach neuen Nischen konkurrenzlos zu bleiben, ist ein ökologisches Erfolgsprinzip – bei ihm zugleich sein ökonomisches Geheimnis.

Holzer zur Konkurrenzvermeidung
»Ich habe ja auch Wildrinder, z. B. Yaks, Bisons, schottische Hochlandrinder, also ganz robuste Wildtierrassen, und vor allem auch Haustierrassen mit bestem Erfolg gezüchtet. Das machen jetzt einige von meinen Nachbarn. Und was die Nachbarn machen, mach ich nicht.

> Ich will denen ja keine Konkurrenz schaffen. Es gibt ja noch so vieles andere in der Landwirtschaft, das ich noch machen möchte. Sobald das wieder einer nachmacht, mache ich etwas anderes. So wird einem nie langweilig, und man erfährt immer wieder etwas Neues. Das macht das Bauersein interessant.«

So hielt er Damhirsche und Wildrinder wie Bisons, Wisente, Yaks oder halbwilde schottische Hochlandrinder, denn der Abschuss von »Gehegewild« unterlag weder Fleischbeschau noch Schlachthofhygiene, und man erzielte gute Preise. Durch Billig-Ostimporte fiel der Preis für lebendes Damwild, das er vorher um 12 000–14 000 Schilling (872–1017 Euro) pro Stück verkaufen konnte, auf 2000 und das Fleisch auf 20 Schilling pro kg (145 bzw. 1,45 Euro). Hinzu kam der schwere Schlag von Tschernobyl, der sowohl Wildbret- als auch Pilzpreise verfallen ließ. Auch seine Nutria-(»Sumpfbiber«-)Zucht in Schwimmboxen mit Fließkanal für Zuchtgruppen fand ein jähes Ende, als Ostimporte die Fellpreise auf ein Fünftel fallen ließen. Ähnliches geschah mit seinen Auer-, Birk- und Haselhuhnzuchten.

Seine unternehmerische Phantasie brauchte zugleich rasches Reagieren auf geänderte Bedingungen, um nicht ins ökonomische Fiasko zu geraten.

Einer der Studenten, die damals mit uns bei Holzer waren, machte dann seine Dissertation als Betriebswirt an der Wirtschaftsuniversität über den Krameterhof, auf dessen Steilhang auch für Biologen noch ein Dutzend weiterer Dissertationsthemen lägen, würde man die interessanten Beobachtungen, Experimente und Deutungen Holzers wissenschaftlich überprüfen; z. B. wie man Wildschäden vermeidet und den Tieren trotzdem überlässt, was sie brauchen, oder wie sich Tiere in Zucht und in Freiheit verschaffen, was ihr Körper verlangt: Haben sie Darmparasiten, gehen sie an Wurmfarn oder Bitterlupine, die sie sonst nicht anrühren. Auch seine Voliere-Vögel holen sich die richtige Dosierung, wenn er ihre Parasiten mit Stechapfel, Trompetenblume oder Eisenhut bekämpft.

Allein sein Wissen über die wechselseitige Förderung (oder Hemmung) verschiedener Pflanzenarten oder die Abfolge bodenaufbereitender Pioniere bei der Neubesiedlung von Schlägen, die er meist mit Lupine, Rittersporn, Koriander und Fenchel startet, wäre dissertationswürdig – ebenso wie viele Kunstgriffe, mit denen er Igel, Wiesel oder Sperlingskauz fördert, oder seine Beobachtungen an Waldameisen und seine tiefen Einblicke in das Wasserleben seiner Feuchtbiotope: alles Fragestellungen, die nur aus dem Leben mit der Natur entspringen, nie aus der Sterilatmosphäre von Labors.

Holzers Pflanzendialog

»Das sind jetzt die Förderpflanzen: Süßlupinen, Klee für den Stickstoff, Erbsen und Sonnenblumen.
Man muss die Natur für sich arbeiten lassen, sie beobachten, mit den Pflanzen reden. Die sagen einem, ob sie sich wohlfühlen, ob es ihnen gut geht. Wenn man da ein bisschen mitfühlt und sich hineinversetzt, dann wächst es überall. Dann gibt es keine Gunst-

> lagen oder Ungunstlagen, nur mehr oder weniger fähige Menschen, die in Kooperation mit der Natur leben und nicht in Konfrontation.«

Dass er mit Pflanzen redet, gilt nicht wörtlich – eher als stummer Dialog aus Zuwendung und einem feinen Sensor für die stillen Antworten der Vegetation.

Würde seine »Wildnis-Kultur« nicht längst schon »Permakultur« genannt, hätte ich sie »Paradies-Kultur« getauft – denn »Paradies« war für die Menschen nie totale Wildnis, sondern »Garten« Eden. Wildnis war (bevor sie zum sterbenden Restposten verkam) meist erschreckend, ja un-heim-lich für Homo sapiens, das »Kulturwesen von Natur aus« (Gehlen, Lorenz).

Unleugbar aber hat Homo sapiens über 99,9 % seiner Evolution im *Natur*milieu (und in sozialen Kleingruppen) verbracht. Auch das hat Folgen. Heute, in einer technisch entzauberten Ersatzwelt aus Megakuben und »Gottlosen Geraden« anonymer Ballungsräume, sehen wir eine zunehmende Neurotisierung, einen Naturverlustschock. Nun werden die letzten Reste organischer Natur zur Seelennahrung, zum Vitamin für das Gemüt, schleppt man Dschungeläste voll Epiphyten in die kahlen Hallen der Büropaläste, sucht man mit Gartenteichen die Erinnerung an das verlorene Paradies. Wir kennen das aus der Gartenkunst der Romantik und der englischen Parks, aus den »Ideallandschaften« und Paradiesgemälden alter Meister – Wasserränder, Auwiesen, Baumpersönlichkeiten, vielleicht Ruinenfragmente, dazwischen exotische Tiere, friedlich, wie im Gehege und ohne Scheu ...

Nicht Wildnis ist der Mehrheitswunsch der Menschen, sondern Landschaft: »*Landschaft schafft, wer mit dem Land schafft*«, sagte der kreative Prophet der modernen Naturgartenidee, der holländische Künstler Louis Le Roy (»Natur einschalten, Natur ausschalten« hieß sein ironischer Bestseller). Statt pedantischem Ordnungsdenken mit »Richtschnur und Schneckengift« Natur wieder geschehen lassen, in sie hineinlauschen – denn wer die Natur beherrschen will, muss ihr gehorchen. Nicht Wildnis, sondern Ver-Wilderung heißt das Gebot der Stunde in durchkonstruierten Zivilisations- und Agrarwüsten. Deshalb gründete Konrad Lorenz mit seiner Frau Gretl (einer Gärtnerstochter) sowie mit Freunden wie Antal Festetics und Bernd Lötsch den heiteren Eliteclub »Verein zur Herstellung und Erhaltung halbwilder Zustände« – wobei wir Louis Le Roy und Friedensreich Hundertwasser als Mitglieder kooptierten.

Auch das macht den Ausbruchsversuch Sepp Holzers aus der normierten Agroindustrie so wichtig. Wie soll denn der Bauer noch zum »Pfleger der Erholungslandschaft« werden, etwa in Ostösterreich, wo man die Landschaft quadratkilometerweise zum Fabriksaal hergerichtet hat, akzentuiert nur noch durch Hochspannungsmasten, verrohrte Bäche, verwehte Düngersäcke, Silobags und die Staubfahne eines einsam umherdieselnden Industriearbeiters unter freiem Himmel (die junge Bauerngeneration beginnt auch hier umzudenken)? Den kreativen Freiraum dafür müssen sich die Bauern erst wieder schaffen.

Dies ist nicht leicht zwischen beinharten ökonomischen Zwängen, Beratungsdiensten und den Förderungskorsetten der EU-Bürokratie.

Sepp Holzers unangepasstes Vorleben soll ihnen Mut machen. Er fällt ja durch fast alle Förderungsraster durch, passt in keines ihrer Schemata. Er muss ja aufbegehren. Dies ist sehr heilsam für unseren »postimperialen Untertanenstaat« (mit »Hofräten« ohne Hof, der Autor ist selbst ein solcher). Hier neigt man sehr zum vorauseilenden Gehorsam. Dagegen hat Holzer den Stil des vorauseilenden *Ungehorsams* entwickelt, und siehe da: bei ihm funktioniert's.

> **Holzer zur Bevormundung der Bauern**
> »Das Bedauerliche ist, dass der Bauer so bevormundet wird und sich von Theoretikern vorschreiben lassen muss, wie er seinen Grund und Boden zu bewirtschaften hat. Diese Beamtenhörigkeit ist ein Problem, weil die Jungbauern schon so dazu erzogen werden, mit dem Hut in der Hand in eine Behörde zu gehen und das zu machen, was ihnen gesagt wird.«

Ist Holzers Weg verallgemeinerbar – ist der Krameterhof nicht längst von der Produktionsstätte zum Schaubetrieb geworden, zum Experimentierlabor für alternative Zukünfte in der alpinen Landwirtschaft – kann man Kreativität verordnen?

Holzer ist ebenso wenig verallgemeinerbar, wie Sauerteig oder Hefe das Brot ersetzen könnte. Aber er führt uns vor Augen, dass vieles von dem, was wir Ökonomie-

Der Agrar-Rebell

krise oder Ökologiekrise nennen, in erster Linie eine Phantasiekrise sein könnte.

Und gibt es nicht zu denken, wie erfolgreich seine Sicht nun plötzlich für die Entwicklungshilfe wird? Man holt ihn von seinem Lungauer Steilhang nach Kolumbien, nach Costa Rica, bald auch nach Afrika – als härteste Probe seines Könnens, denn dort geht es um Tod oder Leben. Tief bewegt von dem sichtbaren Elend, aber auch von den vorstellbaren Chancen, sagt er:

> »Wir leben im Kältepol Österreichs. Durch Jahrhunderte mussten unsere Bauern das karge Überleben lernen. Und dann komme ich in die Tropen, in ein Klima, das drei Ernten im Jahr zulassen würde – und was machen die Leute? Sie verhungern im Paradies …«

Scharfsichtig reagiert er auf die völlig anderen Bedingungen – vom Klima über das Nutzpflanzenspektrum bis zum Bildungsnotstand – mit der ihm eigenen Flexibilität, wenn es um lokale Praxis geht. Im Prinzip jedoch bleibt er sich treu. Und schon quellen die Holzer'schen Hügelbeete vor Nahrung über, lernen Slumbewohner, sich selbst zu ernähren, träumt er von Agroforestry-Programmen, ist er Lernender und Prediger in einem.

Die Winter sind lang am Krameterhof – für Holzers globales Engagement ein Vorteil. Die Zukunft des Hofes als ökologisches Freilandlabor und Bildungsort scheint gesichert. Tochter Claudia studierte Biologie in Graz, auch in ihre Diplomarbeit spielen die Hügelbeete und

Laufkäfer am Hof des Vaters hinein. Der Sohn beginnt nach absolvierter Försterschule nun ebenfalls mit Ökologie. Was die beiden wohl allen ihren Studienkollegen weit voraushaben: Sie haben den spannenden Prozess zunehmend bewusst miterlebt. Wer Permakultur betreiben will, muss der Zeit in die Quere sehen. Sie werden sich einst auf beide Schulen stützen können – auf die der Grazer Universität und auf die ihrer Eltern im steten, wachen Dialog mit Natur und Ökonomie. Ihre Mutter hat alles von Anfang an kongenial mitgetragen, bei aller Liebe und Bescheidenheit tritt Vroni Holzer nach ernster Krankheit – und mittlerweile auch noch computerkundig – immer mehr aus dem Tiefschatten ihres charismatischen Gatten in das Licht einer interessierten Öffentlichkeit, die wissen will, wie dieses »Wunder vom Krameterhof« denn überhaupt möglich war.

Lassen wir nochmals den großen Naturschutzpionier Amerikas, John Muir, zu Wort kommen:

> *The astronomer looks high, the geologist low. Who looks between on the surface of the earth? The farmer, I suppose, but too often he sees only grain.*
> (Der Astronom blickt in die Höhe, der Geologe in die Tiefe. Wer blickt dazwischen, auf der Oberfläche der Erde? Der Bauer, meine ich – aber allzu oft sieht er nur das Korn.)

Sepp Holzer sieht wahrlich mehr als nur das Korn – John Muir hätte er gefallen, ebenso wie *seine* »Universität der Wildnis« ...

Vorwort

Holzer'sche Permakultur: Wo haben Sie das gelernt? Woher stammt diese Idee? Wie kommt ein Bauer zu dieser alternativen Form der Landbewirtschaftung? Fragen über Fragen, die mir, Sepp Holzer, Bergbauer am Krameterhof in Ramingstein, in den letzten Jahren immer häufiger gestellt wurden.

Mit diesem Buch möchte ich meinen Mitmenschen vermitteln, wie durch verantwortungsvollen Umgang mit der Natur und den Mitlebewesen ein erfolgreiches und sinnvolles Leben geführt werden kann. Schlüsselerlebnisse in meiner Kindheit haben mich auf diesen Lebensweg gebracht. Das Buch, eine Mischung aus Autobiographie und Geschichte des Krameterhofes, schildert gewissermaßen meine Philosophie aus dem Stegreif. Wer mich bereits durch Führungen am Hof, von Seminaren und Vorträgen oder aus Presseberichten in Zeitschriften, Radio und Fernsehen kennt, wird mich nach dieser Lektüre noch besser verstehen.

Es ist mein Glück, dass ich die kindliche Gabe bewahrt habe, die Logik der Natur auch im Leben umzusetzen. Ich halte meine Augen in der Natur immer offen. Durch ständiges Beobachten meiner Mitlebewesen entdecke ich Wege, ein erfolgreiches Leben in Harmonie miteinander zu führen. Zum obersten Prinzip wurde es mir, die Natur zu begreifen und sie nicht, wie in der Ausbildung anerzogen, zu bekämpfen. Jedes Tier und jede Pflanze hat ihre Aufgabe in der Schöpfung. Zu

Problemen kommt es nur, wenn der Mensch die Geschicke falsch lenkt.

Dass sich mein Wirtschaften am Krameterhof zu einer Basis für die eingangs erwähnte Permakultur – also die wirklich naturbezogene, in Kreisläufen denkende Landbewirtschaftung – entwickelte, war mir anfangs gar nicht bewusst. Ich lernte den Begriff Permakultur erst vor einigen Jahren kennen. Wenn meine Erfahrungen nun für einen immer größeren Teil der Menschheit von Interesse sind, so freut mich das natürlich. Degeneration und mangelndes Naturverständnis sind nämlich zu einem Kennzeichen unserer Zeit geworden. Ein Umdenken, das bei den Kindern beginnen muss, erscheint mir daher dringend nötig.

Vielleicht kann die auf den folgenden Seiten gebotene Darstellung meines Lebens dazu beitragen.

Krameterhof, im Mai 2002   *Sepp Holzer*

Sollten Sie beim Lesen Interesse für die Holzer'sche Permakultur, den Krameterhof oder die anderen Projekte im In- und Ausland bekommen, so bieten Ihnen Videos (in vier Sprachen) weitere Informationen. Derzeit sind fünf verschiedene Videos erhältlich. Für Bestellungen und weitere aktuelle Informationen finden Sie uns im Internet unter folgender Adresse: www.krameterhof.at

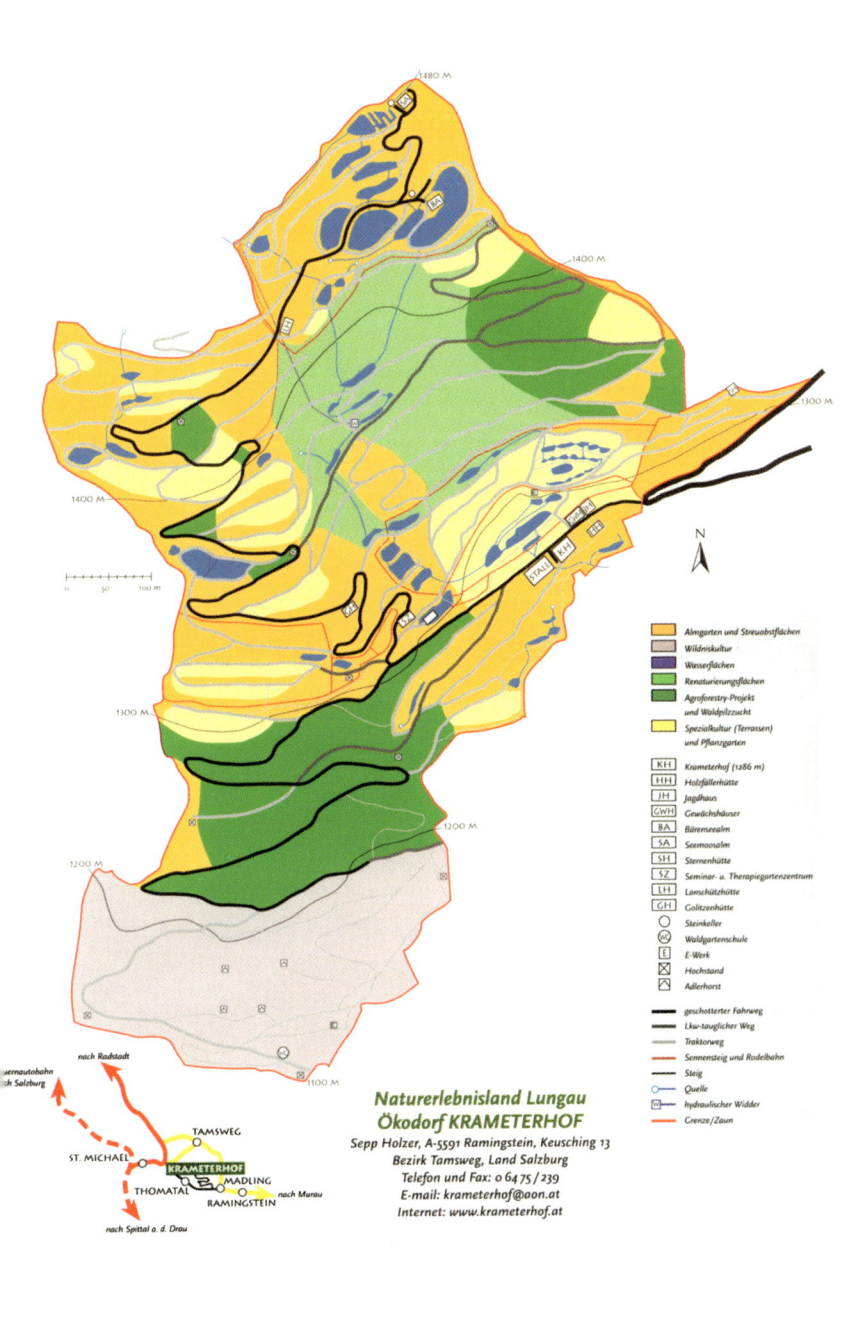

Naturerlebnisland Lungau
Ökodorf KRAMETERHOF

Sepp Holzer, A-5591 Ramingstein, Keusching 13
Bezirk Tamsweg, Land Salzburg
Telefon und Fax: 0 64 75 / 239
E-mail: krameterhof@aon.at
Internet: www.krameterhof.at

Legend:
- Almgärten und Streuobstflächen
- Wildniskultur
- Wasserflächen
- Renaturierungsflächen
- Agroforestry-Projekt und Waldpilzzucht
- Spezialkultur (Terrassen) und Pflanzgarten

- KH — Krameterhof (1386 m)
- HH — Holzfällerhütte
- JH — Jagdhaus
- GWH — Gewächshäuser
- BA — Bärenseealm
- SA — Seemoosalm
- SH — Sternenhütte
- SZ — Seminar- u. Therapiegartenzentrum
- LH — Lanschützhütte
- GH — Golitzenhütte
- ○ Steinkeller
- Waldgartenschule
- E — E-Werk
- ⊠ Hochstand
- Adlerhorst

- geschotterter Fahrweg
- Lkw-tauglicher Weg
- Traktorweg
- Sommersteig und Rodelbahn
- Steig
- Quelle
- hydraulischer Widder
- Grenze/Zaun

»Beißwürmer« im Beet – die Kindheit

Erinnerungen an die früheste Kindheit

Wer seine Kindheit kennt und die besonderen Herausforderungen seiner Jugend reflektiert, wird sich selbst besser verstehen. Daher möchte ich zuallererst Eindrücke aus meiner Kindheit wiedergeben, denn es waren vor allem diese frühen Erlebnisse, die mich so an meinen Hof und unsere Natur gebunden haben.

Mit dem Namen Josef Holzer wurde ich am 24. Juli 1942 am Krameterhof, Keusching Nr. 13, in der Gemeinde Ramingstein im Land Salzburg geboren. Dieser extrem gelegene Bergbauernhof, der zur Gänze händisch bearbeitet werden musste, gehörte meinen Eltern Martin und Maria Holzer. Zu unserer Familie gehörten weiters meine älteren Brüder Hans und Martin sowie meine jüngere Ziehschwester Gloria.

Unser Hof liegt auf 1300 m Seehöhe und war damals nur über einen Karrenweg von Ramingstein aus erreichbar. Über 300 Höhenmeter liegen zwischen dem Dorf im Tal und unserem Anwesen oben am Berg. Heute führt eine Asphaltstraße zu uns herauf, damals allerdings gab es nur einen Karrenweg für Ochsen- und Pferdefuhrwerke. Ein Fußmarsch vom Ort Ramingstein zu uns herauf dauerte damals gut zwei Stunden.

Unser Betrieb war rund 24 ha groß und wurde herkömmlich bewirtschaftet – so, wie das in der Region damals üblich war. Wir hielten um die zehn Rinder, ein

»Beißwürmer« im Beet – die Kindheit

Pferd, zwanzig Schafe, einige Schweine und Hühner sowie mehrere Gänse.

Auf dem steil gelegenen Anwesen, das zusammen mit anderen Höfen hoch über dem Murtal liegt, waren auch fremde Leute tätig. Das war damals üblich, war doch der Bauer ein wichtiger Arbeitgeber. So erinnere ich mich an den Knecht Isidor (Isi) und die Magd Christl, aber auch an so manch anderen Gelegenheits- und Aushilfsarbeiter.

Die nach Südosten exponierte Lage hoch oben am Berg, steil im Hang, bringt zwar hauptsächlich Bewirtschaftungserschwernisse mit sich, einige Vorteile ergeben sich aber auch. Der wichtigste ist der, dass die Sonne, sofern sie scheint, den ganzen Tag über auf den Krameterhof einstrahlen kann und die steilen Hänge optimal erwärmt.

Als ich klein war, gab es bei uns weder einen Motormäher noch Telefon oder Strom. Brenn- und Nutzholz wurden mit der Zugsäge gefällt und mit Ochsen- oder Pferdeschlitten ins Tal gebracht. Schon als Kind half ich bei diesen und anderen Arbeiten mit – oder, besser gesagt, musste mithelfen. Damals galt auf allen Höfen: So gut es ging, sollten die Kinder bei der Arbeit mit einbezogen werden, damit sie alles lernen konnten. Meine Familie war da keine Ausnahme.

Trotz der vielen Arbeit am Hof lebten wir einfach und zufrieden. Meine Eltern bestritten den Lebensunterhalt für die Familie aus dem Anwesen, das sie sehr konservativ bewirtschafteten. Neuerungen gab es bei uns, wenn überhaupt, nur, wenn neue Ideen auch in der Umgebung angenommen wurden. Ich erinnere mich an den »modernen« Gedanken, eine Seilwinde anstatt eines Pferdes zum Ackern zu verwenden. So etwas erschien zwar prinzipiell interessant, mein Vater investierte diesbezüglich aber sehr zurückhaltend. Da verwundert es auch nicht, dass wir erst im Jahre 1955 elektrischen Strom eingeleitet haben.

Unsere Familie war arbeitsam und religiös. Jeden Sonntag marschierten wir gemeinsam den langen Weg ins Tal in die Kirche. Ich erinnere mich auch noch gut an das stundenlange Rosenkranzbeten an Samstagen oder nach Todesfällen. Starb jemand in der Nachbarschaft, so mussten wir ins Haus des aufgebahrten Toten »wachten gehen«. Auch das bedeutete stundenlanges Beten. Tischgebete vor und nach dem Essen waren damals ohnehin selbstverständlich.

Ein einschneidendes Erlebnis hatte ich im Frühjahr 1945, im März: Ich, der kleine Seppi, lief mit langen »grudeligen« Haaren durch die Gegend. Wann immer Besuch zu uns kam, sprach man vom lieben kleinen Bub und seinen schönen Locken. Ich war damals strohblond. Noch heute erklingt es in meinem Ohr: »Der Bua hat schöne blonde Lockn, so schöne Lockn.« Die Haare wurden natürlich länger, und bald hieß es: »Schaust jo aus wie ein Dirndl, dir müss ma amol Hoar schneidn.«

Das wollte ich partout nicht. Wozu etwas abschneiden, wofür ich immer so bewundert wurde?

Zwei Polen, Kriegsgefangene, lebten und arbeiteten damals auf unserem Hof. Einer davon sagte, er könne Haare schneiden. Eine alte Haarschneidemaschine, bei der ein paar Zähne fehlten, wurde aufgetrieben. Sie musste erst geputzt werden, weil sie ziemlich rostig war. Das mache nichts, meinte einer der Polen. In der so genannten »Manaleutkammer«, wo Knechte und Gefangene schliefen, wurden ein Stuhl und ein Handtuch hergerichtet. »So, Bua, jetzt gemma hoarschneidn«, hieß es.

Ich wehrte mich dagegen, so gut ich konnte, wurde aber auf den Stuhl gesetzt und festgehalten. Die Polen begannen nun meine Haare zu schneiden. Das tat mir fürchterlich weh, ich schrie und weinte wie am Spieß. Erstens, weil ich es nicht über mich ergehen lassen wollte, und zweitens, weil es so rupfte. Die Männer lachten, und sogar meine Mutter sagte: »Sei doch nit so wehleidig, dos Hoarschneidn tuat doch nit so weh!«

Kaum waren meine Friseure fertig, lief ich, Rotz und Wasser weinend, in die Küche zu Mama. Die sagte verwundert: »Wie ham s' denn di zuagricht, wos san denn des für Schinder?«

Viele rote Striemen vom Nacken bis zur Stirn und einige blutige Stellen, die Mutter mit einem Handtuch abwischen musste, zierten meinen Kopf. Sie schimpfte mit den Polen. »Ka Wunda, dass der Bua so schreit, wenn ihr ihn so zuarichts. Wos wor denn do los?«

Die Polen antworteten wortkarg, es hätten halt bei der Haarschneidemaschine ein paar Zähne gefehlt.

Von diesem Gewaltakt habe ich noch oft schlecht geträumt. Bis heute halte ich Gewalt gegenüber Kindern daher für etwas ganz Schreckliches.

Viele Leute, die später zu uns kamen, bemerkten:

»Hobt's dem Buam die scheanen Lockn weggschnittn. Wieso denn des?« Mein kleines Kinderherz war dadurch noch mehr gekränkt. Ich war enttäuscht darüber, dass mir meine Mutter nicht geholfen hatte und dass die Polen nur lachten.

Gerne erinnere ich mich an die einfachen Spielsachen, mit denen wir Kinder uns damals beschäftigten. Als Spielzeug verwendeten wir unter anderem Fichtenzapfen, Holzabschnitte und Hobelspäne. Besonders schöne Hobelscharten gab es immer, wenn der Fassbinder zu uns auf die »Stör« kam, also wenn er von Haus zu Haus zog, um seine Arbeiten zu verrichten. Zu uns kam damals der »Bernharten-Binder«, der trotz Körperbehinderung unterwegs war. Er hatte einen etwas verkrüppelten, »daligen« Fuß, wie man im Lungau sagt.

Der Bernharten-Binder hat damals in unserer Stube seine Werkstatt aufgeschlagen und die Melkeimer (so genannte Melksechter), den Melkstuhl sowie andere Schaffel und Gefäße repariert und erneuert. Dabei lag ein intensiver Geruch nach Lärchenholz – sehr angenehm – in der Stube.

Dieser Bernharten-Binder war leider stets schlecht gelaunt. Er war ein »saugrantigs Mandl« und klopfte uns Kindern ständig auf die Finger, wenn wir unerlaubt irgendwo hinlangten. Trotzdem freute ich mich auf die langen, geschwungenen Hobelspäne, die bei seiner Arbeit abfielen. Sie sahen aus wie die Federn eines Hahnes und waren ein schlichtes, aber wunderbares Spielzeug für uns Buben. Diese »krumpen« Hobelscharten wurden

Der Krameterhof im Jahre 1910 (der kleine Bub rechts vorne im Bild ist mein Vater).

Meine Eltern Martin und Maria Holzer bei ihrer Hochzeit im Jahre 1938.

von uns Kindern mit Baumzapfen zu Tierfiguren zusammengebaut. Unsere Phantasie kannte dabei keine Grenzen.

Meine Großmutter war die Moarbäuerin aus Sauerfeld bei Tamsweg. Zusammen mit unserer Mutter besuchten wir sie zwei- oder dreimal im Jahr. Das war allerdings ein anstrengender Weg, hin und retour etwa 40 km lang. Die ganze weite Strecke über den Berg und zurück musste zu Fuß in einem Tag bewältigt werden.

Dabei kam es öfters vor, dass eines von uns Kindern beim Gehen beinahe einschlief. Mutter musste uns die letzten Meter eher nach Hause ziehen. Die Besuche bei unserer Großmutter waren trotz der Strapazen immer ein großes Erlebnis. Oma hielt stets Geschenke und Süßigkeiten für uns bereit. Sogar ein paar Schilling für die Sparkassa fielen mitunter ab.

Das Leben am Bergbauernhof war einfach. Die Menschen waren bescheiden. Es gab weder Krankenkasse noch Versicherung, daher wurden die hohen Kosten eines Arztbesuches gemieden, so gut es ging. Außerdem war es zum Arzt ein weiter Weg.

Leichtere Verletzungen und Krankheiten wurden mit Hausmitteln selbst behandelt. Hervorragende Dienste leisteten dabei die »Pflastermacher«, die man heute als Naturheilpraktiker bezeichnen würde.

Bei Verkühlungen, Zahnweh, Bauchweh oder Kopfschmerzen gab es Umschläge verschiedenster Art oder einen Einrieb mit so genanntem Rossfluid. Letzteres roch intensiv und brannte stark. Bei Grippe machte uns Mutter Umschläge aus Schweinefett und Zwiebel, zudem wurden wir Kinder dann im Bett bis zum Hals fest zugedeckt. Ein heißer, in ein Tuch eingewickelter Ziegel wurde uns als Art Wärmeflasche auf die Brust gelegt. Ich habe diese Prozedur nur ungern über mich ergehen lassen. Das schmierige Fett beim Hals störte mich besonders. Das ziehe die Krankheit aus oder hemme Entzündungen, hieß es damals.

Weitere Hausmittel, die ebenso regelmäßig verwendet wurden, waren selbsterzeugte Beinsalbe, Vorlauf vom Schnapsbrennen, Arnikaschnaps oder andere Tinkturen.

Einen juckenden kleinen Wollpullover, den unsere Dirn Christl strickte, habe ich noch in guter Erinnerung. Sie strickte diesen Pullover mit einem so kleinen Kopfausschnitt, dass es beim Überziehen über die Ohren nur so radierte. Es mag auch sein, dass er nur durch das oftmalige Waschen enger geworden war. Auf alle Fälle war nach dem Ausziehen dieses Pullovers das ganze Gesicht rot. Das An- und Ausziehen dieses Kleidungsstücks war für mich eine so ungeliebte Prozedur, dass ich mich bis heute daran erinnere.

Weil damals nichts verschwendet wurde, kam der Pulli auch bei sämtlichen Geschwistern zum Einsatz. Das Nachtragen von Kleidungsstücken war üblich. Der Jüngere musste die Kleidung des Älteren »aufz'reiß'n«, also nachtragen, bis sie verschlissen war. Der besagte Pullover wurde so lange angestrickt und geflickt, bis er endgültig kaputt war.

Erste Keimversuche in Mutters Blumentrögen

Ich lebte damals in ständiger Angst, dass mich jemand mitnehmen könnte. Die Ursache dafür war folgende:

Der Sauschneider (jener Mann, der immer wieder vorbeikam, um die Schweine zu kastrieren), der Rauchfangkehrer, der Gendarm Schurl oder der Krampus und die Perchtln, so hieß es, würden Kinder mitnehmen, wenn diese nicht brav und folgsam seien. Alle Kinder hatten davor Angst. Und was war die Folge dieser Angst?

Ich lief einfach vorsichtshalber davon, wenn ein Fremder zu uns auf den Hof kam. Das sahen die Besucher allerdings nicht so gerne. Sie wollten uns Kinder öfters etwas fragen oder als Boten einsetzen, wenn die Eltern irgendwo am Feld arbeiteten.

Vor dem Sauschneider hatte ich Angst, weil die Schweine beim Kastrieren oft so fürchterlich schrien. Heute leuchtet mir das ein, damals gab es beim Kastrieren eines Ebers ja keine Betäubung. Ab und zu verendete sogar ein Schwein nach dieser Prozedur.

Doch einmal rief mich der alte Sauschneider Lankmoar aus Pichlern zu sich und sagte: »Bua, kumm her do, i tua da jo nix. I hob wos für di.« Er hatte einige Kastanien in der Hand, die er von einem Kastanienbaum in Thomatal mitgebracht hatte. Er meinte nur kurz: »Do host a poar Kugerl zan Scheibn (zum Rollen).« Ich nahm die Kugeln vorsichtig entgegen, zog mich aber blitzschnell wieder zurück.

Die Kastanien waren ein nettes Spielzeug, mit dem ich mich gerne befasste. Schließlich zeigte ich sie meiner Mutter. Ich wollte genauer wissen, was denn das sei. Mama sagte: »Bua, des sand Kern. Wennst die Kern einsetzt, wird a Baml drauß.« Das beschäftigte mich nun.

Mutter säte in Blumentrögen am Fenster das Gemüse für den Garten aus. Sie zog so die Gemüsepflanzen im Warmen vor, um sie später im Garten auspflanzen zu können. In ein solches »Trögl« steckte ich meine Kastanienkerne dazu. Ich kniete stundenlang davor und prüfte, ob nicht schon ein »Baml« herauswächst. Ungeduldig fragte ich immer wieder, wo denn der Baum bleibt. Mama tröstete mich und meinte: »Des dauert a Wochn oder zwoa, werst's scho dawortn, dann treibt's aus.«

Meine Kontrolle in der Erde ergab, dass die Kerne tatsächlich dicker wurden. Eines Tages trieb der erste aus – eine unbeschreibliche Freude für mich. Dieser Tag des Ankeimens wurde zu einem Schlüsselerlebnis.

Je größer die Pflanzen wurden, umso gefesselter saß ich an der Fensterbank. Die Eltern mussten mich regelrecht verjagen. Am liebsten wäre ich gar nicht mehr weggegangen. Rund um meine Kerne herum zupfte ich Mamas Salatpflanzen heimlich aus. Das durfte sie natürlich nicht wissen. Ich ging dieses Risiko aber ein, damit meine Bäumchen schöner wachsen konnten.

Die Geschichte mit den Kastanienkernen im Fenstertrögl ist eines meiner schönsten Kindheitserlebnisse. Als Zeichen meiner Freude zeigte ich schließlich jedem, der nur irgendwie in die Nähe unseres Hofes kam, meine Kerne und die kleinen Bäume. Mama wunderte sich, »wos der für a Getue hot mit seine Kastanienbaml«.

Dieses Erlebnis der erfolgreichen Keimung ließ mich

nicht mehr los. In der Folge sammelte und säte ich alle möglichen Pflanzen. Bald waren Mamas Blumentrögerln rund ums Haus voll mit Samen von Zirben, Lärchen, Fichten und vielen anderen Pflanzen. Das Engagement gefiel meiner Mutter schließlich, und so gab sie mir einen weiteren Tipp. Sie sagte: »Wonn du von di Ribiseln (Johannisbeeren) a Astl in die Erdn steckst, wochst es genauso. Dos geht schneller, weil du brauchst es jo nur abschneidn und einisteckn.«

Manches wuchs damals gut an, anderes gar nicht. Ich hatte mit allen Pflanzen eine Mordsfreude, egal, ob Erle oder Ribiselstaude. Letztlich waren Mamas Fensterkistchen voll mit Bäumchen und Stauden. Eines Tages wurde es ihr zu viel, und sie sagte zu mir: »So tuat des nit! Wos du do für a Teufelweach in die Kistln drin host, do sig' ma jo kane Buschn mehr, wia schaut denn des aus! Olls voll Gstaudarach in der Stubn drei'. Ich schmeiß da amol olls außi – des Glumpat!« Diese Drohung, meine Pflanzen zu entfernen, bereitete mir Sorge. Ich dachte nach und beschloss, meinen Vater, liebevoll auch Dati genannt, zu fragen, ob ich meine Pflanzen draußen im Feld einsetzen dürfe. Er antwortete: »Do wird nix umanandagregat (umgegraben)!«

Auch Mama untersagte es mir, in ihrem Garten etwas auszupflanzen, zu wertvoll waren ihr die Pflanzbeete: »Dos san jo nur Erlstaudn und Polmbamla! Die wochsn eh überall, dos kummt ma ins Gartl nit eini. Do mochst ma ka Sauerei an«, meinte sie. Für mich war es aber egal, welche Pflanzen es waren. Ich freute mich über jede gleich, weil ich sie selbst gesät und gezogen hatte.

Langsam bekam ich es mit der Angst zu tun, dass mir meine Mutter an einem schlechten Tag »olles außireißt und außischmeißt«, weil die »Staudn« schon größer als ihre »Buschn« waren.

Mein erster Grund – der »Beißwurmboanling«

Nach langem Hin- und Herüberlegen, was ich denn nun mit meinen Pflanzen in den Blumenkisten machen könnte, kam mir etwas Geniales in den Sinn.

Einige Männer vom Tal, aus Madling, hatten bei uns heroben ein Stück Grund gepachtet, so zum Beispiel der Holzknecht Rieger Hartl. Er mähte ein steiles Grundstück für seine Ziegen und bewirtschaftete zudem händisch einen kleinen Kartoffelacker. Auch der Löcksen Sepp aus Keusching hatte einen solchen Steilhang zum Mähen für seine »Goaßen« von meinem Vater gepachtet. Als Entgelt haben die Männer auf unserem Hof gearbeitet oder dem Vater einen bescheidenen Pachtzins bezahlt.

Mein Taufpate, der Anderlbauer in Ganslberg bei Thomatal, ging öfters montags bei uns vorbei zum Wochenmarkt nach Tamsweg. Dort konnte er die aktuellen Vieh- und Holzpreise erfragen. Telefon und Radio gab es ja nicht. Als er einmal am Rückweg bei uns vorbeikam, lief ich ihm zu und gab ihm die Hand. Ich empfing ihn mit den Worten: »Grüß di, Göd«, wie es bei uns üblich war. Wenn man seinem Paten gegenüber so brav und ordentlich war, dann gab es ab und zu ein kleines

Präsent – so auch in diesem Fall. Der Anderlbauer gab mir einen Doppelschilling. Das war das erste Geld, das ich als Bub in Händen hielt. Diese Münze drehte ich vor Freude immer wieder herum und betrachtete sie ehrfürchtig.

Dabei kam mir die Idee: Wenn der Rieger Hartl und der Löcksen Sepp Grund vom Vater pachten können, könnte ich das mit meinem Doppelschilling doch auch. Ich sah ja immer wieder, wie die Männer meinem Vater ihre Pacht bezahlten. 50 Schilling (3,60 Euro) im Jahr bezahlte der Rieger Hartl für den Kartoffelacker und den Steilhang zum Mähen.

Ich lief zum Dati und zeigte ihm den Doppelschilling. Das Erste, was er sagte, war: »Host wohl schön Dankschön gsogt?« Das war allerdings selbstverständlich, weil ich es so gelernt hatte.

Den Doppelschilling fest in der Hand, fragte ich Vater, ob er mir ein Stück Grund für meine Pflanzen verpachten würde. Er schmunzelte ein wenig, nahm den Doppelschilling, den ich ihm vors Gesicht hielt, und sagte: »Jo, donn grobst holt wos um, eachl im Beißwurmboanling.« Das bedeutete die Erlaubnis, in einem etwa 100 m vom Haus entfernten extremen Steilhang, steinig und trocken, etwas umgraben zu dürfen.

Der Name »Boanling« wurde für eine Fläche, die für die landwirtschaftliche Bearbeitung schlecht geeignet ist, verwendet. Wegen der Steine, des trockenen und steilen Geländes wurden solche Randgrundstücke meist nur einmal jährlich mit der Sense gemäht.

»Beißwurmboanling« hieß dieser Steilhang deswegen,

weil sich dort gerne Schlangen aufhielten, die allgemein als »Beißwurm« bezeichnet wurden. Solche Flächen wurden deshalb nicht gerne gemäht, weil die Leute Angst vor den Schlangen hatten. Wer damals ein solches Reptil sah, erschlug es sofort. Die erschlagenen Tiere wurden oft mit der Sense zerstückelt, die Teile zappelten dann noch. Erst wenn die Sonne untergeht, hieß es, hört das Zucken der Schlangen auf. Mir taten die Tiere leid, sie sahen furchtbar aus, so zerstückelt.

Mit den toten Schlangen wurden gerne böse Streiche gemacht, beispielsweise Mädchen erschreckt. Dazu wurden die toten Tiere an passenden Orten aufgehängt oder hingelegt. Oft fielen harmlose Ringelnattern oder auch nur Blindschleichen diesen unsinnigen Aktionen zum Opfer.

Kaum hatte ich Vater meinen Doppelschilling übergeben, begann ich schon, mit Haue und Krampen (Spitzhacke) im Beißwurmboanling einen etwa 2 m^2 großen Flecken zu einem kleinen Pflanzgarten umzugraben. Ich legte mit Steinen ein Beet, eine Art Kleinterrasse an, die man heute noch sieht. Danach nahm ich meine Pflanzen aus Mutters Blumentrögen. Weil ich dabei in der Stube eine »erdige Sauerei« anrichtete, schimpfte sie mit mir. Ich konnte die Tröge aber nicht hinaustragen und draußen umpflanzen, weil auch Efeu darin wuchs, der sich rankend im ganzen Zimmer ausbreitete. Also habe ich reumütig alles, so gut es ging, wieder sauber gemacht.

Das Einsetzen von Samen in Blumentrögln blieb mir bis heute erhalten. So wächst derzeit ein Affenbrotbaum aus Afrika auf diese Art in meinem Wohnzimmer.

Verfrühte Ernte im Krautland

Einmal, es muss so im Jahre 1948 gewesen sein, wollte ich meiner Mutter eine große Freude bereiten und machte es ganz falsch.

Bei uns gab es neben dem Gemüsegarten auch noch ein so genanntes Krautland. Im Herbst wurde in diesem Krautgarten alles Gemüse, Kraut, Rüben, Kohlrabi, Runkeln etc., geerntet. Wir Kinder durften das Gemüse ausreißen und die Erde abklopfen. Dann schlichteten wir es reihenweise auf. Später putzten die Erwachsenen das Gemüse mit so genannten »Praxn« (scharfkantigen Schlagwerkzeugen) und Messern. Dabei schnitten sie die äußeren Blätter und die Wurzeln ab oder entfernten restliche Erde.

An einem Sonntag, an dem ich allein daheim war, um auf das Haus aufzupassen, fasste ich den Entschluss, der Mutter zu helfen. Es war Ende Juli und für eine Ernte um Wochen zu früh. Ich sah die schon recht stattlichen Gemüseknollen und -köpfe im Krautland stehen und beschloss, mit der Ernte zu beginnen, so wie ich es aus dem letzten Herbst in Erinnerung hatte. Ich riss die Gemüseköpfe aus und schlichtete sie fein säuberlich auf. Das war viel Arbeit, für die ich fast den ganzen Vormittag benötigte. Dann holte ich mir den einfüßigen Melkschemel aus dem Stall sowie einen Holzstock ins Krautland. Bequem sitzend, begann ich nun mit der »Praxn« das ausgerissene Gemüse zu putzen. Wurzeln und Blätter hackte ich ab.

Als die Eltern von der Kirche nach Hause kamen,

wollte ich in vollem Eifer noch schnell die erste Reihe fertig putzen. Vor lauter Eile und aus Unachtsamkeit hackte ich mir dabei mit der »Praxn« den linken Zeigefinger der Länge nach auf. Das Blut spritzte, und es tat fürchterlich weh. Solcherart schwer verletzt, rannte ich meiner Mama entgegen. Als sie sah, dass der Finger nur mehr so baumelte, schimpfte sie. Sie schüttete umgehend Lysol auf die Wunde, was entsetzlich brannte. Mit Enzianwurzelwasser, schnell aufgekocht, wusch Mutter die Wunde aus. Dann verband sie den Finger mit altem, sauberem Stoff. Ich weinte, denn durch das viele Blut färbte sich der Verband rasch durch und durch tiefrot.

Da Mutter wissen wollte, wo ich mir die schwere Verletzung denn zugezogen hätte, führte ich sie voll Stolz hinauf ins Krautland. Als sie sah, was ich angerichtet hatte, bekam ich links und rechts eine »Watschn« (Ohrfeige) ins Gesicht. Sie schimpfte, was für ein blöder »Schnegl« ich sei. »Die Köpf san doch noch vü' z' kloan.« Auch Vater schimpfte schließlich noch mit mir. Der Zorn der Eltern schmerzte mehr als der schwer verletzte Finger.

Schwere Arbeiten beim Stallneubau

Es bestand damals keine Möglichkeit, einen Kindergarten zu besuchen, zu weit abseits lag der Hof. So kam ich als kleines Kind selten ins Tal, außer wenn es einen sogenannten kirchlichen Brangtag gab, z. B. bei der Fronleichnamsprozession, oder wenn ich ernsthaft erkrankte.

Schwere Arbeiten, die ich damals schon erledigen musste, ergaben sich durch den Neubau unseres Stallgebäudes. Alle Kinder mussten Steine zusammensammeln, die dann mit Ochsen- und Pferdefuhrwerken von den Feldern und Wiesen zur Baustelle geführt wurden. Sand und Schotter wurden bei uns aus einem kleinen Gerinne, dem so genannten Schneckengraben, gewonnen. Dazu wurde das Bächlein mit Rasenziegeln zu kleinen Tümpeln aufgestaut, die geöffnet werden konnten. Durch das plötzliche Entleeren eines Tümpels blieb sand- und schotterartiges Material am Grund liegen, nur die Erde wurde ausgewaschen. Dieses Material wurde dann zur Baustelle transportiert. Wir Kinder fanden diese Methode einerseits interessant und lustig, andererseits war sie oft sehr mühsam und unbequem, speziell wenn starke Regenfälle genutzt wurden, um einen besseren Erfolg zu erreichen. Nicht selten waren wir den ganzen Tag über patschnass. Zwei Jahre lang dauerte die Sandgewinnung, jeweils vom Frühjahr bis zum Herbst. Ein kleiner Teil Sand musste zugekauft und mit einer Materialseilbahn vom Tal bis zum Nachbarn, dem Hochuhlbauer, transportiert werden. Dieses Material musste händisch von der Seilbahn weg ausgeladen und danach noch zu uns gebracht werden. Das war mühselig und schwer, und dennoch mussten bei dieser Arbeit von früh bis spät alle mithelfen, auch die Mutter.

Schulanfang 1950

Schließlich begann ich mit dem Schulbesuch. Vor und nach dem Unterricht musste ich meistens im Stall einfache Arbeiten erledigen. Das Wässern der Tiere beim Brunnen war eine solche Tätigkeit. Andere waren: Werkzeug nachtragen, beim Heuen helfen oder im Winter Heu »boasn« (aufschütteln und zum Füttern herrichten). Heutzutage würden Eltern wahrscheinlich dafür bestraft werden, wenn sie ihren Kindern diese Arbeit auftragen würden, die für uns früher ganz normal war.

Da unser Schulweg bei flottem Gehen etwa zwei Stunden in Anspruch nahm, begann ich erst mit sieben Jahren meine Schulkarriere in Ramingstein. In der mehrstufigen Klasse waren 38 Kinder, unsere Lehrerin hieß Emilie Blum.

Aufgrund einer schweren Mittelohrentzündung meines Bruders wechselten er und ich auf Anraten unseres Arztes die Schule. Der lange Schulweg nach Ramingstein entlang der Mur sei schlecht, vermutete der Doktor. Daher rühre die Mittelohrentzündung des Bruders. Es wäre besser, den kürzeren Schulweg in die Nachbargemeinde Thomatal zu nehmen, riet der Arzt meinen Eltern. Der neue Schulweg betrug nur eine Stunde. Da diese Schule aber in einer anderen Gemeinde lag, musste Vater für uns einen Fremdschulbeitrag entrichten. Übrigens gab es im Thomataler Schulwinter bis zu 2 m Schnee, sodass einige Wirtschaftsgebäude unter der großen Last zusammenbrachen.

Ein kurzer Blick zu meiner dortigen Lehrerin: Diese

habe ich in sehr schlechter Erinnerung. Sie war eine »grobe Gesellin« und teilte regelmäßig »Watschn« aus oder riss die Kinder an den Haaren. Das Schlimmste allerdings war das Vorsingen, das sie sich von jedem Schüler wünschte. Daraus resultierten die Noten im Zeugnis. Allein zu singen war für mich und für andere in diesem Alter aber eine große Belastung. Zudem wurden dabei sehr viele »Watschn« verteilt. Ich konnte im Lauf der Zeit gar nicht mehr singen, denn sobald ich falsch sang, gab es wieder eine. Und dann sollte ich gleich wieder von vorne anfangen. Schließlich traute ich mich nicht mehr zu singen. Was war die Folge? Ich bekam so viele Ohrfeigen von ihr, dass ich ein paar Tage fast nichts mehr hören konnte.

Ein anderer Fall aus der Schulzeit in Thomatal: Mein Schulkollege, der Johnsen Franz aus Bundschuh, hatte an alle, die er gut leiden konnte, Pfeiferln verteilt. Es handelte sich um 4 bis 5 cm lange Aluhülsen, die durch Hineinblasen zum Pfeifen gebracht werden konnten. Wir Schulkinder hatten unsere Freude an diesem Spielzeug. Tatsächlich aber waren es alte scharfe Sprengkapseln aus dem Krieg, die der Franz zu Hause fand und die er uns zum Spielen gab. Ich bewahrte mein Pfeiferl in der Griffelschachtel auf.

Als wir eines Tages in die Schule kamen, standen ein Gendarm und der Direktor Gustl Schädlbauer vor unserem Klassenzimmer. Alle Schüler mussten in die Oberklasse und sich in Reih und Glied aufstellen. Der Direktor hatte die so gefährlichen Pfeiferln einzusammeln, bestand doch die Gefahr, dass eine solche Kapsel explodiert. Um alle Stücke zu finden, nahm er sich nicht nur unsere Schultaschen vor und durchsuchte diese, sondern auch den Johnsen Franz. Er legte ihn übers Knie und schlug ihn windelweich. Das drohte er dann auch uns an. Klarerweise hatten wir Kinder allesamt fürchterliche Angst. Der Direktor verlautete: »Bevor nicht die letzten scharfen Sprengkapseln gefunden werden, darf keiner hinaus.« Zwei Pfeifen blieben zwar vorerst verschwunden, tauchten aber nach einem halben Tag Gott sei Dank auch noch auf. Danach durften wir wieder zurück in unsere Klasse. Unsere Angst verflog langsam wieder.

Von dieser Aktion abgesehen, war der Direktor für mich ein sehr guter und korrekter Lehrer. Ohrfeigen und Schläge waren damals im Übrigen auch für einen Schuldirektor normal.

Nachdem mein Bruder zwischenzeitlich wieder gesund geworden war und Vater sich den Fremdschulbeitrag ersparen wollte, war unser Schulwechsel nach Thomatal schon nach einem Jahr zu Ende. Wir mussten also wieder in Ramingstein zur Schule gehen. Damit standen erneut zwei Stunden Schulweg am Programm. Mir machte das aber nichts weiter aus, denn das lange Gehen störte mich nicht. Zudem war die Ramingsteiner Lehrerin ein seelenguter Mensch. Ich kann heute sagen, sie war die beste Lehrperson, die ich in meiner Schulzeit je hatte.

Erster Pflanzenverkauf und -tausch

Schon in der dritten Klasse verkaufte und tauschte ich die ersten Pflanzen aus meinem Pflanzgarten ein. Ich erzählte natürlich in der Schule davon, was ich zu Hause so treibe. Die anderen Kinder wurden neugierig, kamen und besichtigten meine Gärten. Weil viele der »Fabrikskinder« aus dem Tal zu mir kamen, die von ihren Eltern mehr Geld mit in die Schule bekamen als ich, entwickelte ich folgende Strategie: Diese Kollegen schleckten oft Eis, das damals beim Gasthaus Jost (heute Durigon) neben der Schule 50 Groschen (ca. 4 Cent) kostete. Das konnte ich mir nur selten leisten. Daher bot ich ihnen an, sie dürften meinen Pflanzgarten besichtigen, wenn ich dafür einige Male von ihrem Eis schlecken könnte. Tauschgeschäfte dieser Art habe ich immer schon gemacht.

In meinem Garten gab es mittlerweile Kürbisse, Erdbeeren und verschiedene andere Pflanzen zu bewundern, die ich bald auch verkaufte. Das war die Zeit, in der ich Steine und Wurzeln zum Beißwurmboanling hinaustrug, weil ich bemerkte, dass Vater dort, wo viele Steine lagen, nicht mehr mähte. Hinter diese von mir geschaffenen Hindernisse setzte ich verschiedenste Pflanzen.

Einmal riss sich Vater im Beißwurmboanling beim Mähen den »Sensworf« (Sensenstiel) ab. Er fluchte: »Do geh i neama umi mahn, in den Sauriegl.« Er fragte sich, wo nun auf einmal so viele Steine herkamen. Ich zog mich blitzartig zurück, damit mir Vater nicht anmerken konnte, dass ich die Steine dorthin geschleppt hatte. Hätte er es gemerkt – die Folgen wären nicht auszudenken gewesen.

Ich nutzte die Gelegenheit und vereinnahmte schließlich den ganzen Hang als Pflanzgarten.

Beim Einpflanzen von Erdbeeren in den eigenmächtig erweiterten Pflanzgarten bemerkte ich, dass sie besonders süß und groß wurden, wenn sie nahe an Steinen wachsen konnten. Je dichter an einem Stein, desto größer und süßer waren die Beeren. Ich gab diesem Obst gleich einen eigenen Namen: Steinerdbeeren oder, in Mundart, »Stoaroatbe«. Die Früchte ließen sich in der Schule gut verkaufen bzw. eintauschen. Besonders die Mädchen, die »Dirndla«, wollten diese Steinerdbeeren haben. Im Gegenzug bekam ich von ihnen Radiergummis, Karl-May-Hefte oder einfach Geld. Ich verkaufte damals aber nicht nur Früchte, sondern auch die Erdbeerpflanzen.

Aus den Erfahrungen mit den Erdbeeren gewann ich wichtige Erkenntnisse für später. Die Wärme der Steine, ihre Speicherwirkung und der Temperaturausgleich, die Feuchtigkeit unter ihnen (Kondenswasserbildung), die vielen Regenwürmer und das aktive Bodenleben – das alles hatte einen positiven Einfluss auf meine Erdbeeren und in der Folge auch auf viele andere Pflanzen. So wurden meine herkömmlichen Walderdbeeren, die von Natur aus ja eher kleinfruchtig sind, im Pflanzgarten großfruchtig und sehr süß. Daher pflanzte ich sie bald in größerem Umfang und verkaufte sie ein Jahr später als meine eigene Züchtung, als so genannte »Stoaroatbe«.

Beim Umsetzen deckte ich die Erdbeerpflanzen immer mit Laub ab, damit sie nicht austrockneten. Besonders gut waren sie dort angewachsen, wo Weißklee wuchs, daher habe ich bald Erdbeeren und Weißklee gemischt ausgesetzt. Im Wald entdeckte ich, dass die Erdbeeren auf Brandstellen, wo Fraten (zusammengeschichtete Äste und Nadeln) aufgeheizt wurden, besonders gut wuchsen. So trug ich mit Eimern Asche und verbliebene Holzkohle von den Brandstellen zu meinen Beeten, um diesen Effekt zu nutzen.

Ich möchte mit diesen Schilderungen vermitteln, dass es stets wichtig ist, den Boden und die Pflanzgemeinschaft zu beobachten und genauestens zu analysieren. Wenn möglich, sollten sowohl bei den gut wachsenden Pflanzen als auch bei den Kümmerern die Ursachen für das gute oder schlechte Wachstum ergründet werden. Es kommt aber auch darauf an, aus den Erkenntnissen die richtigen Schlüsse zu ziehen. Das ist eine der wichtigsten Fähigkeiten, die sich der Mensch im Umgang mit der Natur aneignen sollte. Es lohnt sich, den Blick auch auf das Schlechte zu richten, denn daraus erfährt man, warum etwas so ist. Das gilt bei Tieren ebenso wie bei Menschen und Pflanzen. Warum ist das eine so schön und gesund, warum das andere so kümmerlich und krank? Warum ist eine Pflanze so dunkelgrün und saftig und die andere so matt und bleich?

Das intensive Beobachten im Garten war also von Beginn an von entscheidender Bedeutung für meinen Erfolg. Nur dadurch schaffte ich es, aus den Beeten auch Ertrag und damit Geld herauszuholen. Dass sich im Garten etwas durch meinen eigenen Beitrag positiv veränderte und besser entwickelte, war für mich als Kind ein riesiges Erfolgserlebnis – auch wenn es dabei, wie in diesem Fall, nur um ein paar Erdbeeren ging.

Ich erkannte erstmals, dass ich selbst etwas zum Geschehen in der Natur beitragen konnte, und hatte somit ein Erfolgserlebnis, das ich auch meinen Eltern, Geschwistern und Freunden mitteilen konnte. Meine Freude war so groß, dass ich immer wieder davon sprach. Meinen Geschwistern und meinen Eltern wurde das fast schon lästig. Auch meine Schulkameraden lachten mich bereits aus.

Fische – meine ersten Tiere

Die Kriegsjahre und die Jahre danach waren von einer fürchterlichen Armut gekennzeichnet. Eine gute Jause war damals etwas wert, immerhin gab es in dieser Zeit noch viele Hunger leidende Kinder. In der viertelstündigen »Zehnerpause« aßen die Bauernkinder auch damals schon Speck und Butterbrot, während die »Fabrikskinder« aus dem Tal selten etwas Gutes zum Essen bei sich hatten. Daher saßen sie regelmäßig zur Jausenpause um die Bauernkinder herum und bettelten um den Speck und das Brot. Geizkrägen, die nichts von der Jause abgeben wollten, verspeisten ihren Proviant im zugesperrten Klo, in aller Sicherheit. Es dauerte aber nicht lange, da entdeckten die Lehrer die zugesperrten Toiletten.

Ich zog mich niemals aufs Klo zurück, sondern bemühte mich vielmehr, meine Jause nutzbringend zu verwerten. Der eigene Hunger war für das von meiner Mutter vorbereitete Jausenbrot ohnehin meist zu klein. Einmal hatte ich eine besonders große Speckschwarte, woraufhin mein Schulkamerad Hans Aschbacher sagte: »Wenn du mir die Schwarte gibst, dann bekommst du von mir eine Koppe.« »Was ist das?«, fragte ich. »Eine Koppe ist ein kleiner Fisch«, antwortete er. Ich kannte bis dahin keinen Fisch. Ich könne ihn anschauen, lockte Hans. So packte ich die Speckschwarte wieder ein und ging mit ihm nach Madling, wo er in einem Mehrparteienhaus wohnte. Die Wohnung bestand aus einem einzigen Raum, der nur mit einer Kotze abgeteilt war. Die ganze Familie wohnte in diesem Zimmer. Jetzt wollte Hans mir zeigen, wo er den Fisch hatte. Das durfte aber niemand sehen. Wenn jemand erfahren hätte, dass der Bub schwarz fischt, hätte es furchtbare Schläge vom Lehrer, den Gendarmen und den Eltern gegeben.

So gingen wir beide hinunter zur Mur. In einer alten, durchlöcherten Ami-Keksdose am Murufer hielt Hans den Fisch versteckt. Als er die Dose öffnete, sah ich einen kleinen Fisch mit schönen roten Farbtupfen am Körper.

Vom Anblick dieses Tieres war ich begeistert, der Moment war wunderbar. Hans aber klärte mich auf: Die Koppe sei am Grund der Dose. Was ich gesehen hatte, war eine Bachforelle, die er nicht hergeben wollte. Mir aber ließ die Keksdose mit dem rotgetupften Fisch keine Ruhe mehr. Ich sagte zu ihm: »Ich gebe dir die Schwarte und morgen die ganze Jause samt Speck und Brot, wenn

»Beißwürmer« im Beet – die Kindheit

ich alle zwei Fische haben darf.« Zwar hatte ich Bedenken, ob Hans die schönen Farbtupfen nicht irgendwie auf den Fisch hinaufgemalt hätte. Er versicherte mir aber, der Fisch sei von Natur aus so. Schließlich könnte ich ja mit dem Finger versuchen, die Farbe abzukratzen. Ich würde sehen, dass das nicht gelingt. Wir beide schlugen auf das Geschäft ein. Hans sollte am nächsten Tag seinen guten Speck bekommen.

Ich ging sogleich mit den Fischen weg, und er schrie mir nach: »Wenn sie das Weiße heraufdrehen, musst du neues Wasser hineinlassen!« Das verstand ich nicht. Hans erklärte es mir: Wenn die Fische den Bauch heraufdrehen, müsste ich neues Wasser hineinlassen. Wo sollte ich Wasser hineinlassen – beim Bauch, beim Maul?

Er sagte mir, dass ich das Wasser nicht in die Fische, sondern in die Dose einlassen müsste, damit die Tiere wieder Sauerstoff bekämen und nicht ersticken müssten. Das war mir neu.

Von alledem hatte ich keine Ahnung, war ich doch am Berg aufgewachsen, wo es keine Fische gab. Hans erkannte, dass ich gar nichts wusste, und bot mir an, mich auf dem Heimweg zu begleiten. Zur Sicherheit, damit den Fischen nichts passiert.

Um rasch genug zur nächsten Wasserstelle zu kommen, mussten wir laufen. Dem üblichen Karrenweg konnten wir diesmal nicht folgen, denn da gab es kein Wasser. So mussten wir einen anderen Weg durch den Rannerötz-Graben nach Hause wählen. Dort gab es genügend Wasser für die Fische. Allerdings war diese Strecke gefährlich, weil der Graben felsig und steil war. Hans zeigte mir, wie man richtig Wasser in die Dose rinnen lässt, ohne dass die Fische entwischen: Dose auf den Kopf stellen, Deckel halten – das alte Wasser rinnt durch die Deckellöcher ab. Dann die Dose unter den Wasserfall stellen und durch dieselben Löcher mit neuem Wasser voll laufen lassen.

Hans drehte auf halbem Weg im Graben um, und zwar dort, wo es gefährlich wurde. Wichtig für mich war es, den Weg in zwei Stunden zu bewältigen, denn zu Hause wartete noch Arbeit auf mich. Wenn ich zwei Stunden für den Nachhauseweg benötigte, war es für meine Eltern in Ordnung, dann war ich brav, bei zweieinhalb Stunden ging es an die Grenze, und bei drei Stunden war ich ein »Zugbeutl«, für den es eine »Watschn« gab oder der »obtschaup« (kräftig an den Haaren gezogen) wurde.

Das Zeitproblem war die eine Sache, die andere war, dass niemand von den Fischen wissen durfte, weder Mutter noch Vater.

Zu Hause angekommen, hielt ich zuerst Ausschau, ob jemand in Sichtweite war. Die Luft war rein, ich lief zum Brunnentrog und kippte die Dose samt Inhalt hinein. Die etwa 10 cm lange Koppe lebte und ging zu Boden. Auch die kleine Bachforelle hatte die Tortur des Transports überstanden und schwamm nun unruhig im Trog umher. Ich hatte aber Sorgen, weil man die Fische im Trog sehen konnte. Mutter und Vater sollten die Tiere keinesfalls entdecken. Wenn sie die Fische gesehen hätten, hätte das ernste Folgen für mich gehabt. Darüber war ich mir im Klaren. Ich zitterte davor, dass die Eltern es dem Schurl sagen könnten, dem Mann mei-

Eines meiner wenigen Kindheitsporträts (1952).

In meiner Jugend spielte ich bei der Trachtenmusikkapelle Ramingstein Flügelhorn. Dieses Bild zeigt mich, in der Mitte sitzend, bei unserem Ausflug in die Südtiroler Dolomiten.

ner Cousine, damals Gendarmerieinspektor in Ramingstein. Gendarmen kehrten bei Patrouillengängen öfters bei uns zu und bekamen von Mutter eine Jause. Als Bub hatte ich vor diesen Männern in Uniform Angst, denn es hieß öfters: »Bua, wennst nit brav bist, dann sog ma's dem Schurl, und der sperrt di dann ein im Gemeindekotta (Arrestzelle) untn.«

Was sollte ich nun tun? Der kleine Fisch schwamm im Brunnentrog hin und her, das würden die Eltern sicher bemerken. Da kam mir die glorreiche Idee: Ich lief zu meinem Pflanzgarten, holte ein paar Wurzeln und Steine und baute den Fischen im großen Trog daraus ein Versteck. Das herabfließende Wasser prallte von einer Wurzel ab und spritzte in den Trog. Dadurch war die Wasseroberfläche in Bewegung, und man sah nicht mehr hinein. Die Fische nahmen mein Versteck sofort an. Jetzt erst war ich beruhigt.

Ich hatte es gar nicht bemerkt, dass ich bei der ganzen Aktion selbst patschnass geworden war. Mutter schimpfte mit mir, als ich ins Haus kam. Ich sei beim Wassertrinken ausgerutscht und in den Graben gefallen, lautete meine Ausrede. »Schau, dass di umziagst und zu deiner Arbeit kummst«, war der Kommentar meiner Mutter.

Es war mir klar, dass die Fische Futter brauchen würden, aber welches? Wie könnte ich sie richtig füttern? Nachdem mein Schulkamerad Hans am nächsten Tag seinen Speck von mir bekommen hatte, verriet er mir einiges. Er sagte mir, dass ich den Fischen Heuschrecken, Regenwürmer, Fliegen und andere Insekten und Weichtiere füttern sollte. Daraufhin sammelte ich so viel von

»Beißwürmer« im Beet – die Kindheit

dem Getier ein, dass die Fische das alles gar nicht fressen konnten.

Diese Wasserlebewesen, vor allem die Forelle mit den wunderschönen Farbtupfen, faszinierten mich so, dass ich stundenlang tief in den Brunnentrog blickte und dabei alles andere vergaß, ja sogar überhörte. Ich wollte nur noch die Fische beim Fressen beobachten. Es kam öfters vor, dass Mutter schimpfte: »Gehst oba, du Schweindl du, trinkst scho wieder vom Brunntrog außa. Nimm da do' a Häferl, und trink von oben oba, net durt, wo die Viecha saufn.« Mutter meinte, dass ich Wasser aus dem Brunnentrog trank, ich aber beobachtete nur die Fische. Das wusste Gott sei Dank noch immer niemand.

Einige Wochen ging das gut. Ich hatte eine Riesenfreude und wurde gelobt, weil ich für den Schulweg nicht einmal mehr zwei Stunden brauchte. Dabei stopfte ich öfters die ganze Griffelschachtel mit lebenden Heuschrecken und Würmern voll, mit denen ich dann die zwei Fische fütterte, um nicht zu sagen mästete. Mutter wunderte sich, warum der Kerl jetzt plötzlich so brav war. »Der schwitzt jo direkt, so schnell geht der Bua hoam«, freute sie sich.

Eines Tages kam ich wieder einmal von der Schule nach Hause und ging zum Brunnen. Mit Entsetzen sah ich, dass weder Wurzeln noch Steine und schon gar keine Fische mehr im Trog waren. Außer klarem Wasser fand ich nichts mehr. Ich lief zu Mutter und fragte, was passiert war. Sie schimpfte mich gleich einmal zusammen, weil die Katze einen Fisch dahergebracht hatte. Als ich dann, schon weinend, fragte, warum der Brunnentrog so sauber sei, meinte Mutter kurz und scharf: »Wennst nit schnell stad (ruhig) bist, kriagst die Ruatn (Rute) a no vom Dati.«

Vater hatte von den Fischen glücklicherweise noch nichts bemerkt. Er wollte nur am Vormittag das Pferd beim Brunnentrog tränken, es wollte aber kein Wasser trinken. »Wos hot er denn, der Muli? Warum trinkt denn der ka Wossa?«, fragte sich mein Vater und nahm den Brunnen genauer ins Visier. Da bemerkte er die Steine und die Wurzeln im Wasser und teufelte: »Überoll, wo der Mistkerl unterwegs ist, san Stoa und Wurzn (Steine und Wurzeln).« Er hatte mich also schon in Verdacht.

Schließlich zog er den »Brunnratzl« (Zapfenverschluss) heraus und warf Steine und Wurzeln weg. Meine Fische fielen bei der Aktion unter dem Brunnentrog hinaus ins Gras. Vater machte noch mit dem Stallbesen den Trog sauber, dann befüllte er ihn wieder. Nun trank auch das Ross anstandslos sein Wasser.

Die Fische aber sah und bemerkte Vater nicht. Und das war auch gut so, denn sonst hätte es der Gendarm Schurl am Sonntag am Kirchenplatz sicher von ihm mitgeteilt bekommen.

Der Schock saß tief, aber schon nach einigen Tagen fiel die Entscheidung: Ich musste unbedingt wieder Fische haben. Im Jahr 1952 baute ich den ersten kleinen Fischteich – oder, besser gesagt, Fischtümpel.

Die Fische waren mein Ein und Alles geworden. Ich beschloss, den kleinen Tümpel an einer feuchten Stelle oberhalb des Hauses in der so genannten Ehgarten auszugraben. Der Platz war meiner Meinung nach ideal,

»Beißwürmer« im Beet – die Kindheit

weil, unter einer Staude versteckt, mein Vater davon nichts mitbekommen würde. Das hoffte ich zumindest. Die Stelle war moosig, und so hob ich mit den bloßen Händen durch Entfernen des Wasens (der Grasnarbe) eine etwa 1 m² kleine Pfütze aus. Das Wasser wurde aus dem Boden heraufgetrieben, denn direkt unter dem Tümpel entsprang eine Quelle. Mit Wurzeln, Steinen und Holz tarnte ich die Stelle, um niemanden darauf aufmerksam zu machen. Das Wasser hielt sich in meinem Teich recht gut.

Nun tauschte ich abermals mit dem Aschbacher Hans und seinem Bruder Hias meine Jause aus und kam auf diese Weise wiederum zu Fischen.

Bald war der Tümpel zu klein und musste erweitert werden. Durch diese Arbeit an dem kleinen Gewässer lernte ich sehr viele wesentliche Zusammenhänge in Sachen Wasser und Natur kennen.

Zum Beispiel entdeckte ich einen großen Käfer, der im Wasser schwimmen kann. Heute weiß ich, dass es der Gelbrandkäfer war, den ich damals bewunderte. Zudem bewohnten viele Amphibien, wie Molche, Frösche oder Kröten, mein Biotop. Es wurde mir bewusst, dass es viele verschiedene Tierarten in und um Feuchtstellen gibt.

Besonders interessant fand ich damals jene Wassertiere, welche die Kaulquappen (bei uns »Schlegala« genannt) mit Fangwerkzeugen anzwickten, sie anknabberten und dann tot liegen ließen. Diese Jäger im Teich waren die Larven des Gelbrandkäfers.

Geschäfte mit den Schulkameraden

Was ich zu Hause in der Natur so alles entdeckte, erzählte ich natürlich auch meinen Schulkameraden. Sie konnten das alles oft gar nicht glauben. »Ihr könnts es ja anschaun«, bot ich ihnen an. So kamen meine Freunde öfters zu mir und bestätigten meine Erkenntnisse. Die Besuche nahmen immer mehr zu, sodass ich für das Besichtigen bald 50 Groschen (ca. 4 Cent) kassierte – und trotzdem noch immer Besucher hatte. Wer ohne Geld kam, musste mir halt einen Kaugummi oder etwas anderes geben.

Bald trieb ich regen Handel und verkaufte Molche, Kröten, Frösche und die Gelbrandkäferlarven. Letztere nannte ich als Bub Wasserpferdchen, da sie wie ein Flusspferd aussahen. Im Lauf der Zeit hatte ich auf diese Weise schon einiges Geld zusammenbekommen und hatte schon Erfahrung im Handeln. Manche Mitschüler bettelten mich an, ihnen Pflanzen, Tiere oder Geld zu borgen. Zahlen würden sie später, hörte ich oft, wenn sie beispielsweise von Opa oder Oma oder vom »Göd« (Taufpaten) wieder Geld bekämen. Ich ließ mich auch auf solche Geschäfte ein.

Einer meiner besten Kunden, der Embacher Hartl, legte selbst einen Tümpel und einen Garten an. Er hatte viele Pflanzen und Tiere bei mir eingekauft. Irgendwann in der dritten Klasse schuldete mir der Hartl deshalb rund 5 Schilling (36 Cent). Auch seine meisten Privatsachen hatte er schon bei mir eingetauscht. Mit dem Zahlen vertröstete er mich ständig auf morgen, sodass ich

»Beißwürmer« im Beet – die Kindheit

beschloss, 50 Groschen Zinsen zu verlangen. Der Hartl war damit einverstanden. Weil er mich letztlich aber weiter auf das Geld warten ließ, wurde es mir eines Tages schließlich zu viel, und ich gab ihm zur Strafe eine Ohrfeige.

Als Hartl weinend vor dem Schuleingang stand, erschien die Lehrerin. »Was ist da los?«, fragte sie. Hartl erzählte ihr schluchzend alles. Auf die Frage der Lehrerin, ob das denn wahr sei, nickte ich nur. Sofort bekam ich eine links und eine rechts und musste zur Strafe bis Mittag ruhig hinter der Schultafel stehen.

Diesen Vorfall hatte ich lange Zeit vergessen, denn es gab mehrere ähnliche. Erst bei einem Schülertreffen vor wenigen Jahren wurde ich von der Lehrerin Emilie Blum verh. Malzer, die ich nach so langer Zeit wieder traf, daran erinnert. Sie erzählte es uns allen. Der Embacher Hartl war leider nicht beim Schülertreffen, und so habe ich die 5 Schilling bis heute nicht bekommen.

Apropos Schülertreffen: Bei der Begrüßung der ehemaligen Schüler schüttelte die Lehrerin meinen Klassenkameraden die Hand. Plötzlich fragte sie: »Ist denn der Holzer Seppi wohl da?« Ich stand am Rand der Gruppe und erschrak. Was ist denn jetzt schon wieder los? Meistens, wenn in der Schule nach mir gefragt wurde, gab es irgendetwas Besonderes, und ich hatte etwas auszubaden. Die Lehrerin aber freute sich auf ein persönliches Wiedersehen mit mir. Sie habe mich öfters in Zeitungen oder im Fernsehen gesehen und sich daher so sehr auf ein Gespräch gefreut, erklärte mir die mittlerweile betagte Dame.

Emilie Malzer hatte viele meiner Geschichten noch immer im Kopf. Sie erzählte mir, dass sie diese Erlebnisse später gerne auch anderen Kindern weitergab. Das hörte ich gerne, denn auf diese Weise hatten die seinerzeit für mich oft negativen Erlebnisse doch noch etwas Positives an sich.

Angst vor dem Religionsunterricht

Auch beim Religionsunterricht merkte ich, wie sehr es auf die Menschen und ihr Verhalten ankommt. Unser erster Katechet war ein rechter Grobian, der sich keine Mühe gab, uns Kindern die katholische Lehre in Sachen Himmel, Hölle, Todsünden usw. richtig zu erklären, und uns beim geringsten Anlass mit einem Hasel- oder Weidenstock auf die ausgestreckten Finger schlug. Diese Art des Religionsunterrichts, in dem der Teufel eine große Rolle spielte, machte mir und vielen meiner Mitschüler Angst, insbesondere auf den weiten Heimwegen, und führte auch zu Alpträumen. All das habe ich bis heute sehr negativ in Erinnerung. Anstatt den jungen Menschen eine positive Lebenssicht zu vermitteln und ihnen Mut zum Leben zu machen, wurden ihnen Angst und Schrecken eingeflößt.

Unter dem nächsten Seelsorger, Pfarrer Meier, verbesserte sich aber das Verhältnis. Ich verstand mich gut mit ihm, erlernte sogar das Ministrieren und wollte eine Zeit lang selbst Priester werden.

Wegen der Arbeit die Schule geschwänzt

Es kam nicht nur einmal vor, dass wir Bauernkinder zu Hause arbeiten mussten und danach mit falschen Entschuldigungen in die Schule geschickt wurden. Deswegen gab es natürlich Strafen, und wir mussten oft zum Nachsitzen in der Klasse bleiben.

Es war keine Seltenheit, wenn wir dabei vom Pfarrer oder vom Lehrer im Klassenzimmer »vergessen« wurden. Wenn es schlecht herging, konnte man seinen Heimweg erst zur finsteren Abendstunde antreten, und das meist allein. Zu Hause hatte man dann Probleme wegen der Verspätung, schließlich hätte man ja zu arbeiten gehabt.

Daheim zu arbeiten bedeutete für mich Alltag. Im Winter war es aber härter, denn der Nachhauseweg von der Schule war schwieriger und dauerte länger. Zu Hause wartete dann zunächst einmal die Arbeit, danach die Hausaufgabe und später das Abendessen, ehe es mit einem warmen, in ein Tuch gehüllten Ziegel als Wärmeflasche ab ins Bett ging. In der Früh lag nicht selten Raureif an der Zimmerwand. Im Bett diente ein Strohsack als Matratze, dieser Leinenstrohsack war mit Roggenstroh befüllt. Erst durch das Niedertreten entstand eine Art Schlafmulde. Zum Zudecken diente ein schwerer »Golta«, eine Steppdecke, befüllt mit Werg aus dem Flachsanbau. Diese Decke war schwer und warm. Für Wärme bei den Füßen sorgte der im Ofen erhitzte umhüllte Ziegel.

Ein Streich mit dem Knecht Isidor

In der »Manaleutkammer« schliefen mein Halbbruder Hans, der Knecht Isidor, mein Bruder Martin und ich. Während die Großen eigene Betten hatten, teilten Martin und ich ein Bett. Isi war starker Pfeifenraucher und Trinker, am Wochenende hatte er häufig einen Rausch. Im Zimmer lag oft so viel Tabakrauch, dass es ganz finster war.

Es war Osterzeit. Wieder einmal wurden die Böller für das so genannte Bratlschießen am Ostersonntag geladen. Wir Kinder schauten stets mit Begeisterung beim Böllerladen und -schießen zu. Auch das Osterfeuerheizen war für uns ein einschneidendes Erlebnis. Das Osterfeuer wurde erst um Mitternacht entzündet, auch dabei wurden Böller geschossen.

Das zum Laden der Böller nötige Pulver wurde üblicherweise sehr gut vor uns Kindern versteckt. In diesem Jahr jedoch hatten Martin und ich in Erfahrung gebracht, wo es versteckt wurde. Wir holten uns schnell einige Kugeln dieses schwarzen Pulvers und streuten sie in Isis Pfeife, während er auf seiner sonntäglichen Sauftour war. Pulver in die Pfeife, Tabak obendrauf, Deckel zu, und dann legten wir die Pfeife wieder an ihren Platz.

Isi kam spätnachts mit einem gewaltigen Rausch nach Hause. Er zog auch noch ein paar Mal an seiner Pfeife, ehe er ins Bett kriechen wollte. Da knallte es plötzlich fürchterlich, eine Stichflamme fuhr in sein Gesicht hoch. Die Folgen waren fatal, schlimmer, als wir Buben uns

»Beißwürmer« im Beet – die Kindheit

das vorstellen konnten: Die Pfeife war kaputt, Isi war schwarz wie ein Neger, sein Bart verbrannt.

Wir allerdings saßen wach im Bett und lachten. Bald darauf ging der Wirbel los. Isi war plötzlich wieder nüchtern, fischte uns aus dem Bett und »wasserte« uns ordentlich durch, bis der Vater kam und dazwischenging.

Isi baute damals vor dem Haus in einem eigenen Beet seinen Tabak selbst an. Die Pflanzen waren für mich ähnlich wie jene der Sonnenblumen, nur nicht so hoch, mit großen Blättern. Diese Tabakpflanzen interessierten mich. Später, als Isi nicht mehr bei uns am Hof war, versuchte ich auch, Tabak anzubauen. Ich bekam aber keinen passenden Samen, geschweige denn Pflanzen. Erst in den neunziger Jahren säte ich dann Tabak in unserer Höhenlage aus. Die verschiedenen Sorten gediehen prächtig.

Mein erstes Lamm

Ich wollte als Kind immer schon Tiere halten und kaufte schließlich im Jahre 1953 von meinem Vater ein Lamm und vom Fuchs in Madling ein Ziegenkitz. Vater erteilte mir die Auflage, auf die Tiere selbst zu schauen und alle Arbeiten selbst zu erledigen. Nur dann dürfe ich sie halten.

Ich musste also Getreide und Rüben anbauen und selbst mähen. Mein Aufgabenbereich – und damit auch der Pflanzgarten – erweiterte sich dadurch ständig. Ich lernte, sogar vom schlechtesten Boden noch etwas zu ernten. Mittlerweile hatte ich schon mehrere kleine Flächen in Bewirtschaftung, nicht mehr nur den Beißwurmboanling.

Zur leichteren Bewirtschaftung meiner Flächen baute ich vom Misthaufen weg gemeinsam mit Schulkollegen eine kleine Seilbahn hinüber zum Beißwurmboanling. Es machte unheimlich viel Spaß, diese Anlage zu erbauen. Nachdem mein Vater das entdeckt hatte, musste ich mich allerdings rechtfertigen. Ich erklärte ihm, die Bahn diene dem Wassertransport. Das nahm er mir aber nicht ab. Er schaute sie sich näher an und entdeckte Mist, den ich hinüber zu meinen Kürbissen führte. Mist war damals für den Bauern Gold wert.

Vater bemerkte zudem, dass ich den ganzen Besendraht aus der Werkkammer verbraucht hatte. Das war ihm nun doch zu viel, und so ließ er mich die Bahn gleich wieder abtragen.

Ein schwerer Unfall im Stall

Am Johannestag zu Weihnachten 1954 stürzte ich beim Vogelfüttern von der »Hydern«, dem obersten Geschoss in der Scheune, in die Tenne hinunter. Ich fiel zwischen provisorisch aufgelegten Brettern durch und landete seitwärts auf der Dreschmaschine in der Tenne. Serienrippenbrüche, Prellungen und Bewusstlosigkeit waren die Folgen. Abends bei der Stallarbeit wurde ich gefunden. Der Arzt kam umgehend, und auf einer improvisierten einfachen Bahre aus zwei Stangen und einer Decke brachte man mich ins Tal, wo der Rettungswagen schon wartete. Ich musste fürchterliche Schmerzen ertragen und spuckte Blut. Der Arzt sagte zu meiner Mutter, sie müsse mit dem Schlimmsten rechnen.

Mein Krankenhausaufenthalt zog sich über mehrere Monate hin, weil ich unter anderem auch noch eine Rippenfelleiterung bekam. Deshalb wurden mir alle drei Stunden Spritzen injiziert. Während ich im Krankenhaus in Tamsweg liegen musste, galten meine Sorgen besonders meinen Bäumen, meiner Ziege und dem Lamm zu Hause. »Hast du meine Obstbäume wohl gegen die Hasen eingezäunt und die Tiere gefüttert?«, fragte ich meinen Bruder damals regelmäßig.

Zugarbeiten am Hof und Streiche mit Poldl

Im Winter kam ich regelmäßig zum Holzführen dran. Zu jener Zeit lag oft so viel Schnee, dass die Wege zuerst freigeschaufelt werden mussten. Auch die Holzplätze und die Bereiche rund um die Heuschuppen mussten ausgeschaufelt werden. Ich fuhr mit dem Ochsen oder mit der Kuh, musste also das Tier führen, während die Erwachsenen den Wagen oder Schlitten mit Heu und Holz beluden.

Beim Ackern wiederum kam es darauf an, ganz genau zu gehen. Geackert wurde doppelspännig mit zwei Kühen oder Pferden. Das genaue Geradeaus-Gehen in der Flucht war deswegen so wichtig, da sonst der Pflug hinten aus der Spur gelaufen wäre. Entstand trotzdem einmal ein unsauberes Pflugbild, weil ein Kind vorne beim Führen etwas unachtsam war, dann war das »Vorgeherabbeuteln«, also das »den Vorgeher bei den Ohren Ziehen«, als Strafe ganz normal. Dass Kinder zwischendurch auch einmal ein paar andere Gedanken hegen müssen, hat damals wohl niemand verstanden.

Wenn Kinder von anderen Höfen zu Besuch kamen, wurde oft danach gefragt, wie oft man am betreffenden Tag schon abgebeutelt wurde. Wer mit »niemals« antwortete, dem glaubte man nicht.

Zurück zum Ackern: Die Felder wurden in weiterer Folge mit Holzrechen abgerecht und eingeebnet. Steine wurden auf eigene »Grebeln« (Häufen) am Rand der Äcker getragen.

Weil ich für diese Arbeiten einmal längere Zeit daheim blieb, kam ein Brief des Schuldirektors ins Haus. Er drohte darin meinen Eltern mit einer Anzeige, sollte ich nicht umgehend wieder in die Schule kommen. Um meine Abwesenheit zu rechtfertigen, schmierte ich mich vor dem nächsten Schulbesuch mit Petroleum ein. Das ergab eine rote Haut, einem Ausschlag ähnlich. Als mich der Lehrer so sah, schickte er mich gleich weiter zum Arzt. Der Petroleum-Ausschlag verwandelte sich zu gelben Pusteln. Der Arzt diagnostizierte eine innere Eiterung und verpasste mir einige Spritzen und Salben. Nach dieser Behandlung wurde ich für einige Tage ernsthaft krank und musste nun tatsächlich im Bett liegen bleiben.

Vor Schularbeiten fürchtete ich mich immer. Ein Erlebnis von vielen war das folgende: Eine Rechenschularbeit war angesagt. Drei Nachbarsbuben und ich beschlossen, dieser Schularbeit mit List und Tücke auszuweichen. Wir täuschten dem Lehrer starke Zahnschmerzen vor. Der Hochuhlen Poldl war der Älteste von uns und ein vortrefflicher Markierer. Er summte nur so vor Zahnschmerzen. Aber auch der Jessner Michel, der Thomas und ich schlossen uns diesem Jammern an. Der Lehrer schickte uns umgehend zum Zahnarzt Dr. Leiner neben der Schule. Als wir vier dort ankamen und die Tür zum Warteraum öffneten, war niemand drinnen. Im selben Moment aber ging schon eine andere Tür auf und der alte und der junge Doktor kamen heraus und fragten: »Wos is mit die Buam?«

Wir drei sagten zugleich und wie aus der Pistole geschossen: »Der Poldl hot Zahnweh«, woraufhin der Poldl sofort mitgenommen wurde. Wir überlegten, was wir wohl sagen sollten, wenn die Tür wieder aufgeht. Wir beschlossen zu sagen, es sei schon wieder besser geworden. Unsere Angst vor dem Zahnreißen war doch recht groß.

Da hörten wir den markdurchdringenden Schmerzschrei unseres Freundes Poldl, der gerade ohne Betäubung einen gesunden Stockzahn opfern musste. Nun konnte uns nichts mehr halten. Wir drei stürmten zur Tür hinaus und rannten, so schnell wir konnten, Richtung Heimat. Die Angst, dass der Doktor uns folgen könnte, begleitete uns. Erst in Madling blieben wir schnaufend, beinahe ohne Luft, stehen und warteten auf den Poldl. Der wankte etwas später weinend und aus dem Mund blutend daher. »Es folsche Hund, es feige«, war alles, was er sich von den Lippen abquälte. Wir kontrollierten dann gleich, wie viele Zähne der Doktor gerissen hatte, weil der Poldl gar so jämmerlich schrie.

Am nächsten Tag gab es in der Schule ein paar kräftige Ohrfeigen vom Lehrer. Jetzt lachte Poldl und meinte: »Gsund is enk (das geschieht euch schon recht).« Die Schularbeit mussten wir vier natürlich später nachholen.

Ein anderes lustiges Erlebnis mit dem Poldl kommt mir auch noch in den Sinn: Bei uns am Berg gab es so gut wie kein Obst. Unten im Tal, in Madling und in Tafern, standen aber einige Bäume, so z. B. Klarapfel-, Pflaumen- und auch Pelzkirschenbäume.

Unser Schulweg führte uns vorbei beim Leimbacher, wo ein Pflaumenbaum dicht am Wegrand stand. Wir schüttelten uns dort öfters Pflaumen ab.

Eines Tages waren die unteren Äste schon von uns abgeerntet, sodass wir den Poldl ersuchten, auf den Baum zu klettern und uns einige Pflaumen herabzuschütteln. Poldl war der Größte und Stärkste unter uns, aber er fiel auf unsere Ratschläge immer wieder hinein, so auch dieses Mal. Unsere Säcke waren längst mit den guten Früchten voll gestopft, da marschierte auch schon der Besitzer Leimbacher daher. Poldl, hoch oben im Baum, rief noch: »Is scho gnua untn?«, als der Leimbacher antwortete: »Du Mistkerl, wos tuast'n do obn?«

Der Rest, werte Leser, war eine ordentliche Prügelei. Wir verfolgten aus weiter Ferne dieses »Gstammer« unter dem Pflaumenbaum. Der arme Poldl aber hat einiges abbekommen. Sogar die Knöpfe aus seiner Hose waren ausgerissen, er musste sie mit der Hand festhalten.

Das Zinsvieh am Ochsenkar

Von unserem Hof mindestens sechs Gehstunden entfernt, weideten im Sommer einige Jungrinder auf der so genannten Ochsenkar-Alm, einer Hochalm.

Ein einziges Mal nur begleitete ich meinen Vater, um mir den Weg merken zu können. Das zweite Mal musste ich schon allein gehen. Es hieß, ich solle den »Viechern Aufsaat bringen«. Die Aufsaat war ein Gemisch aus Heublumen, Salz, Haferschrot und Weizenkleie. Alle paar Wochen musste nachgeschaut werden, ob bei den Tieren auf der Alm wohl alles in Ordnung ist. Dem »Halter«, der dort viele Tiere beaufsichtigte, brachten wir dabei immer etwas mit, Speck, Schnaps oder Ähnliches.

Der Weg zu dieser Alm führte auf schmalen Steigen über zwei Berge. Von uns ging es ins Tal nach Fegendorf, von dort aufs Birkegg, weiter in die Klöhling-Alm und über den Kleinen Königstuhl hinunter ins Ochsenkar. An einem solchen Tag musste ich morgens um 5 Uhr aus dem Haus und war bis 22.30 Uhr unterwegs. Mitzuschleppen war immer der schwere »Aufsaatpingl«. Zusätzlich musste ich noch auf der Alm unter vielen Tieren die eigenen heraussuchen und ihnen die »Aufsaat« geben. Es sollte auch kontrolliert werden, ob alle Rinder gesund waren. Schließlich musste ich noch bis zur Hütte marschieren, um dem Halter einen schönen Gruß auszurichten und den Schnaps oder den Speck abzugeben.

Den Weg zu finden und auch wieder gut nach Hause zu kommen, war für mich eine enorme Anstrengung. Hätte ich nachts auf dem Nachhauseweg nicht fürchterliche Angst gehabt, ich wäre auf der Stelle eingeschlafen, so erschöpft war ich vom weiten Weg.

Heute kann das kaum jemand mehr, wozu wir damals als Kinder in der Lage waren.

Der herrliche Geschmack des Leinöls

Die Bauern unserer Region bauten in meiner Kindheit noch selbst Lein an und ließen ihn bei der so genannten Rodl-Mühle in Madling gegen Bezahlung pressen. Das frische Leinöl roch für uns Kinder besonders gut. Es zog uns magisch an.

Unsere Mutter gab uns als Schuljause ab und zu »Hasenöhrln und Hennsteign« (in Fett herausgebackene Mehlspeisen) mit, und wir tunkten diese Mehlspeisen gerne in das frisch gepresste Leinöl. Das schmeckte besonders gut, zumal ja während des Jahres mit dem Öl eher gespart wurde.

Im Spätherbst wurde der Flachs, also das Stroh der Leinpflanze, geröstet und dann gebrechelt. Dieser Arbeitsvorgang beeindruckte mich ebenso, denn auch dabei machte sich ein angenehmer Geruch breit. Zudem verbreitete das für den Röstvorgang nötige Feuer wohlige Wärme. Der im »Brechlofen« geröstete Flachs wurde anschließend gebrechelt. Zur Fasergewinnung wurde dabei die äußere harte Schale durch Quetschen, eben »Brecheln« genannt, entfernt. Die Faser wurde dann in mehreren Schritten zu Leinen weiterverarbeitet.

Bei der Verarbeitung fiel der so genannte »Brechlwoaz«

an, das waren spitze Schalenteile, mit Restfaser vermischt. Dieses Abfallprodukt eignete sich gut für Boshaftigkeiten eitlen jungen Mädchen gegenüber. Wurde ihnen nämlich das Gesicht mit dem »Brechlwoaz« eingerieben, wurde es erstens rot, und zweitens entstanden in der Folge lauter kleine Wimmerln (Pickel). So war manches Mädchen eine Zeit lang unansehnlich und lockte keinen Verehrer an. Der Hintergedanke dabei war, dass der Verursacher leichter bei dem betreffenden Mädchen »anbandeln« konnte. Der »Brechlwoaz« eignete sich aber auch vortrefflich dafür, uns Kinder für das Pflaumenstehlen oder andere Streiche zu bestrafen.

Die Flachsverarbeitung begeisterte mich so, dass ich heute am Krameterhof Verarbeitungsgeräte nach alten Plänen wieder aufgebaut habe und diese bei Seminaren auch aktiviere.

Erste Umpflanzungsversuche bei Obstbäumen

In meiner Jugendzeit wurden auf unserem Hof die verschiedensten Kulturpflanzen angebaut. Hafer, Weizen, Roggen, Gerste, Lein, aber auch Bohnen wurden bis in Höhen von etwa 1350 m erfolgreich zur Selbstversorgung kultiviert.

Eine Schwierigkeit gab es dabei allerdings: Vor allem Reh- und Rotwild richteten ziemlich große Kulturschäden an. Wir konnten aber mit verschiedenen Wildschutzmaßnahmen wie Scheuchen ganz gute Abwehrerfolge erzielen. Beispielsweise stopften wir alte Kleider

Meine Obstbäume werden weder gespritzt noch gedüngt oder geschnitten. Aus diesem Grund biegen sich die Äste vor lauter Früchten bis zum Boden.

mit Stroh aus und fertigten menschengroße Puppen an, die baumelnd aufgehängt wurden und so das Wild vertreiben sollten. Auch mit kleinen Feuern versuchten wir das Wild einzuschüchtern. Ein anderes Mittel waren mit Wasser gespeiste Klopfwerke, bei denen ein Hammer regelmäßig auf eine Blechdose klopfte. Dieser Lärm vertrieb das Wild recht gut.

Die damals kultivierte Vielfalt an Pflanzen bewies mir, dass, entgegen der heute häufig geäußerten Meinung, hier am Berg könne nichts wachsen, sehr wohl die verschiedensten Pflanzen gedeihen und reifen können.

Beim Heimgehen von der Schule durchstreifte ich oft kreuz und quer Wiesen und Wälder. Das eine oder andere Mal war das eine Abkürzung des Schulwegs, öfters aber verspätete ich mich bei diesem Herumstreifen. Weil aber zu Hause die Arbeit auf mich wartete, war das längere Ausbleiben, wie schon erwähnt, eher nachteilig für mich.

Bei meinen Wanderungen quer durch das Gelände entdeckte ich viel Interessantes, so einen Fuchsbau, ein altes Mühlengebäude im Graben oder verschiedene Wildobstbäume. Wo große Bäume stehen, wachsen meist auch kleine in der Nähe. Diese jungen Bäumchen machte ich ausfindig. Ich grub sie häufig aus, um sie dann zu Hause im Pflanzgarten einzusetzen.

Einmal, es war gegen Ende der Schulzeit, im Juni, entdeckte ich einige Wildapfelbäume. Sie waren schon ca. 2 m hoch. Weil sie auf einer Steinplatte gewachsen waren, konnte ich sie ohne Ausgraben samt Wurzeln ausreißen und mitnehmen. Ich schleppte die dünnen

Bäume nach Hause. Mutter sah mich verschwitzt ankommen. Sie schimpfte und meinte, es wäre schade um die Bäume, da sie im Sommer, bei ausgetriebenen Blüten und Blättern, kaputt würden.

Das störte mich aber nicht weiter. Ich setzte die Bäume trotzdem in meinen Pflanzgarten. Die Blätter und Blüten zupfte ich händisch ab, hatte doch Mutter gesagt, die Bäume würden deswegen kaputt werden, weil sie ausgetrieben hatten. Zum Gießen bestand in meinem Garten keine Möglichkeit. Zu weit weg vom Haus lag das Beet, Wasser gab es in der Nähe nicht. So gut ich konnte, grub ich die Wurzeln in Erde ein, darüber scharrte ich dürres Gras und Laub. Obendrauf legte ich Steine, damit die Bäume nicht umfallen konnten. Mit Steinen hatte ich schon öfters gute Erfahrungen gemacht. Einige Wochen später, ich glaubte, die Bäume seien bereits kaputt, weil die jungen Triebe schon dürr wurden, entdeckte ich neue Knospen und Blätter am Baum.

Diese Erfahrung war für mich sehr wichtig, denn mit dieser Art der Pflanzung mache ich heute mein bestes Geschäft. Ich kaufe von den Baumschulen am Ende der Saison im Mai und Juni preisgünstig Restbestände auf. Die damalige Erfahrung mache ich mir zunutze, allerdings zupfe ich bei den unzähligen Bäumen die Blätter nicht mehr einzeln ab; vielmehr lege ich die Bäume kurz in die Sonne, decke dabei aber die Wurzeln mit Jutesäcken ab. Das ist wichtig, denn nackte Wurzeln vertragen keine Sonne. Blätter und Blüten sind ihr voll ausgesetzt. Weil der Baum von Natur aus überleben will, wirft er in kürzester Zeit seine Blätter und Blüten ab. Die

Bäume liegen ein bis zwei Tage in der Sonne. Erst wenn Blätter und Blüten völlig dürr sind, sodass sie nicht mehr austreiben können, pflanze ich die Bäume ein.

Während dieser ganzen Zeit darf kein Tropfen Wasser zu den Wurzeln kommen, da der Baum die Blätter sonst nicht abwirft. Selbst nach dem Einpflanzen werden die Bäume nicht gegossen. Durch das Gießen würden die Knospen und Blätter nur viel zu schnell austreiben. Die Faserwurzeln könnten nicht schnell genug einwachsen, um die kontinuierliche Versorgung des Baumes zu gewährleisten. Wenn die Bäume mit Blüten und Laub eingepflanzt oder ohne Laub gepflanzt und gegossen werden, so beanspruchen die alten oder neu ausgetriebenen Blüten und Blätter den Baum zu sehr, und der Stamm trocknet aus.

Sind die Blätter und Blüten aber abgefallen und wird der Baum nicht gegossen, verbraucht er auch keine Energie, und die Wurzeln können sich zu dieser späten Zeit im Boden rasch entwickeln und gut einwachsen. Dazu reicht die Erdfeuchte vollkommen aus. Wenn dann auch noch obendrauf Steine oder Laub liegen, wurde für den Baum das Beste getan.

Mit dieser Methode pflanzte ich in den letzten Jahrzehnten viele tausend Bäume in meiner Alternativbaumschule und verkaufte sie später zu guten Preisen. Dieses Beispiel zeigt, wie wichtig praktische Erfahrungen im Umgang mit Pflanzen sind. Was mir meine Mutter damals völlig unbeabsichtigt als Dummheit vorhielt, sollte also zu einem Grundstock für meine späteren Erfolge werden.

Kinder werden heute verzogen

Ein großes Problem unserer Zeit ist es, dass die Kinder im Laufe ihres Erwachsenwerdens nicht er-, sondern verzogen werden. Ihre Naturinstinkte werden ihnen von den Erwachsenen sukzessive aberzogen. »Greif das nicht an, du wirst ja schmutzig!« »Schau, wie du ausschaust!« »Das ist gaga!« oder »Komm, lass das sein!« – diese Phrasen haben wir alle im Ohr und wahrscheinlich Kindern gegenüber selbst schon unzählige Male ausgesprochen. Meist sind das nur Ausflüchte der Erwachsenen, weil sie auf Fragen der Kinder keine Antworten wissen.

Sollen Menschen heranwachsen, die mit der Natur leben können, so dürfen sie keinesfalls herkömmlich, »diplomatisch«, erzogen werden. Kinder verfügen noch über einen Naturinstinkt. Daher fordere ich etwas provokant, die Kinder sollten die Eltern erziehen. Kinder sind neugierig, sie fragen. Doch die Eltern antworten höchst selten kompetent, weil ihnen Tiere und Pflanzen, sprich die Natur, fremd geworden sind.

Erfolg haben wird derjenige, der eine Erkenntnis selbst erfahren hat, und nicht der, der sie erlesen hat. Also, lassen wir die Kinder die Natur spielerisch erleben, wie auch ich es in meiner Jugend durfte! Jeder soll das sagen dürfen, was er sich denkt, und nicht das, was der andere hören will.

Die übliche diplomatische Erziehung sehe ich als eine Erziehung gegeneinander, die der Mitmensch zwar anfangs als unangenehm wahrnimmt, in die er sich selbst aber gerne eingliedert. Das nenne ich Lemmingverhalten.

Kann ich meine Erfahrungen mit anderen Menschen ehrlich austauschen, sind lebhafte, interessante, lehrreiche Gespräche die Folge, bei denen die Zeit nur so verfliegt. Derartiges habe ich oft erlebt. Wenn ich meine Lebenserfahrungen ehrlich weitergebe, dann wird ein Gespräch darüber interessant verlaufen, man wird sich freuen, wenn man sich trifft.

Das Lemmingverhalten ist genau das Gegenteil: Da wird heruntergeleiert, über Negatives gesprochen, werden Leute ausgerichtet, die eigenen Fehler und Schwächen nicht eingestanden und Lügen verbreitet. Das Ganze endet dann in purer Falschheit.

Ein Beispiel: Viehhändler X kauft bei zwei Bauern je eine Kuh. Er sagt dem einen Bauern, was er beim anderen für die Tiere bezahlt hat, aber vertraulich. Beim nächsten Bauern macht er dasselbe. Die Bauern treffen einander dann einmal, fragen, wie es geht, und sprechen über den Viehverkauf. Sie reden natürlich auch vom Preis. Der eine fragt den anderen, wie viel er denn bekommen hat. Dieser gibt mit Sicherheit einen zu hohen Preis an. So weit, so gut. Zu Hause redet dann jeder im Kreis seiner Familie darüber, was der jeweils andere für ein »falscher Hund« sei, weil man den genauen Preis ja vertraulich vom Viehhändler erfahren hätte.

Dieses Beispiel betrifft Bauern, nicht anders ist es jedoch in allen übrigen Berufszweigen. Beim Holzhandeln und bei allen anderen Geschäftemachereien läuft es ganz gleich. So verlieren die Menschen das Vertrauen zueinander. Eine Folge bei Bauern kann leicht ein Nachbarschaftsstreit sein.

Wenn ich aber meine täglichen Erfahrungen ehrlich mitteile, so verspürt der Zuhörer, dass ich die Wahrheit ausdrücke und dass nichts beschönigt oder verzerrt ist. Dieses ehrliche Umgehen miteinander und das Austauschen von Erfahrungen entwickeln sich wechselseitig. Die Gespräche langweilen dann nicht mehr, und die Beziehung zueinander verbessert sich.

Kartenspielen – meines Vaters Schwäche

In meinen letzten Schuljahren, so um das Jahr 1956, kehrten Vater und wir Kinder gerne am Sonntag in Ramingstein bei verschiedenen Wirtshäusern ein. Wir Kinder beobachteten Vater beim Kartenspielen mit den Nachbarn. Es war für uns leicht festzustellen, dass es dabei nicht ganz ehrlich zuging. Wir machten Vater darauf aufmerksam.

Als diese unfairen Kartenspielerkollegen bemerkten, dass wir sie verraten, wollten sie uns nach Hause schicken und bedrohten und beschimpften uns. Die Vorfälle beim Kartenspielen häuften sich in den folgenden Monaten und Jahren, und die Dinge nahmen einen schlechten Lauf. Das ging so weit, dass mein Vater begann, große Summen Geld zu verspielen. Bald schon mussten Erträge aus dem Vieh- und Holzverkauf für die Spielschulden verwendet werden, schließlich nahm Vater sogar einen Kredit auf, um die eingeforderten Schulden begleichen zu können.

Das führte zu Diskussionen und Streit im Haus, denn

er war nicht immer einsichtig. Es kam öfters vor, dass Vater unter dem Vorwand, er möge beim »Kaiblziagn« (»Kalbziehen«) helfen, vom Nachbarn geholt wurde. Der Zweck war aber ausschließlich das Kartenspielen, wo sich schon die richtige Partie zusammengefunden hatte.

Das Kartenspielen (Hasardln, Färbeln und Watten) war zur damaligen Zeit in der ganzen Region weit verbreitet. Einige Bauern haben damals Haus und Hof verloren, sprich verspielt.

Schließlich unterzeichnete Vater schon einen Vertrag, wonach unser Hof verkauft werden sollte. Er plante, in Oberösterreich eine Kleinlandwirtschaft zu erwerben. Der Kaufpreis für den ganzen Hof samt Inventar betrug 320 000 Schilling (23 255 Euro). Vater wollte wegziehen, nachdem er sich den Machenschaften seiner Spielerkollegen und so mancher Nachbarn aus eigener Kraft nicht mehr widersetzen wollte oder konnte. Ich aber wehrte mich verbissen gegen diesen Schritt, denn dann hätte ich ja all meine Pflanzgärten und meine Heimat verloren.

Ich stellte ihm im wahrsten Sinn des Wortes einen Baum auf, sprach nicht mehr mit ihm, schimpfte auch mit der Mutter und begleitete die Familie nicht zu den Besichtigungsfahrten nach Oberösterreich. Mein älterer Bruder Hans hatte den Hof schon verlassen.

Das war eine ganz schwierige Zeit meiner Jugend, weil ich einerseits schon einige Vollmachten von Vater übertragen bekam, andererseits aber doch noch nicht so richtig akzeptiert wurde. Die Spielerkollegen hetzten meinen Vater damals auch gegen mich auf, was die Situation noch verschlimmerte. Die Sache zog sich über ein Jahr hin, ehe ich erreichte, dass Vater aus dem Verkaufsvertrag ausstieg. Zwar musste er eine hohe Abstandszahlung leisten, zumindest aber war der Hof vorerst gerettet. Die Probleme in Summe waren jedoch noch lange nicht ausgestanden.

Wege und Irrwege

Schulende – mein Irrweg beginnt

1957 schloss ich die Volksschule ab. Für Bauernkinder gab es die Möglichkeit, schon sechs Wochen vor Ferienbeginn um Sommerbefreiung anzusuchen. Ich konnte damals auf Wunsch meiner Eltern einen solchen vorzeitigen »Ernteurlaub« antreten, hatte aber keine rechte Freude mit dieser Befreiung, denn sie bedeutete nur schwere Arbeit.

Auf die Volksschule folgte für mich von Oktober bis ins Frühjahr die so genannte bäuerliche Fortbildungsschule. In dieser Fortbildungsschule in Ramingstein wurde unter anderem vom Wirtschaftsberater der Bauernkammer fortschrittliche Landwirtschaft in Gegenständen wie Düngemittelkunde, Spritzmittelkunde, Rindermast, Milchwirtschaft, Forstwirtschaft etc. unterrichtet. Auch von der Raiffeisenkasse hatten wir einen Lehrer. Viele Broschüren und Hochglanzprospekte wurden gratis verteilt. Meine Freude über all die Unterlagen war groß, wurde uns doch damit bildlich vor Augen geführt, welchen Erfolg man mit Kunstdünger erzielen konnte oder wie leicht es war, mit Spritzmitteln das so genannte Unkraut zu vernichten.

In den Prospekten sah man beispielsweise gedüngtes Gras, das dreimal so hoch wie ungedüngtes war, Ähnliches bei Getreide und Gemüse. Kunstdüngereinsatz wurde uns sehr überzeugend vermittelt.

Zur gleichen Zeit liefen auch Düngemittelaktionen, bei denen dem Landwirt 60 bis 80 % der Kaufsumme vergütet wurden. Die Schüler bekamen Formblätter für einen Antrag ausgeteilt, die sie nur zu Hause vom Vater unterschreiben lassen mussten, und schon war der Förderantrag gestellt. Natürlich machten fast alle Landwirte von dieser Aktion Gebrauch. Diejenigen, die die geringste Menge Kunstdünger, bezogen auf die Fläche, bestellten, wurden als »Hinterwäldler« verlacht. Die Bestellmengen wurden im Unterricht vom Lehrer auf der Tafel festgehalten. So wusste jeder über den anderen genau Bescheid.

Einige Bauern bestellten so viel Dünger, dass sie ihn mit ihren Kühen gar nicht mehr nach Hause transportieren konnten. Andere sprangen ein und kauften ihnen den Dünger ab.

Raiffeisen unterhielt damals in Ramingstein ein Depot, wo wir den Dünger abholen konnten. Obwohl wir auf unserem Hof nur geringe Mengen ausbrachten, war es eine enorme Arbeit, den Dünger mit der Materialseilbahn nach oben und von dort mit Pferde- oder Kuhfuhrwerken auf die Felder und Wiesen hinauszutransportieren.

Dann erst konnte der Kunstdünger mit Kübeln auf die Steilhänge getragen und händisch ausgestreut werden. Das war die Arbeit für uns Burschen, ich empfand es als »furchtbare Sauarbeit«. Das verwendete Thomasmehl war schwarz, sodass wir nach dem Ausstreuen wie die Rauchfangkehrer aussahen. Der Wind schlug uns das Zeug beim Ausstreuen oft wieder zurück ins Gesicht.

Andere Dünger wie Nitramoncal und Kali brannten in unseren rissigen Händen und verursachten Schmerzen, auch die Augen brannten fürchterlich.

Abends ging es wieder in die Fortbildungsschule. Dort wurden wir vom Wirtschaftsberater der Bezirksbauernkammer Tamsweg, Herrn Rotschopf, gefragt, wie viel jeder schon ausgestreut oder eingekauft hätte. Wollte man nicht als »Hinterwäldler« auf der Tafel stehen, gab es zu Notlügen keine Alternative.

Mein Bestreben war es immer, in der Schule möglichst positiv aufzufallen. So versuchte ich natürlich, meinem Vater die Erkenntnisse einzureden, damit ich in der Schule nicht lügen musste.

Selbst heute umstrittene Methoden wie Hutweidenaufforstungen und Drainagierungen wurden damals unterrichtet und angepriesen. Feuchtwiesen wurden mit dem Caterpillar-Pflug aufgepflügt, und auf die Beete wurden in Reih und Glied Fichten gepflanzt. Diese Maßnahmen wurden als besonders fortschrittlich vorgestellt und bestens gefördert. Für das Aufpflügen und Aufforsten von Feuchtflächen gab es 80 % Beihilfe. In Wahrheit wurden durch dieses Vorgehen die schönsten Orchideenwiesen, wo auch das Knabenkraut, das Wollgras und andere wertvolle Pflanzen gediehen, umgepflügt und damit für immer vernichtet. Damals argumentierten die Verantwortlichen, um diese wertlosen Giftpflanzen, die keine Kuh fresse, sei es ohnehin nicht schade.

Bei den Hutweidenaufforstungen lief es so: Laut Richtlinie mussten mindestens 10 000 Fichten pro Hektar ausgepflanzt werden, möglichst geradlinig, damit später eine maschinelle Ernte möglich wäre. Jede Pflanze sollte mit 4 bis 6 Dekagramm Vollkorn rot in zwei Gaben im Mai und im August gedüngt werden, nur dann wurde die maximale Förderung zuerkannt. Von der Landwirtschaftskammer gab es dazu eine eigene Tafel: »Forstdüngung, gefördert von der Kammer für Land- und Forstwirtschaft«. Diese Tafel musste bei den beantragten Flächen aufgestellt werden.

Waren Laubholzbestände vorhanden, Birken, Erlen, Ahorne, Ulmen oder Ähnliches, so hatte man diese zuerst zu entfernen bzw. große Bäume zu schwenden. Dazu wurde dem Baum die Rinde rund um den Stamm herum ringförmig abgehackt. Damit war der Saftstrom unterbunden. Zusätzlich wurden diese Stellen mit Lignopur D bestrichen. Dieses Streichmittel war sehr teuer und wurde mit Dieselöl abgemischt. Die so bestrichenen Bäume starben noch schneller ab, es kam auch zu keinem Stock- und Wurzelausschlag mehr.

Kleinere Laubbäume und Sträucher wurden während der Vegetationszeit mit Dicopur spezial gespritzt. Nach dieser Maßnahme wurden sie mitten im Sommer braun und dürr. Wenn auf den Hutweidenflächen einzelne grobe Fichtenbäume, so genannte Schirmfichten, standen, wurden diese vor einer Aufforstung geschlägert.

Gegen Rüsselkäferfraß an den Jungbäumen wurden die kleinen Stämmchen in eine Giftlösung getaucht. Dadurch wurden alle saugenden und fressenden Insekten getötet.

All diese Maßnahmen wurden vom zuständigen Forstbeamten der Kammer für Land- und Forstwirtschaft überprüft und bestätigt, erst dann wurde die Beihilfe ausbezahlt.

Das waren die einschneidendsten Beispiele, welches aus heutiger Sicht unbrauchbare Wissen uns in dieser Fortbildungsschule vermittelt wurde.

Ausbildung zum Obstbaumwärter

Im Anschluss an die landwirtschaftliche Fortbildungsschule absolvierte ich die Obstbaumwärterausbildung in der Landwirtschaftsschule Winklhof bei Salzburg. Im Zuge dieser Ausbildung lernten wir alle Obstsorten, Sträucher und Baumformen kennen. Veredeln, Düngen, Schneiden, Spritzen, aber auch Vergiften und Vergasen von Wühlmäusen und anderem unerwünschten Getier wurden uns beigebracht. Am Schluss dieser Ausbildung bekam ich einen Giftschein ausgehändigt, der mich zum Bezug der schwersten Gifte berechtigte.

Nach dieser fachlichen Ausbildung wollte ich das erlernte Wissen natürlich umsetzen, und ich begann in meinen Pflanzgärten »aufzuräumen«. Zuerst wurden die Bäume zurechtgestutzt, dann wurde in entsprechenden Mengen gedüngt und gespritzt, und schließlich wurden die Wühlmäuse gefangen, vergiftet und vergast, sodass auch hier in meinen Gärten wie im Wald die gelernte und gewünschte Ordnung herrschte.

Es verging nur ein Jahr, dann hatte ich schon in meinen Pflanzgärten große Ausfälle und Schäden zu beklagen. Ich konnte mir vorerst die Ursachen gar nicht recht

Obstbäume...

Konventionelle Methode

Holzerische Methode

Es entsteht hoher Arbeitsaufwand durch die Netz/Gitter Ballierung (Ballen).
Der Baum muss gestützt werden, da der runde Ballen im Boden beweglich bleibt (Wind/Schneedruck/Fruchtbehang).

Der Ballen wird in Dreiecksform ausgestochen und auf das Erdreich gesetzt oder nur mit der nötigen Vertiefung gepflanzt. Der Wurzelballen ist durch die Pflanzengemeinschaft gefestigt. Durch diese Tellerform des Ballens stabilisiert sich der Baum selbst.
Das verringert den Arbeitsaufwand, denn Netz, Gitter, und Baumpfahl zur Stütze fallen weg.

...konventionelle Bewirtschaftung

...unter Berücksichtigung der natürlichen Kreisläufe

Schneiden der Bäume verursacht unnötigen Stress für den Baum und Energieaufwand für den Menschen. Dadurch ergibt sich eine erhöhte Gefahr durch Schneebruch und Fruchtbehang, da keine Federwirkung mehr vorhanden ist. Außerdem muss der Baum bei der Pflanzung mit einem Pfahl gestützt werden. Durch den Energieüberschuss ergeben sich starke Wassertriebe.

Indem die natürliche Beastung belassen wird, erreicht man eine Stabilisierung des Baumes auch in Hanglagen. Die Äste können sich durch Fruchtbehang oder Schneelast berg- u. talseits am Boden abstützen. Die Mitlebewesen (Mäuse, Hasen, Rehe, Hirsche) haben auch die Möglichkeit diese abstehenden Zweige anzuknabbern und schädigen so den Hauptstamm nicht! Ein Beschneiden der Bäume erübrigt sich durch das Absenken der Äste durch Fruchtbehang, denn somit kann genug Licht und Sonne in die Krone des Baumes eintreten.
Die Bildung von Wassertrieben wird unterbunden, da die langen Leit- und Fruchtäste mit starkem Fruchtertrag den Energiefluss ableiten und somit keine Wassertriebe gebildet werden.
Durch die Pflanzensymbiosen kann eine optimale Nährstoff- und Feuchtigkeitsversorgung für die Obstbäume erreicht werden.

erklären und rätselte herum. Gespräche mit Experten, Nachlesen in Fachbüchern und andere Erkundigungen ergaben, dass es die Höhenlage sein müsste, die mir eine solche Bewirtschaftung verwehrte.

Für mich war diese Antwort allerdings nicht zufrieden stellend. Ich fand mich damit nicht ab, denn ich wurde mittlerweile auch von Kunden, bei denen ich arbeitete, wieder kontaktiert. Auch dort waren plötzlich ähnliche Schäden wie bei mir festzustellen, also Frostbeulen, Frostrisse, aber auch Totalausfälle.

In der Folge verschlimmerte sich die Situation, und ich war total verunsichert. Sollte ich wegen dieses Misserfolges meine Bewirtschaftung aufgeben? Ich grübelte und grübelte und wollte eine bessere Begründung als jene der Experten finden. Immerhin hatte ich ja von Kindheit an mit meinen Pflanzgärten großen Erfolg gehabt.

Durch genaues Beobachten in jeder freien Minute – es kam mir auch der Zufall zu Hilfe – bemerkte ich einige von mir gepflanzte Bäume, die ich von dieser Radikalkur verschont hatte, ich hatte sie einfach übersehen. Auch einige Kundschaften, zu denen ich nicht hingekommen war, um dort nach den erlernten Methoden Ordnung zu schaffen, teilten mir mit, dass bei ihnen alles in Ordnung sei und die Pflanzen bestens gediehen.

Ich wurde sehr nachdenklich. So nach und nach reimte ich mir etwas zusammen. Da ich meist sehr intensiv träume, kamen mir einige Gedanken dazu auch im Schlaf.

In solchen Situationen, wenn ich Rat oder Hilfe suche, hilft es mir, mich in die Lage meines Gegenübers zu versetzen.

Ein Beispiel: Ich sehe eine Blütenpflanze, die normalerweise dunkelrot blüht, aber eine matte Farbe hat und einen kranken Eindruck macht. Ein Stück weiter sehe ich wieder eine solche Pflanze, diesmal aber kräftig und tiefrot blühend, üppig wachsend. Nun nehme ich die beiden Standorte genau unter die Lupe und sehe mir jedes Detail an. In welcher Pflanzengemeinschaft wächst die kranke Pflanze, in welcher die gesunde? Dann brauche ich meist nicht mehr lange zu suchen, es ist wie ein geschriebenes Gutachten, was sich da offenbart. Ich muss nur die Pflanzen kennen. Bei der kranken Blütenpflanze werde ich feststellen, dass die Versorgung mit Stickstoff nicht stimmt, weiters liegt ein Kali- und Phosphormangel vor, denn dadurch wird die Farbe ausgebildet. Der Stickstoff ist für den Wuchs zuständig.

So werden bei der kranken Pflanze wohl nur einige Gräser stehen oder vielleicht nur Flachwurzler. Bei der gesunden Pflanze mit der kräftigen Farbe steht mit Sicherheit eine Leguminose (Schmetterlingsblütler) dabei, vielleicht auch ein Beinwell, eine Haferwurz oder eine Brennnessel, um nur einige positive Begleitpflanzen zu nennen. Sie versorgen diese Blütenpflanze ausreichend mit Stickstoff, Kali und Phosphor. Die Leguminosen binden nämlich den Luftstickstoff und scheiden ihn durch die an den Wurzeln befindlichen Knöllchenbakterien in den Boden aus. Beinwell, Schwarzwurz, Haferwurz und Brennnessel schwitzen durch ihre Blätter Nährstoffe aus, die durch Tau und Regen schließlich zu den Wurzeln der Blütenpflanze gelangen. Auch ihre Wurzeln scheiden Nährstoffe aus.

Eine weitere wichtige Aufgabe bei dieser gesunden Pflanzensymbiose erfüllen die Bodenlebewesen. Um die kranke Blume herum wird es kaum ein Bodenleben geben, bei der gesunden dagegen werden wir eine Vielfalt an Bodenlebewesen feststellen. Es liegt also am richtigen Betrachten und am Lesen im Buch Natur. In diesem Buch gibt es keinen Fehler, während in meinen Farbprospekten aus der Fortbildungsschule und aus der Obstbaumwärterschule völlig konträres Wissen zu finden war, das mir nicht weiterhalf.

Noch etwas wurde mir klar: Durch den Einsatz von Kunstdünger bei den Obstbäumen trat ein verstärkter Wuchs auf. Nach dem Zurückschneiden der Bäume bildeten sich viele Wassertriebe, die dann natürlich geschnitten werden mussten. Das Kambium, also die Wachstumsschicht unterhalb der Rinde, wurde durch den Dünger zu übermäßigem Wuchs angetrieben. Dadurch konnten sich die Pflanzen den klimatischen Verhältnissen nur ungenügend anpassen und erlitten im Winter grobe Frostschäden oder erfroren gänzlich.

Meine eigenen Erfahrungen und die geschilderten Erkenntnisse bewogen mich dazu, von dem in der Schule Erlernten wieder Abstand zu nehmen und zu meiner bewährten Methode zurückzukehren. An einem weiteren Beispiel möchte ich erklären, wie unterschiedlich meine Erfahrungen gegenüber der Lehrmeinung waren: In der Schule bekämpften wir Wühlmäuse und Maulwürfe mit Gift und Gas. Ich versuchte aber, diese Tiere als »Mitarbeiter« zu gewinnen. Beide Tierarten lockern und drainagieren den Boden und sind überdies nützlich, sowohl in der Abwehr von Schädlingen als auch in der Vermehrung bestimmter Pflanzenarten (siehe Grafik S. 94).

Die Sortenregulierung in der Landwirtschaft allgemein und speziell im Obstbau bringt massive Nachteile mit sich. Die modernen Hochzuchtsorten sind für unsere Höhenlagen nicht geeignet. Dagegen sind die alten Kultur- und Wildformen wesentlich anspruchsloser, robuster und von den Inhaltsstoffen her viel wertvoller. Diese alten Sorten bewähren sich auch in rauen Höhenlagen. Vor allem die in der Natur vorkommenden Sämlinge sind kräftig im Wuchs und haben eine starke Astbildung bereits vom Boden weg. Dadurch sind sie auch widerstandsfähiger gegen Wildschäden. Wenn ich meinen Bäumen die natürliche Beastung belasse, sie also nicht schneide, können sie sich auch in extremen Hanglagen behaupten. Die Äste können sich bei starkem Fruchtbehang oder bei extremer Schneelast berg- und talseits am Boden abstützen. Mäuse, Hasen, Rehe und Hirsche haben die Möglichkeit, diese abstehenden Zweige zu beknabbern, und schädigen den Hauptstamm nicht.

Ein Beschneiden der Bäume erübrigt sich auch aus folgendem Grund: Da sich die Äste durch viel Fruchtbehang absenken, treffen genug Licht und Sonne auf die Krone des Baumes. Er stabilisiert sich, indem sich die Äste am Boden abstützen. Auch die Bildung von Was-

Wichtige Mitarbeiter

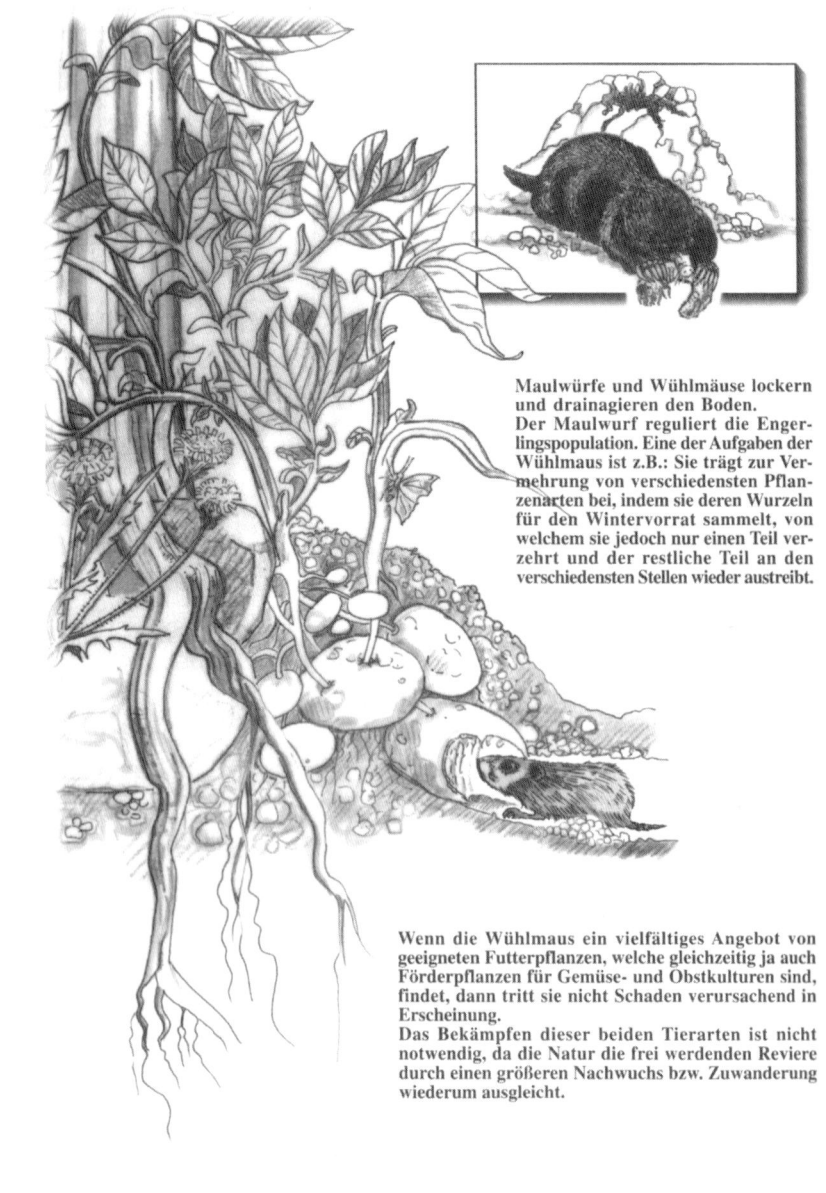

Maulwürfe und Wühlmäuse lockern und drainagieren den Boden.
Der Maulwurf reguliert die Engerlingspopulation. Eine der Aufgaben der Wühlmaus ist z.B.: Sie trägt zur Vermehrung von verschiedensten Pflanzenarten bei, indem sie deren Wurzeln für den Wintervorrat sammelt, von welchem sie jedoch nur einen Teil verzehrt und der restliche Teil an den verschiedensten Stellen wieder austreibt.

Wenn die Wühlmaus ein vielfältiges Angebot von geeigneten Futterpflanzen, welche gleichzeitig ja auch Förderpflanzen für Gemüse- und Obstkulturen sind, findet, dann tritt sie nicht Schaden verursachend in Erscheinung.
Das Bekämpfen dieser beiden Tierarten ist nicht notwendig, da die Natur die frei werdenden Reviere durch einen größeren Nachwuchs bzw. Zuwanderung wiederum ausgleicht.

Wege und Irrwege

sertrieben wird unterbunden, da die langen Leit- und Fruchtäste mit starkem Fruchtertrag den Energiefluss ableiten. Durch geeignete Pflanzensymbiosen werden die Obstbäume optimal mit Nährstoffen und Feuchtigkeit versorgt.

In der Landwirtschaftsschule Tamsweg besuchte ich auch einen Sprengkurs für Kultursprengungen. Das dort Gelernte setzte ich natürlich zuerst im eigenen Betrieb um.

Nach Ausstellung eines Sprengscheines durfte ich mir die diversen Sprengmittel besorgen und konnte somit auch bei vielen anderen Bauern im Lungau Sprengungen durchführen. Es wurden vor allem jene angeblich nachteiligen Steine und Felsen aus den Wiesen und Feldern herausgesprengt, die einem Maschineneinsatz im Weg standen. Auch hierfür gab es sehr gute landwirtschaftliche Förderungen.

Wir machten aber schon bald die Erfahrung, dass durch die natürlichen Witterungseinwirkungen oft mehrmalige Geländekorrekturen nötig waren. Es kamen einfach immer wieder Steine und Felsen zum Vorschein, was diese Arbeit, im Nachhinein betrachtet, eher unökonomisch erscheinen ließ. Nicht selten gingen wegen eines versteckten Felsenspitzes Reifen, Mähmesser oder Pflugschare kaputt. Dass das Wegsprengen der Steine und Felsen auch nachteilige Folgen für die Natur mit sich brachte, wurde mir erst später klar.

Fischereiausbildung am Mondsee

Zur damaligen Zeit war ich Abonnent verschiedener Fachzeitschriften wie »Der fortschrittliche Landwirt«, »Pflanzenarzt« oder »Österreichs Fischerei«. Ich entdeckte in einer dieser Zeitschriften, dass ein Kurs am Bundesinstitut für Gewässerforschung und Fischereiwirtschaft in Scharfling am Mondsee angeboten wurde. Zu diesem Kurs meldete ich mich an, weil mich die Materie brennend interessierte.

Mit meinem alten VW Käfer, auf den ich sehr stolz war, fuhr ich zum Mondsee. Ein Überprüfungspickerl für Autos gab es damals noch nicht – Gott sei Dank, denn sonst hätte ich womöglich mit meinem Wagen keine Straße mehr befahren dürfen. Als ich am Parkplatz vor dem Institut ankam und einparkte, sah ich lauter tolle Autos, BMW, Mercedes etc. Deutsche, Schweizer und Wiener Kennzeichen verrieten mir, welche Teilnehmer ich da als Kurskollegen zu erwarten hatte. Ich schämte mich nun fast ein wenig für meinen VW Käfer. Bei der Anmeldung merkte ich, dass es sich bei den Kursteilnehmern großteils um Akademiker handelte. Ich glaubte, nicht zu dieser Gruppe zu passen, und wollte schon wieder nach Hause fahren.

Der Leiter des Hauses war Dr. Bruschek. Er stellte uns das Programm vor und bat uns, uns einzuschreiben. Als Quartier bot er verschiedene Hotels, aber auch eine Internatsunterkunft an. Für den Nachmittag war eine Besichtigung in der Bundesfischzuchtanstalt Kreuzstein geplant. Diese Fischzuchtstation wollte ich

Wege und Irrwege

vor meiner vorzeitigen Heimreise unbedingt noch sehen.

Die Führung und Besichtigung leitete Oberfischmeister Pachinger. Er erklärte uns alle Anlagen auf verständliche und praxisbezogene Art und Weise. Das beeindruckte und begeisterte mich derart, dass ich mir vornahm, doch zu bleiben, ich würde es schon aushalten. So schrieb ich mich letztlich für den Kurs ein. Quartier bezog ich im schuleigenen Internat.

Im Unterricht gab es interessante theoretische Gegenstände wie Gewässerkunde oder Fischkrankheiten. Auch Oberfischmeister Pachinger unterrichtete uns in praktischer Fischzucht. Er lehrte sehr praxisnah und führte uns vor, welche Auswirkungen die Chemie auf das Wasser hat. Dazu demonstrierte er uns in Schaugläsern die Auswirkungen von verschiedenen chemischen Schadstoffen wie Spritz- oder Düngemitteln auf die Wasserlebewesen. In den Gläsern befand sich Plankton aus dem Atter- und dem Mondsee. Diese winzigen Fischnährtiere, die mit feinen Netzen aus dem See abgefischt werden, dienen Fischbrütlingen wie Hechten, Reinanken, Zandern und Welsen als Brutfutter. Diese Fischarten können nicht mit Trockenfutter aufgezogen werden, sie brauchen Lebendfutter. Im Gegensatz dazu wurden Forellen zu dieser Zeit schon mit Fertig-Trockenfutter aus Fleisch-, Blut- und Fischmehl gefüttert.

Man sah mit freiem Auge, wie sich die kleinen Wasserlebewesen im Schauglas bewegten. Eine Vielfalt an Leben im Wasser war zu erkennen. In anderen Gläsern standen Regenwürmer und andere größere Wasserlebewesen wie Käfer und Insektenlarven bereit.

Nun bröselte Oberfischmeister Pachinger in kleinen Mengen seine Düngemittel wie Nitramoncal, Kali etc. in die Gläser. Mit freiem Auge konnte ich erkennen, wie alles Leben in den Gläsern verging und sich am Boden absetzte. Was mich besonders schockierte, war die Tatsache, dass der Lebenskampf der Regenwürmer und Käfer sehr lange dauerte.

Nach dieser Demonstration ging mir vieles durch den Kopf. Vor allem dachte ich an all das, was ich zu Hause getan hatte. Ich hatte ja auch Kunstdünger bis an den Rand meiner Teiche ausgebracht und die Obstbäume gespritzt. Meine Aufregung war so groß, dass ich in dieser Nacht gar nicht schlafen konnte. Mir wurde langsam immer klarer, welche großen Fehler ich gemacht hatte. Konnte der Kunstdünger tatsächlich auch das Bodenleben und das Wasser schädigen, wo er doch schon meine Obstbäume zum Erfrieren gebracht hatte? Was mache ich noch alles falsch?, fragte ich mich von diesem Moment an.

Diese Erkenntnis, dass das Wasserleben abstarb, stand im Gegensatz zu Meinungen in der Fachliteratur, wo es hieß, das Wasser von Fischteichen könne mit Stickstoff, Thomasphosphat, Superphosphat oder Kalk gedüngt werden, um die Erträge zu erhöhen. Darin wurde auch von Versuchen in Norddeutschland berichtet, wo Karpfen in Klärteichen (Teichen mit Abwässern) mit großem Erfolg gemästet wurden.

Dieser Kurs hat mir sehr viel gebracht, theoretisch und praktisch. Mein Denken wurde kritischer. Ich glaubte von da an nicht mehr alles, was ich hörte. Ich lernte damals, die Dinge kritisch zu hinterfragen und von mehreren Seiten zu betrachten. Welche Vor- und Nachteile hat etwas, was überwiegt? Ein Lehrer sagt so, der andere eher so. Ich lernte, dass viele Menschen unbewusst Fehler machen, weil sie Dinge als gottgegeben hinnehmen und nicht hinterfragen.

Ich dachte darüber nach, was ich in der Fortbildungsschule und in der Obstbaumschule gelernt hatte. Dabei wurden für mich auch starke Diskrepanzen zwischen Praktikern und Theoretikern sichtbar. Oberfischmeister Pachinger zeigte uns die negativen Auswirkungen in der Praxis, andere Lehrer unterrichteten die Teichdüngung in der Theorie und mittels Lehrbuch.

Als junger Mensch sollte ich nun herausfinden, ob der Professor oder der Fischmeister Recht hatte. Das musste ich nun selbst entscheiden. Was war richtig? Ich fühlte mich allein gelassen.

Nach dem Kurs kaufte ich ein Mikroskop und konnte so selbst vieles, wie z. B. Fischkrankheiten, untersuchen. Als Vater davon erfuhr, schimpfte er mit mir und zeigte kein Verständnis für das teure Mikroskop. Wenn ich so weitermache, würde ich wohl eines Tages abhausen, meinte er nüchtern. Das Mikroskop selbst war aber so gut, dass es meine Tochter Jahre danach noch auf der Universität verwenden konnte.

Meine Art der Teichbewirtschaftung ist genau konträr zu jener Fachmeinung, wonach Düngemittel wie Phosphate (oben) und sogar Jauche (unten) ins Wasser eingebracht werden sollen.

Als ich später wieder einmal mit dem schon erwähnten Berater Peter Rotschopf von der Bauernkammer Tamsweg über die Düngemittel diskutierte, zog er meine Betrachtungsweise und meine Bedenken ins Lächerliche und verteidigte die wissenschaftlichen Erkenntnisse.

Meine Zweifel an der bisher vermittelten Lehrmeinung waren vor allem durch den Kurs in Scharfling weiter gewachsen. Ich wurde abermals in meinem Vorhaben bestärkt, meinen eigenen Weg zu gehen.

Schreibarbeiten für die ganze Umgebung

Da ich wegen meiner Pflanzgärten mit vielen Leuten in Kontakt stand und schon damals viele Dinge bestellte, wollte ich auch gut schreiben können. Deshalb kaufte ich mir eine alte Schreibmaschine und schrieb vorerst mit dem Zwei-Finger-System. Als ich von einem Maschinschreib-Fernkurs in Tamsweg erfuhr, meldete ich mich sofort an. Wir lernten das Zehn-Finger-Blindschreiben, was ich am Schluss auch ganz gut beherrschte. Natürlich musste dann eine neue Schreibmaschine ins Haus.

Die Folge davon war, dass noch viel mehr Leute als zuvor aus der Nachbarschaft und aus der Umgebung zu mir kamen und mich ersuchten, ich solle ihnen Anträge und diverse andere Briefe schreiben. Das war meist eine Arbeit für Gotteslohn. Oft musste ich nicht nur das Briefpapier beisteuern und die Arbeit erledigen, sondern auch noch eine Briefmarke spendieren und etwas aufwarten. Es gab einerseits Ausnützer, andererseits aber auch dankbare Kollegen, die mir für meine Dienste wieder einmal einen halben Tag am Feld halfen.

Vorzeitiges Ende des Grundwehrdienstes wegen Hofübernahme

Meinen Grundwehrdienst leistete ich bei der Brigade-Fliegerabwehrkompanie 8. Diese Zeit ist mir, obwohl es streng abging, positiv in Erinnerung geblieben. Im Gegensatz zu vielen anderen, die sich immer wieder beschwerten, verspürte ich beim Heer ein Gefühl von Gerechtigkeit. Es herrschte gleiches Recht für alle. Leistung wurde belohnt, und so bekam ich einmal sogar drei Tage Urlaub, weil ich in der Freizeit auf der Hindernisbahn übte. Auch die Verpflegung war gut. Nach der Grundausbildung wurde ich in die Wirtschaftskanzlei versetzt.

Kurz darauf kam ein vom Vater beantragtes Schreiben der Gemeinde Ramingstein in die Kaserne, in dem um meine vorzeitige Entlassung gebeten wurde. Der Grund: Krankheit des Vaters und angebliche Hofübernahme.

Der Brief kam für mich überraschend, denn von Vaters Krankheit wusste ich nichts, und an die Geschichte mit der Hofübernahme konnte ich gar nicht so recht glauben. Kann das tatsächlich möglich sein?, fragte ich mich. Die Sache mit der Hofübernahme reizte mich natürlich.

Man gewährte mir zwei Tage Urlaub, um die Sache zu Hause abklären zu können. Im Gespräch mit meinem

Vater stellte sich heraus, dass er es tatsächlich ernst meinte. Mein Bruder Martin zeigte kein Interesse am Hof, mein Interesse war jedoch groß. Irgendwie konnte ich das noch gar nicht ganz glauben. Vater aber sagte nur: »Wenn koana wü', donn verkaf i die Keuschn.« Damit war alles gesagt. Zu einem Verkauf sollte es nicht kommen, ich wollte Bauer werden.

Ich fuhr zurück in die Kaserne, unterschrieb den Freistellungsantrag und rüstete ab. Das war am 2. Mai 1962. Es folgten intensive Gespräche zu Hause. Nach langem Hin und Her konnte ich im Juli 1962 als Zwanzigjähriger den Hof übernehmen.

Probleme ergaben sich zuvor, weil ich erst mit Hilfe des Notars und des Richters für großjährig erklärt werden musste, ehe ich den Hof übernehmen konnte. Der Übergabevertrag wurde zusammen mit dem Notar erarbeitet. Erst nachdem der Vertrag dem Richter vorlag, konnte dieser mich für großjährig erklären. Der Richter Dr. Löcker schaute sich dann den Vertrag oberflächlich an und meinte zum Vater: »Jo, Krameter, Sie müaßn wissn, ob der Bua zu an Bauan tuat oder nit (zum Bauern geeignet ist oder nicht). Wann er tuat, donn unterschreibns do, donn is da Bua großjährig, donn kann er mitn Hof tuan, wos er wü', donn hams nix mehr zan sogn.«

Mein Vater unterschrieb, dann unterfertigte ich, und somit waren wir beim Gericht fertig.

Danach kehrten wir beim Gamswirt ein, genehmigten uns ein Bier und aßen einen Leberkäse, wie es damals bei einem Aufenthalt in der Bezirksstadt üblich war. Dann fuhren wir mit dem Motorrad wieder nach Hause, wo schon die sommerliche Heuarbeit auf uns wartete.

Die Aussage des Richters, dass ich nun als Besitzer machen könne, was ich wolle, stellte mich zutiefst zufrieden. Vieles ging mir durch den Kopf. Jetzt könnte ich endlich meine beabsichtigten Teiche, Terrassen und Pflanzgärten anlegen.

Ganz so einfach war die Sache allerdings auch nicht, denn im Übergabevertrag konnte ich keine Bedingungen stellen. Vielmehr musste ich zu allem Ja und Amen sagen. Ich konnte beispielsweise die ganze Tragweite eines Belastungs- und Veräußerungsverbotes damals gar nicht abschätzen. Allein dieser Passus im Vertrag hat mir später große Probleme bereitet, da ich für Investitionen immer die Zustimmung des Vaters einholen musste. Je nach Stimmung und Laune stimmte er zu oder auch nicht. Das hat die Entwicklung des Hofes mitunter stark gehemmt, stand Vater doch noch teilweise unter dem negativen Einfluss seiner so genannten Freunde und Kartenspielkameraden.

Auch den Passus, dass ich alle Rechte und Pflichten, Schulden und Guthaben, wozu alle bücherlichen und außerbücherlichen Verpflichtungen gehörten, zu tragen hatte, bekam ich schon kurz nach der Übergabe zu spüren. Es dauerte nämlich nicht lange, da meldeten sich meines Vaters Freunde bei mir und forderten dessen offene Spielschulden ein. Unter ihnen waren auch Nachbarn. Diesen Kerlen im gestandenen Mannesalter musste ich nun gegenübertreten und ihnen erklären, dass ich nicht bereit sei, die Lasten zu begleichen. Der Notar bestärkte mich in dieser Richtung.

Naturgemäß kam es dadurch zu Auseinandersetzungen zwischen Vaters Kameraden und mir. Sie verstärkten in der Folge ihren negativen Einfluss auf ihn und hetzten ihn, teilweise mit Erfolg, gegen mich auf.

Vater selbst war allerdings später einsichtig und half wochenlang bei verschiedenen Arbeiten und beim Wasserleitungsbau eines Nachbarn mit, um seine Spielschulden abzuarbeiten. Weitere Schulden aber musste schließlich ich tilgen. Bei der Raika (Raiffeisenkasse) Ramingstein war ein Kredit offen, auch musste ich einem Sägewerk noch Holz liefern, wofür das Geld bereits als Vorschuss behoben war. So musste ich im Herbst und im Winter Holz schlägern und mit dem Pferdefuhrwerk ins Tal liefern.

Die erste Zeit als Jungbauer

Mein Bruder Martin zog gleich nach der Hofübergabe nach Deutschland und verdiente im Holzschlag gutes Geld. Damals gingen mehrere junge Männer diese Arbeit im Nachbarland an, denn das Geld war recht leicht zu verdienen. Auch ich weilte 1964/65 den Winter über in Deutschland, um Geld für den Hof zu verdienen. Leider machte unsere Firma, für die mehrere Burschen aus der Region den ganzen Winter über gearbeitet hatten, Pleite. Das hieß, dass wir alle einen ganzen Winter lang umsonst gearbeitet hatten.

In Deutschland arbeiteten wir als Forstarbeiter auch sonntags. Bei einem solchen Einsatz im Westerwald fielen wir einer Polizeikontrolle zum Opfer und mussten wegen »Störung des Sonntagsfriedens« auch noch Strafe zahlen. Aus meiner eigenen Brieftasche streckte ich damals einigen Kollegen das Strafgeld vor. Auch diese »Marie« sah ich niemals wieder.

Im April 1965, es war Ostern, kam ich völlig leergebrannt mit 26,40 Schilling (1,92 Euro) in der Tasche zu Hause an.

Zur damaligen Zeit gab es zwischen Vater und mir große Differenzen. Nachdem ich in Tamsweg einen großen Baugrund von über einem halben Hektar Ausmaß erworben hatte, begann ich dort ein Haus zu bauen. Meine Absicht war es, eine Ausweiche zu haben für den Fall, dass ich einmal heirate und es daheim Probleme geben sollte. Das ewige Einmischen in meine Angelegenheiten empfand ich damals schon als unerträglich.

Neuer Weg – hohe Kosten

1964 wurde mit dem Güterwegbau Keusching VI begonnen. Das eröffnete mir viele neue Möglichkeiten, sodass ich am Hof den Bau von Teichen, Pflanzgärten und Terrassen intensivieren konnte. Der Wegebau verursachte aber nicht nur eine Menge Arbeit, es waren auch hohe Kosten für mich zu tragen. Um diese Verpflichtungen bewältigen zu können, beschloss ich, 5,4 ha Wiesen und Neuaufforstung an die Österreichischen Bundesforste zu verkaufen. Mir wurden vom Forstmeister Altrichter aus Tamsweg anfangs 8 Schilling (58 Cent) für den Grund angeboten. Letztendlich, nach drei Jahren, erlöste ich aber gar nur mehr 3 Schilling (22 Cent). Die Worte des Forstmeisters waren: »Herr Holzer, es liegt an Ihnen. Wenn Sie das Geld brauchen, unterschreiben Sie! Die Generaldirektion bezahlt nicht mehr.«

Da ich inzwischen aber den Wegebau und andere Investitionen schon über eine Bank vorfinanzierte, war ich quasi gezwungen, den Vertrag auch zu diesem Spottpreis zu unterzeichnen. Mit einer fürchterlichen Wut in meinem Bauch kam das Geschäft also zustande.

Nun war aber noch eine andere Hürde zu nehmen. Die Österreichischen Bundesforste wollten das Grundstück logischerweise nur lastenfrei übernehmen. Mein Betrieb war aber noch mit einem Restkredit von 12 400 Schilling (901 Euro) bei der Raika Ramingstein grundbücherlich vom Vater her belastet. So beantragte ich bei der Raika eine Freilassungserklärung für die Verkaufsfläche, was aber abgelehnt wurde. 20 Hektar Grund und Boden, also fast der gesamte Hof, wären zur Sicherung ja noch zur Verfügung gestanden. Das hätte meiner Ansicht nach genügt, der Besitz war ja ansonsten unbelastet. Die Raiffeisenkasse teilte diese Ansicht jedoch nicht. Der Obmann meinte vielmehr, ich sollte anderen Nachbarn noch zusätzlich Grund verkaufen und diese 12 400 Schilling zurückbezahlen. Dann könnte ich ja diese Last im Grundbuch löschen lassen. Früher oder später würde ich ja sowieso alles loswerden, wenn ich so herumwirtschafte, sagte er. Er spielte damit auf die von mir praktizierte Bewirtschaftung mit Spezialkulturen an, die damals schon begann. Meine Bewirtschaftungsweise wurde allerdings öfters belächelt. Auf weitere Fragen von mir antwortete der Obmann: »Wir in der Raiffeisenkasse sind niemandem eine Rechenschaft schuldig.« Mit meinem Problem konnte ich nur mehr die Bank wechseln.

Ich fuhr kurzerhand zur Sparkasse nach Tamsweg zu Direktor Müller. Der wollte mir die Geschichte erst gar nicht glauben und schüttelte über seinen Kollegen den Kopf. Wie viel ich brauche, erkundigte er sich. Ich antwortete: »Jo, die 12 400, weil i donn eh von den Bundesforsten dos Geld krieg.«

Damit ich ein bisschen »Luft« hätte, bot mir Direktor Müller auf der Stelle 20 000 Schilling (1453 Euro) an, ohne Bürgen und ohne Sicherstellung. Ich war überrascht und dankbar und nahm das Geld sofort an. Postwendend zahlte ich die Schulden bei der Raika zurück. Nun stand der Löschung und dem rechtmäßigen Verkauf nichts mehr im Weg.

Meine Mitgliedschaft bei der Raika kündigte ich als Konsequenz dieser Sache auf. Als ich bei der folgenden Raiffeisenkassen-Jahreshauptversammlung das Thema noch einmal aufs Tapet bringen wollte, wurde ich vom Bruder des Obmanns, der Geschäftsführer dieser Raika-Filiale war, mit der Begründung abgewiesen, ich sei nun kein Mitglied mehr und hätte kein Recht, an der Jahreshauptversammlung teilzunehmen.

Obwohl ich damals zur Sparkasse überwechselte, kam ich in späteren Jahren nochmals zur Raiffeisenkasse zurück und wurde Mitglied der Raika Tamsweg. Das war notwendig geworden, da alle bezuschussten landwirtschaftlichen Kredite seinerzeit nur über die Raiffeisenkassen abgewickelt wurden.

Grundstücksrückkauf von den Bundesforsten

Einige Jahre nach dem Verkauf wurde das Grundstück auf Betreiben der ÖBF (Österreichische Bundesforste) vermessen und vermarkt. Der damalige Oberförster Bock ersuchte mich, bei der Begehung anwesend zu sein. Ich kam dem nur ungern und zögernd nach, war ich doch noch immer wegen der Vorgangsweise beim Kauf sauer. Ich hatte mir in der Zwischenzeit auch schon Gedanken darüber gemacht, wie ich denn das Grundstück wieder zurückkaufen könnte. Bei der Begehung machte ich dem Oberförster nur einige ungefähre Angaben zum Grenzverlauf und zog mich bald wieder zurück.

Nach einer Weile stellte ich anhand der gesetzten Grenzsteine fest, dass die nunmehrige Grundgrenze mit der damals von mir verkauften Fläche nicht übereinstimmte. Da das aber nicht zu meinem Nachteil war, störte es mich nicht weiter. Das so zu meinen Gunsten verbliebene Teilstück bewirtschaftete ich gleich wieder intensiv, pflanzte Bäume, baute einen Weg und erschloss eine Quelle. Ich hatte die Absicht, auf diesem Grundstück ein Steinbockgehege zu errichten, und reichte schon bald einen Antrag auf Rückkauf meines Grundes und Zukauf eines Stückes der Bundesforste ein. Insgesamt wollte ich 10,7 ha erwerben.

Leider befürwortete aber der zuständige Oberforstmeister mein Kaufansuchen nicht, sodass ich in der Folge den Bundesforsten jegliche Zufahrt über meine Grundstücke untersagte. Auch forderte ich sie auf, eine Grenzberichtigung durchzuführen. Immerhin war im Kaufvertrag und im Grundbuch das von mir bewirtschaftete Teilstück als Parzelle der ÖBF ausgewiesen. Das hieß mit anderen Worten, sie waren grundbücherliche Eigentümer, und ich war der tatsächliche Bewirtschafter im ruhigen Besitzstand.

Mit der von mir geforderten Berichtigung wollte ich mein Grundstück zur Gänze wieder um die 3 Schilling zurückkaufen. Zum von mir bewirtschafteten Teilstück von etwa 1 ha merkte ich an, dass ich dieses nie und nimmer verkauft hätte und dass es sich nur um einen Irrtum vonseiten der Bundesforste handeln könne. Durch dieses Betreiben und meine Beharrlichkeit war es mir letztlich im Jahre 1988 möglich, die begehrten 10,7 ha von den Bundesforsten käuflich zu erwerben. Damit war der Grund wieder beim Hof zurück.

Heilpraktiker und Schulmediziner

Knecht Alfons und ich fuhren eines Tages mit dem Motorrad von Tamsweg nach Hause, als wir auf der Schotterstraße in Winkl mit einem über die Straße flüchtenden Hirsch zusammenstießen. Alfons wurde bei dem

Unfall nur leicht verletzt, ich aber erlitt schwere Verletzungen am Fuß und am Ellbogen des rechten Armes. Wie schwer der Unfall war, sah man auch daran, dass der Hirsch an der Unfallstelle verendete.

Wir mussten uns zu Fuß etwa 3 km nach Madling bis zum nächsten Telefon schleppen, um die Rettung zu alarmieren. Danach lag ich sechs Wochen im Krankenhaus. Der Arm machte ernste Probleme. Mehrere Hautverpflanzungen vom Oberschenkel auf den Ellbogen schlugen fehl. Die Eiterungen konnten nicht gestoppt werden, sodass ich das Krankenhaus schließlich ohne Heilungserfolg verließ. Mit verschiedenen Mitteln versuchte ich, die Verletzung selbst auszuheilen, aber leider ohne Erfolg. Es folgten drei weitere, insgesamt zehn Wochen dauernde Krankenhausaufenthalte in Tamsweg und in Salzburg. Da sich am schlechten Zustand meines Armes nichts besserte, erwogen die Ärzte die Amputation des rechten Unterarmes. Das aber wollte ich auf keinen Fall zulassen.

Ich hatte bereits bei der Pensionsversicherungsanstalt eine Invalidenrente beantragt, weil der Arm mittlerweile abgewinkelt und steif war. Eine solche Rente wurde mir in Aussicht gestellt. Durch Zufall traf ich dann in Tamsweg einen Bekannten, der mir von seinem Motorsägenunfall erzählte. Er hatte sich am Schienbein schwer verletzt. Seine Probleme hätten aber dank der Behandlung durch einen »Pflastermacher« (Heilpraktiker) in der Steiermark nicht lange angedauert. Derselbe Mann hätte auch dem Fleischer Lackner geholfen, der sich mit der Fleischhacke grob ins Knie gehackt hatte. Beide Männer hatten mit hartnäckigen eiternden Wunden zu kämpfen. Nach der Behandlung durch den Pirker-Bauern in St. Peter am Kammersberg, so hieß der Pflastermacher, sei aber alles rasch verheilt, erzählte der Bekannte. Ich schöpfte Hoffnung.

Noch am gleichen Tag fuhr ich zu besagtem Bauern und ersuchte ihn um Hilfe. Der etwa 75 Jahre alte Mann warf nur einen kurzen Blick auf meinen Ellbogen und sagte: »Des werd scho wieder wern.« In einer kleinen Kammer mixte er zwei klebrige Salben zusammen und füllte eine ölige Flüssigkeit in ein Fläschchen. Das war alles. Inklusive seiner Ratschläge kostete die Behandlung 20 Schilling (1,45 Euro). Ich gab ihm etwas Trinkgeld, bedankte mich und fuhr verwundert wieder nach Hause.

Die empfohlene »Rosskur« zeigte binnen 14 Tagen eine unglaubliche Wirkung. Der Eiter war verschwunden, die Wunde verheilt. Durch die von dem alten Herrn empfohlene Massage mit dem speziellen Öl wurde der Arm auch langsam wieder beweglich. Nach ein paar Monaten war er wieder voll zu gebrauchen, sodass ich auf meine Invaliditätsrente verzichten konnte. Bis heute habe ich keinerlei Probleme oder Beeinträchtigungen mehr.

Das war für mich eine neue und unglaubliche Erfahrung, wenn man bedenkt, welch schreckliche Folgen eine Amputation des rechten Unterarmes nach sich gezogen hätte. Das Wissen und die Naturheilpraktiken dieses alten Mannes erscheinen mir Goldes wert, und ich betrachte es seither als immens wichtig, solches Wissen zu erhalten und zu dokumentieren.

Familiengründung

Meine Gattin Veronika lernte ich 1967 in Tamsweg kennen. Sie stammt aus Obdach in der Steiermark und arbeitete damals als Saisonkraft am Rechtalerhof in Tweng. Veronika war und ist ein wahrer Glücksgriff für mich. Wir heirateten am 20. April 1968 in der Wallfahrtskirche zu St. Leonhard in Tamsweg. Getraut wurden wir vom Pfarrer von Thomatal, Valentin Pfeiffenberger, der als »Bischof vom Lungau« weitum bekannt ist.

Auf Wunsch der Schwiegereltern wurde nach steirischem Brauch geheiratet. Diese Besonderheiten kamen bei uns im Dorf sehr gut an. Die bekannten Buchbauernbuam umrahmten die Hochzeit musikalisch. Sie spielten den ganzen Tag und die Nacht durch, bis morgens um halb fünf.

Es war damals so üblich, dass die Braut erst am Hochzeitstag am Hof einzog. Schon am Tag nach dem Fest begann die Arbeit in vollem Umfang. Ich war damals mit dem Bau von Teichen, Pflanzgärten und Wasserleitungen beschäftigt. Es war auch gerade die Zeit für das Pflanzen und Säen. Morgens und abends warteten dann noch die Hausarbeit und die Stallarbeit.

Nach einigen Wochen sagte meine Mutter zu mir: »Bua, do host wohl an Volltreffer gmocht, do host a ganz a tüchtigs Dirndl dawischt.« Die anfängliche Skepsis des Vaters gegenüber meiner Veronika verringerte sich allmählich auch. Ursprünglich hatte man ihm beim Adamwirt im Dorf gesagt, mit der zukünftigen Schwiegertochter werde er sich noch anschauen: »Die kann jo goa

Am 20. April 1968 heiratete ich meine Vroni, eine Bergbauerntochter aus Obdach in der Steiermark. Das war der Start für unser gemeinsames Lebensglück.

Vroni war mir stets eine große Stütze, ohne sie wäre ich nicht so erfolgreich gewesen.

nix, des is jo nua a ledige Tochta von ana Bauerndirn, die kriag a ka Irbsoch (die kann ja nichts, sie ist ja nur ein lediges Kind einer Bauernmagd, das nicht erbberechtigt ist).« Vor der Ehe gab es deswegen zwischen Vater und mir öfters Streit. Er wollte mich von meiner Entscheidung abbringen, denn er glaubte den »Hussern« (Hetzern) mehr als mir. Das Problem war umso schlimmer, als meine Frau ja nicht aus dem Dorf war. Man ließ an Auswärtigen generell kein gutes Haar.

Die großen Vorbehalte meines Vaters gegenüber meinem Handeln und vor allem gegenüber meiner Frau verflogen im Lauf der Zeit völlig. Vater erkannte, dass er meiner Frau Unrecht getan hatte und dass meine Arbeiten, also die Teiche, Pflanzgärten und Terrassen, von den Gästen und Kundschaften bewundert wurden. Das gefiel ihm, und so schlug seine Einstellung um. Er sah auch, dass ich gutes Geld verdiente, was ihn zusätzlich positiv stimmte. Diese Tendenzen brachten es mit sich, dass ich mein in Tamsweg erbautes Haus eigentlich nicht länger brauchte. Wir fühlten uns allesamt gemeinsam am Krameterhof recht wohl. Auch die Straße war ja schon gebaut, und vieles veränderte sich in Riesenschritten.

Die Liegenschaft und das Haus in Tamsweg verkaufte ich schließlich. Das Geld konnte ich am Hof gut einsetzen. Unsere Zweifel, dass wir hier am Hof nicht gemeinsam auskommen könnten, waren verflogen.

Im Oktober 1968 erblickte unsere Tochter Marietta das Licht der Welt. Ihre Geburt trug noch zusätzlich zu einem guten Klima im Haus bei. Das Kind brachte vor allem meinen Eltern große Freude. Sie umsorgten die Kleine mit solcher Hingabe, dass ich mir Sorgen machte, ob sie sie nicht zu sehr verhätschelten.

Die erste öffentliche Fernsprechstelle beim Krameter

Weil ich damals Teichwirtschaft und Fischzucht betrieb, aber auch Pilze züchtete, und diese Aktivitäten ohne Telefon immer schwieriger wurden, beantragte ich bei der Post eine öffentliche Fernsprechstelle für unseren Hof. Für eine solche Sprechstelle zahlten die Gemeinde, die Post und der Erbauer je ein Drittel. Man musste allerdings mindestens vier Interessenten für das Projekt namhaft machen. Zudem musste man den anderen Anrainern, auch Nichtmitgliedern, unentgeltlich Botschaften ausrichten.

Als Antragsteller musste ich die Einwilligung aller Grundbesitzer einholen, über deren Grund die Freileitung errichtet werden sollte. Alle Anrainer bis auf den schon erwähnten Raika-Obmann gaben mir die Zustimmung zur Überleitung. Dieser aber sagte: »Wos, an Telefon mechtst hobn? Kannst'n schon aufiloatn, oba ba mir drahts kan Wosn nit um.«

Seine Zustimmung erteilte er also nicht, obwohl die Leitung bei ihm nur über einen minderwertigen, mit Stauden bewachsenen Steilhang führen sollte. Der Nachbar Johann Kendlbacher vlg. Blatschbauer hingegen erteilte eine Erlaubnis zum Setzen der Masten, obwohl diese in seiner Wiese ein Hindernis darstellten, da er dort mit dem Motormäher arbeiten konnte.

Nachdem alle Bewilligungen beigebracht waren, tauchte plötzlich eine Unterschriftenliste gegen das Telefon auf. Eine Nachbarbäuerin sammelte Unterschriften gegen den Bau. So blieb mir nichts anderes übrig, als für die vier Interessenten, die ich unbedingt brauchte, die Anschlussgebühr selbst zu übernehmen. Nur so waren sie zur Unterschriftenleistung bereit. Für meine diesbezügliche Gutmütigkeit hatte ich noch die Verpflichtung übernommen, allen unentgeltlich Botschaften auszurichten. Erst Jahre später, als das Ausrichten unzumutbare Ausmaße annahm, errichtete die Post Hausanschlüsse, und die öffentliche Sprechstelle wurde aufgehoben.

Zusätzliche Geldquellen durch Saisonarbeit

Durch die vielen Aktivitäten und Baumaßnahmen (Teiche, Terrassen, Wege etc.) musste ich viel Geld verdienen. Was ich zu Hause einnahm, reichte für die großen Investitionen nicht aus, sodass ich den Winter über anderen Arbeiten nachging. Einen Winter lang waren meine Frau und ich als Saisonkräfte in Obertauern tätig. Sie arbeitete in einer Hotelküche, ich als Hausmeister.

In den Folgejahren habe ich zusätzlich zur Arbeit daheim immer wieder als Holzakkordant im Inland Schlägerungen übernommen.

Pilzzucht – eine erfolgreiche Nische bis zur Katastrophe von Tschernobyl

Ich beschäftigte mich schon seit der Schulzeit viele Jahre mit der Zucht von Waldpilzen und Champignons. Anfangs machte ich viele Versuche, auch mit Giftpilzen. Erfolge waren einmal sichtbar, ein andermal nicht. Was zunächst ein Experiment und eher eine Spielerei war, wurde nun aber für mich zusehends zu einem wichtigen Betriebsstandbein.

Ich stellte fest, dass die Pflanzensymbiosen in der Waldpilzzucht eine Grundvoraussetzung für den Erfolg sind. Das Erkennen der Pflanzen – Flechten, Farne und Pilze –, von der kleinsten bis zur größten, ist enorm wichtig. Das Zusammenstellen bzw. Ergänzen der Symbiosen und in weiterer Folge die richtige Nährstoffversorgung sind für die Neuanlage einer Waldpilzzucht von entscheidender Bedeutung.

Wesentlich einfacher stellt sich die Zucht von holzbewohnenden Pilzen wie Austernseitling, Samtfußrübling, Hallimasch, Shiitake oder Stockschwämmchen dar. Auch Spargelpilze, Braunkappen und Champignons sind recht einfach zu züchten, da das nötige Nährsubstrat verhältnismäßig leicht herzustellen ist.

In den siebziger Jahren entwickelte sich die Pilzzucht zu einer sehr guten Einnahmequelle. Ein ganzes Wirtschaftsgebäude, der ehemalige Kuhstall, wurde dafür adaptiert. Ich baute eine Zentralheizung sowie eine Bewässerung ein. Auch große Außenanlagen wurden errichtet. Es ging sogar so weit, dass ich einen eigenen Zustelldienst installierte, der meine Pilze jederzeit frisch zu den Kunden, meist Hotels, aber auch das Bundesheer, brachte. Ich belieferte Abnehmer im Lungau und im Pongau sowie in der Steiermark. Wir produzierten am Hof sogar Trockenpilze und Konserven.

Wegen des guten Verkaufserfolges hatte ich mich auf die Pilzzucht spezialisiert, was sich später als großer Fehler herausstellte. Als sich 1986 das Strahlenunglück von Tschernobyl ereignete, brach der Markt für Speisepilze auf einen Schlag zusammen. Nicht, dass meine Pilze zu stark kontaminiert gewesen wären, nein, es gab schlicht keine Nachfrage und daher keinen Markt mehr dafür. Die gesamten Anlagen für diesen Betriebszweig waren mit einem Mal überflüssig. Diese Katastrophe verursachte mir einen Schaden von rund 1,5 Millionen Schilling (109 000 Euro). Die bittere Lehre, die ich daraus zog, lautete: Nie mehr spezialisieren!

Die Situation nach Tschernobyl war auch deswegen besonders schwierig für uns zu meistern, weil zusätzlich der Wildbretpreis um etwa zwei Drittel gefallen war, von 60 auf 15–20 Schilling je Kilo (4,36 bzw. 1,09–1,45 Euro). Zu diesem Zeitpunkt bewirtschaftete ich ein ca. 30 ha umfassendes Wildgehege, das mit Damwild, Rotwild, Gams und Steinböcken, aber auch Wildrindern (Wisent, Bison, Yak) besetzt war. Schließlich fielen auch noch die Fischpreise in den Keller.

Was dieses Tschernobyl-Unglück mir und meiner Familie an Sorgen und Kopfzerbrechen bereitete, kann ich in Worten gar nicht ausdrücken. Unsere Existenz hing an einem seidenen Faden, und das wegen der Atompolitik des weit entfernten Russland. Dass sich die Menschheit überhaupt noch mit der Atomkraft beschäftigt, ist für mich schlichtweg verantwortungslos. Nicht nur, dass sich enorme gesundheitliche Risiken daraus ergeben und Leib und Leben gefährdet sind. Auch die möglichen wirtschaftlichen Folgen und Nebenwirkungen sind nicht kalkulierbar.

1969 bis 1975: Wildgehege, Jausenstation, Pension

Schon meine ersten Fischteiche hier am Berg, von denen ich noch genauer berichten werde, wurden belächelt. Wie kann man denn nur da oben am Bergbauernhof Fischteiche errichten, und wo wird er denn die Fische verkaufen? – das waren die Sorgen der Leute. Was tut ein Bauer mit Fischen, die kann er ja nicht auf den Markt treiben?

Als nun mein Wildpark entstand und gar noch eine Jausenstation angeschlossen wurde, ging erneut das große Kopfschütteln durch den Ort. Wer wird denn auf den Granglberg hinaufgehen?, fragten sich die Leute im Dorf. Für weiteren Gesprächsstoff sorgte die Tatsache, dass ich alle Rinder verkaufte, um mich mehr meinen Sonderkulturen zuwenden zu können.

Am Hof liefen große Bautätigkeiten an. Unser Wohnhaus war bis zu diesem Zeitpunkt ohne jeden Komfort. Der Baumeister riet mir davon ab, dieses Haus auszubauen, waren doch die Fundamente schlecht oder gar nicht vorhanden. Die meterdicken Steinmauern hatten große Risse. Mir gefiel die alte Bausubstanz aber, und die in der Nachbarschaft errichteten neuen Wohnhäuser sagten mir ganz und gar nicht zu.

Also wurde renoviert und ausgebaut. Das gesamte Mauerwerk erhielt Fundamente und wurde in einem selbstentwickelten Verfahren trockengelegt. Die im Handel angebotenen Belüftungsrohre zur Trockenlegung waren für diese massiven Steinmauern ungeeignet. Gerade Bohrlöcher durch die Mauer und damit auch durch den Stein hätten die Belüftungswirkung nur bedingt erfüllt. So entschloss ich mich zu einer alternativen Methode: Ich baute kleine gebrannte Tonröhren in das Mauerwerk ein. Wo sie nicht durchgehend Platz fanden, wurden sie versetzt von beiden Seiten her eingebaut. Außen wurde ein Gitter auf die Mauer aufgebracht, und darüber kam ein grober Putz. Diese Methode hat sich hervorragend bewährt – das ganze Haus ist seither trocken –, zudem war sie sehr günstig.

Wie mühsam die Sanierung dieses alten Gebäudes tatsächlich werden sollte, bemerkte ich erst später im Zuge des Wasserleitungs- und Zentralheizungsbaus. Als der Installateur auf den Mauern die Punkte markierte, wo die Leitungen verlaufen sollten, sah alles noch ganz harmlos aus. Erst nachdem wir uns wirklich an die Arbeit gemacht hatten, die Löcher auszuschremmen, erkannten wir, welche Mühen da auf uns warteten. In den Mauern verbargen sich metergroße Steine, einmal härter, einmal weicher, die es nun in mühevoller Handarbeit zu durchdringen oder zu entfernen galt. Die Löcher im Mauerwerk wurden mitunter so groß, dass sogar »eine gefrorene Ziege« durchgepasst hätte, wie wir zu sagen pflegen. Oftmals bestand Einsturzgefahr, sodass die Mauern abgestützt und unterstellt werden mussten.

Die Nachteile des alten Hauses waren auch bei der Sanierung der Fußböden, Seitenwände und Plafonds zu bemerken. Alles war ein wenig schief, nichts war im Winkel und in der Waage. All diese Abweichungen auszugleichen, war eine »Heidenarbeit«. Es kamen mir öfters Zweifel, ob die ganze Aktion wohl richtig war, zumal das alles auch eine ganze Menge Geld kostete.

Im Nachhinein betrachtet, bin ich sehr froh darüber, es so gemacht zu haben. Der Wohnkomfort und das Wohnen in unserem Haus sind für mich gar nicht zu vergleichen mit vielen modernen Einheitsbauten. Die in den sechziger und siebziger Jahren erbauten Bauernhäuser wurden leider oft nach dem Nullachtfünfzehn-Schema erbaut und schlecht wärme- und schallisoliert. Sie bieten meiner Meinung nach kaum Wohnkomfort und schon gar keinen optischen Reiz. Dagegen fühle ich mich in meinem sanierten alten Bauernhaus wie in einer Märchenwelt.

Beim Umbau wurde schon daran gedacht, die großen Räume für eine spätere Nutzung als Jausenstation und in der Folge als Gastwirtschaft zu adaptieren. Im ganzen Obergeschoss wurden Fremdenzimmer eingerichtet. Doch habe ich auch einen Fehler gemacht, der die Heizung betraf. Durch die Eröffnung von Pension, Gasthaus und Tierpark, wo der Zulauf die Erwartungen bei weitem übertraf, hatte plötzlich niemand mehr Zeit zum Nachheizen bei der im Keller eingebauten Zentralheizung. Der Weg in den Heizraum über eine Kellertreppe war einfach zu lang. Zudem war die Technik noch nicht so weit fortgeschritten, sodass nahezu stündlich nachgeheizt werden musste.

Nach Erkundigungen stellte ich auf eine Flüssiggasheizung um. Das Umrüsten von Holz auf Gas bei der Heizung und auch in der Küche war aber sehr kostenintensiv. Auch das Gas selbst und der laufende Service verschlangen viel Geld. Ich erinnere mich an ein Jahr, in dem ich allein ca. 120 000 Schilling (8721 Euro) für Flüssiggas ausgegeben habe. Zudem gab es gesundheitliche Schwierigkeiten beim Küchenpersonal, das über Kopfweh und ein Brennen in den Augen klagte. Das veranlasste mich, alles noch einmal umzustellen. Der Gaskessel, der große Gastank und auch die komplette Gasküche wurden ausgemustert. Die Anlage war allerdings nicht mehr verkäuflich, teilweise musste ich sogar Entsorgungsbeiträge zahlen. Andere Hotelküchen in der Region machten dieselbe Erfahrung. Die Gasanlage war, im Nachhinein betrachtet, ein großer Fehler.

Der Gasheizung folgte eine Hackschnitzelheizung, in der Küche wurde auf einen Holzherd und einen E-Herd umgestellt. Warmwasserbereitung und Heizung sind seither mit dem E-Werk, auf das ich noch zu sprechen komme, kombiniert, im Winter wird fallweise die Hackschnitzelheizung dazugeschaltet.

Das Knistern des verbrennenden Holzes im Küchenofen ergab nun wieder eine gemütliche Atmosphäre. Auch im Wohnzimmer wurde ein großer Kachelofen aufgestellt. Dies ergibt ein herrliches Wohnklima – ich bin froh, dass ich wieder zum natürlichen Brennstoff Holz zurückgefunden habe.

Was als Jausenstation oben am Berg im Jahre 1972 begann, wurde durch das vielfältige Angebot im Lauf der Zeit (Pilzzucht, Baumschule, Sportfischerei, Tierpark) letztlich zu einem florierenden Gasthaus- und Pensionsbetrieb. In den siebziger Jahren war es teilweise so, dass Gäste mitunter sogar einige Tage in Schlafsäcken in der Scheune übernachteten, bis ein Zimmer frei wurde. Das Haus war regelmäßig voll, sodass auch die Außenanlagen angepasst werden mussten. Parkplätze für die Autos, Sitzterrassen und ein Kinderspielplatz wurden angelegt. Das alles war allerdings hier im Steilhang mit einem viel größeren Aufwand verbunden als im Tal. In Summe wurden damals über tausend LKW-Fuhren an Material transportiert.

Von einem Privatleben war für uns zur damaligen Zeit keine Rede mehr, wir gerieten in eine Art Arbeitswut. Auf der einen Seite machte es Freude, einen solchen Zulauf zu haben, andererseits hatte man keine Zeit mehr für sich selbst und für die eigene Familie. Tagaus, tagein wurde von früh bis spät in die Nacht gearbeitet. Die Feiertage waren besonders turbulent.

Dass meine Frau in dieser Zeit fünf Kinder zur Welt brachte – wo wir manchmal selbst im Dachboden unser Quartier bezogen, damit die Gäste nicht in der Scheune schlafen mussten –, war eine nahezu übermenschliche Leistung; noch dazu, wo sie ohne Kindermädchen auch

Das Lungauer „Paradies" liegt bei Ramingstein

Sepp Holzer und sein Tierpark sind eine Reise wert

RAMINGSTEIN. Einer breiten Öffentlichkeit fast unbekannt ist einer der schönsten privaten Wildparks — wenn nicht überhaupt der schönste — in Österreich, und zwar im Salzburger Lungau, oder noch genauer in Ramingstein-Keuschig 13. Es lohnt sich, diese Adresse ins Vormerkbuch für den nächsten Wochenendausflug zu schreiben, denn was in diesem „Paradies der Tiere" dem Menschen, und da wieder vor allem dem Städter, geboten wird, verdient ausführlicher geschildert zu werden.

An den Anfang dieser Reportage wollen wir einen Namen stellen: Sepp Holzer, 35 Jahre alt, verheiratet, Vater dreier Kinder. Er ist der Gründer und alleinige Erhalter dieses Wildparks, und das darf, wenn immer von diesem Stück Erde gesprochen wird, nicht vergessen werden.

Der Mann, der an sich hätte Landwirt werden sollen, wie sein Vater und Großvater, hatte 1962 den Hof übernommen. 1963 ging er daran, Fischteiche anzulegen, und heute sind es dreiundzwanzig, die eine Fläche von 3 Hektar bedecken. Bis zu fünf Meter tief, sind in ihnen 24 Fischarten vertreten — die Gebirgs-, die Bach-, die Regenbogenforelle, um nur einige Spezies zu nennen.

350.000 QUADRATMETER

Die große Leidenschaft des jungen Holzer war und ist die Natur, die Tierwelt, die Hege und die Jägerei. Und der Ge- danke, Schaffung der privaten „Arche Noah" auf Wald- und Wiesengrund in 1300 bis 1500 Meter Seehöhe — war keine einfache, vor allem aber eine kostspielige Sache. Der junge Mann scheute jedoch kein Opfer und ging selbst gegen mitunter starke Widerstände — und heute ist sein privater Wildpark im Flächenausmaß 35 Hektar oder 350.000 Quadratmeter groß. Das Gebiet wurde in seiner ganzen Länge umzäunt, tiefe Betontsockeln in die Erde gesetzt, denn so verlangte es die Behörde und genau so wollte es auch Sepp Holzer selbst: niemand sollte ihm nachsagen können, er vernachlässige die Pflicht, den Menschen gegenüber. Insgeheim hat er die Tiere vor dem Menschen gedacht.

BIS NACH BRIONI

Das Zusammenholen... die manches Risiko ein „verkaufte Besitz und arbeitete mit Fremdgeld, unerschütterlich daran glaubend, daß es gelingen wird, weil es gelingen muß. Und: es gelang. Reisen nach England, Ungarn, Jugoslawien und bis auf die Tito-Insel Brioni verschafften ihm einen Überblick. So holte er nach und nach seine Tiere zusammen und siedelte sie unter den naturgegebenen Bedingungen in Ramingstein an.

VON KARAJAN UND VOGL

Als der Hirschpark des Salzburger Adi-Vogl unter den Hammer kam, war Holzer Mitbieter, und er wußte genau, daß dieses Geld gut angelegt war, denn der millionenschwer gewesene Hotelier versteht etwas von der Hirschzucht. Sein Kapitalster, der heute in Ramingstein steht, hat einen Stangenabwurf von 9 Kilo zu verzeichnen. Jeder Jäger weiß, daß letzt- lich nicht die „Enden" die Qualität verkörpern, sondern das Stangengewicht, und 9 Kilo sind so enorm, daß es für edelstes Rotwild kein besseres Kriterium gibt.

Auch Herbert von Karajan züchtet Hirsche. Eine Tatsache, die kaum bekannt sein dürfte. Seine Kapitalen und Tiere stehen in einem gut abgeschirmten Gehege in Mauerbach bei Wien. Der weltberühmte Dirigent kennt den Wildpark-Besitzer von Ramingstein und weiß, daß dieser Mann nur das Beste einer Gattung zu erwerben trachtet. Als Karajan aber für einen mit 212 internationalen Punkten und der Goldmedaille prämierten Hirsch 238.000 S auf dem Tisch liegen sehen wollte, mußte Holzer passen. Dabei fand er den Preis für nicht zu hoch, denn ein guter Hirsch kostet eben bis zu 200.000 S, und ein junger ist immerhin auch schon seine 30.000 bis 50.000 S wert.

OBERSTES GEBOT: DIE HEGE

Selten, daß Holzer einen Veterinär braucht. Er versteht so viel von Tierpflege und Hege, daß er Verletzungen behandeln kann, er gibt sogar intramuskuläre Injektionen, wenn es notwendig ist, und bekämpft schädliche Parasiten, die die Gesundheit des Wildes oft gefährden. Er bedient sich eines sogenannten Narkosegewehres und plaziert damit Spezial-Injektionen, die so konstruiert sind, daß sie nach dem ferngezielten Einsicht und der Entleerung abfallen, ohne daß das Tier überhaupt etwas gespürt hat.

Man kann nur hoffen, daß sich endlich auch öffentliche Stellen finden, die es nicht bei einer verhaltenen Bewunderung bewenden lassen. Wenn es um Subventionen geht, fühlt sich niemand zuständig. Man wäre fast versucht, zu sagen: eine echt österreichische Lösung...

Der europäische Luchs... Foto: Borovitka

Einige Jahre lang war der Alpenwildpark das Hauptstandbein des Betriebes. Damals fanden seltene Tiere wie Bär, Luchs, Alpensteinbock, Alpenmurmeltier oder Uhu Heimat am Krameterhof. Die Gehege waren so natürlich eingerichtet, dass sich auch reichlich Nachwuchs einstellte.

> AUS PROTEST GEGEN DIE AUFERLEG-
> UNG EINER 10% VERGNÜGUNGSSTEUER
> FÜR DEN WILDPARK DURCH DIE GEM-
> EINDE RAMINGSTEIN, LAUT BESCHLUSS
> VOM 9.3.79, SEHE ICH MICH GEZWUNG-
> EN DAS GASTHAUS AB SOFORT UND
> FALLS ES ZU KEINER ÄNDERUNG DER
> FEINDSELIGEN HALTUNG DER GEMEINDE
> KOMMT, IN WEITERER FOLGE AUCH
> DEN WILDPARK ZU SCHLIESSEN.
>
> DER BESITZER
> SEPP HOLZER

Mit dieser Tafel informierte ich die Besucher, warum der Wildpark geschlossen wurde.

noch die gesamte Gastwirtschaft und den Haushalt schaukelte.

Wenn damals einer von uns nur ging und nicht lief, fragte man schon, ob er vielleicht krank sei.

Aus heutiger Sicht muss ich sagen, dass wir in dieser Zeit Raubbau an unserer Gesundheit betrieben haben. Andererseits war es aber doch motivierend, so erfolgreich zu sein. Schließlich war es ja ein schönes Gefühl, abends das Geld zu zählen, sofern man überhaupt Zeit dazu fand.

Unser Erfolg blieb auch so manchem Neider im Dorf nicht verborgen. Die damalige Gemeindepolitik wurde stark vom Wirtshausstammtisch beeinflusst, was zur Folge hatte, dass mir die Gemeinde für den Betrieb des Tierparks eine zehnprozentige Vergnügungssteuer (auf den Umsatz) auferlegte. Zusätzlich wurden Steuerprüfungen (Getränkesteuer, Umsatzsteuer, Einkommensteuer, Lohnsteuer) angeregt.

Bedingt durch die Vielseitigkeit unseres Betriebes und die mannigfaltigen Einnahmequellen, konnte es natürlich passieren, dass nicht jede Kleinigkeit täglich im Kassabuch ordnungsgemäß eingetragen wurde. Bei den verschiedenen Steuerprüfungen wurden solche kleinen Mängel vorgefunden. Daher wurde der Umsatz geschätzt. Die in der Folge zu begleichenden Steuern in Höhe von fast einer Million Schilling (rund 73 000 Euro) waren aus meiner Sicht so weit überhöht, dass ich mich spontan entschloss, das Gasthaus ab sofort zu schließen.

Da die Gemeinde meinem Ansuchen um Aufhebung der zehnprozentigen Vergnügungssteuer nicht nachkam, schloss ich einige Zeit später auch den Tierpark für Besucher. Die Schließung des Gasthauses und des Tierparks löste heftige Reaktionen aus, waren es doch weitum beliebte Ausflugsziele. Nachdem der Tierpark geschlossen war, machte mir die Gemeinde ein Angebot und wollte mir die jährlich einbezahlte Vergnügungssteuer mittels Antrag als Förderung wieder refundieren. Für mich war aber der Zug schon abgefahren, ich wollte aufgrund der gemachten Erfahrungen damit nichts mehr zu tun haben.

Nun konnte ich mich wieder intensiver mit den Sonderkulturen und den Pflanzgärten beschäftigen. Wir hatten allesamt wieder mehr Zeit. Den Tierpark wandelte ich zu dem oben erwähnten, ca. 30 ha großen Zuchtgatter für Steinwild, Gemsen, Rot- und Damwild etc. um.

Damals bewirtschaftete ich auch einige Jagdreviere mit über 1000 ha Gesamtfläche. Meine Sonderkulturen und die Jagd- und Gatterbewirtschaftung sowie der Pensionsbetrieb machten die Einkommensrückgänge aus Gastwirtschaft und Tierpark bald wieder wett.

Neid, ein fürchterliches Laster

Es ist schon sonderbar: Erst wird man belächelt und beschimpft, dann beneidet. Aus Neid schlug eines Tages ein Nachbar auf der Zufahrtsstraße zu uns abgeschnittene Motorsägefeilen und Nägel in den Asphalt. Rund zwanzig Fahrzeuge, darunter auch Einsatzfahrzeuge, kamen dadurch zu Schaden. Parallel dazu gab es immer wieder anonyme Anzeigen gegen uns, zumeist wegen Überschreitungen der Tonnagenbeschränkung auf dem Zufahrtsweg. Letztlich wurde der Täter überführt, verurteilt und bestraft.

Mit der ganzen Aktion hatte er sich selbst am meisten geschadet, musste er sich doch bei den Geschädigten entschuldigen und den Schaden wiedergutmachen.

Ich habe ihm dieses absonderliche Verhalten längst verziehen und habe für mich selbst keinerlei Schadenersatz verlangt. Er muss nun selbst sehen, wie er das Ganze mit seinem Gewissen vereinbaren kann.

Neue Grundankäufe

Um die Pflanzgärten und Terrassen erweitern zu können, waren einige Grundankäufe und -tausche notwendig. So kaufte ich beispielsweise in Tamsweg eine Wiese und tauschte diese dann mit einem anderen Grundbesitzer ab, damit ich bei mir angrenzenden Grund erwerben konnte. Für diese Aktionen wurde mir kein Nachlass der Grunderwerbssteuer gewährt, was ansonsten bei Arrondierungen für Bauern üblich ist. Ich bezahlte diese Steuer sogar doppelt, weil man meine Ideen als Spekulantentum betrachtete.

In diesem Zusammenhang erwarb ich auch Quellen, damals noch zu sehr günstigen Preisen. Ich fasste diese Quellen und errichtete ein in Summe über 10 km langes Leitungsnetz. Damit versorge ich meine Wasserlandschaften und die zwei Kleinkraftwerke bis heute problemlos.

Biberzucht

In der herkömmlichen Landwirtschaft sah ich für mich schon recht früh keine Zukunft mehr. Deshalb habe ich mich trotz der beschriebenen Rückschläge und negativen Erlebnisse immer wieder auf die Suche nach neuen landwirtschaftlichen Produktionsmöglichkeiten gemacht. So las ich einmal in einer Landwirtschaftszeitung einen Bericht der Universität für Bodenkultur in Wien über die lukrativen Möglichkeiten der Sumpfbiberzucht, dass diese Tiere für die Fleisch- und Pelzproduktion genutzt werden können.

Das hörte sich interessant an, und schon bald startete ich ein Versuchsprojekt. Die Tiere wurden im Stall in großen Boxen mit Fließwasserbecken und teilweise auch im Freien bei den Wassergärten gehalten. Die Zucht lief problemlos, auch die Vermarktung schien anfangs gesichert. Erst in späterer Folge, als die Kürschner, bedingt durch den »Pelzprotest« der Tierschützer, in Schwierigkeiten kamen, zeigten sich auch negative Auswirkungen auf mein Geschäft. Obwohl mir Tierschützer immer wieder vorbildhafte Haltungsbedingungen bestätigten, brach der Markt für Felle zusammen. Die von mir belieferten Kürschner gingen in Konkurs, und ich hatte das Nachsehen. Das Biberprojekt war beendet.

Imkerei

Seit vielen Jahren beschäftige ich mich mehr oder weniger intensiv mit Bienen. Diese Tätigkeit ist ein wunderschöner Ausgleich zur oft sehr anstrengenden übrigen Arbeit, auch kann man von den Bienen sehr viel lernen. Für meine Art von Landwirtschaft sind diese Tiere unverzichtbar. Durch die Vielfalt an Pflanzen, Obstbäumen, Heilkräutern und dergleichen sind sie für die Bestäubung enorm wichtig, zudem ist der daraus gewonnene Honig ein wahres Lebenselixier.

Ähnlich wie bei anderen Bioprodukten ist es auch beim Honig: Der aus dieser Vielfalt an Trachtenpflanzen gewonnene Honig wird leider nicht angemessen bezahlt, man steht sozusagen im Wettbewerb mit konventionell wirtschaftenden Betrieben. Daher habe ich mit der Zeit die Honigproduktion eingeschränkt und betreibe die arbeitsintensive Imkerei jetzt nur mehr auf kleiner Flamme. Auf den großen ökologischen Wert der Biene, der ja ein Vielfaches des Honigs ausmacht, kann und will ich aber nicht verzichten.

Zucht seltener Vögel

Für Steinhühner, Haselhühner, Birk- und Auerhühner, aber auch Wachteln, Rebhühner und Fasane interessierte ich mich schon immer. All diese Vögel habe ich in eigens dafür errichteten Volieren gehalten und auch erfolgreich gezüchtet. Sogar Nachtgreifvögel wie Käuze,

Eulen und Uhus konnte ich erfolgreich halten und vermehren.

Derzeit züchte ich in meinen Gewächshäusern Blaustirnamazonen, also große Papageien. Zu einem Pärchen dieser Tierart kam ich mehr oder weniger zufällig, da es von einem Züchter abgegeben werden musste. Ich wollte die Tiere ursprünglich nur vorübergehend bei mir aufnehmen, sie lebten sich aber so gut ein, dass sie regelmäßig jedes Jahr zwei bis drei Junge aufziehen. Das Wichtigste für die erfolgreiche Zucht und Haltung dieser Tiere ist, ihnen ein möglichst naturnahes Biotop zu schaffen.

Das Luchsprojekt

Über mehrere Jahre hindurch hielt ich mit großem Erfolg den Europäischen Luchs. Viele Jungtiere gingen aus meiner Zucht hervor, und hin und wieder kann ich heute noch einen Luchs in meinem Revier bestätigen.

Der Luchs macht im Jagdrevier die beste Hege. Wo ein krankes Stück ist, jagt und reguliert er; dadurch gleicht er so manches jagdliche Fehlverhalten seiner menschlichen Mitjäger aus. Wer den Luchs schon einmal bei der Jagd längere Zeit beobachtet hat, egal, ob auf Mäuse, Hasen oder ein krankes Reh, wird von dieser edlen Raubkatze begeistert sein.

Eine interessante Begebenheit im Zusammenhang mit den Luchsen möchte ich im Folgenden schildern: Aus dem »Salzburger Bauer« entnahm ich, dass ein Landwirt

Mit der Zucht von Wisent, Bison und Yak war ich sehr erfolgreich und konnte dadurch gutes Geld verdienen. Infolge der Ostöffnung brach dieser Markt zusammen, weshalb ich die Zucht aufgegeben habe.

Die Zucht von Waldhühnern wie Auerwild, Birkwild und Haselwild hat mir viel Freude, aber auch Sorgen bereitet. Es war nicht immer leicht, für diese anspruchsvollen Tiere geeignetes Naturfutter zu finden.

in größeren Mengen alte Legehennen um zehn Schilling (73 Cent) je Stück verkaufte. Ich fuhr zu diesem Bauern in den Flachgau und wollte 100 Hennen holen. Zu meinem Entsetzen fand ich dort aber lauter halb nackte alte Batteriehühner vor. Weil ich nun schon da war, nahm ich die 100 Tiere schließlich mit. Ich wollte mit den Hühnern mein Luchspärchen füttern, das zu der Zeit vier Junge hatte.

Zu Hause angekommen, warf ich gleich drei Hühner in das Gehege. Ein Luchs tötete die Tiere blitzschnell und trug sie weg. Damit war für mich an diesem Tag die Fütterung erledigt. Den nächsten Tag plante ich als Fasttag für die Tiere ein. Das ist notwendig, denn man soll ja die Natur nachempfinden, wo auch nicht jeder Tag ein Beutetag ist.

Am übernächsten Tag schaute ich nach, ob die Tiere alles sauber zusammengefressen hatten, denn es sollte ja nichts verludern. Eventuelle Reste wurden immer wieder von mir entfernt. Das Verhalten der Elterntiere und der jungen Luchse allerdings deutete darauf hin, dass sie schon ziemlich hungrig waren. Ich suchte das Gehege ab, weil ich mir dachte, es müssten doch irgendwo Reste der Hühner vorhanden sein oder zumindest noch einige Federn. Dabei stellte ich fest, dass die Luchse alle drei Hühner an einer Stelle im Boden halb verscharrt und mit Laub und Gras abgedeckt hatten. Sie hatten also nicht einen Bissen gefressen, sondern die Hühner nur getötet und verscharrt. Die Ursache war mir gleich klar: Es konnte nur daran liegen, dass die Hühner durch die Fütterung und Haltung in der Batterie, wo sie ja mit allen möglichen chemischen Mitteln in Kontakt kamen, so wenig schmackhaft für die Luchse waren, dass sie diese aufgrund des Naturinstinktes nicht als geeignetes Futter erkannten.

Von einem Metzger in Tamsweg holte ich schnell Ersatzfutter herbei, das die Luchse dann gierig annahmen. Die restlichen Hühner fütterte ich in einer großen Voliere mehrere Wochen lang mit unbelastetem eigenem Getreide, Küchenabfällen und Grünfutter. Jede Woche brachte ich den Luchsen versuchsweise ein Huhn. Anfangs passierte immer wieder das Gleiche: Sie bissen es tot und vergruben es. Erst nach fünf Wochen wurde das erste Huhn gefressen.

Die Luchse, aber auch die Füchse und Marder fraßen die belasteten Batteriehühner nicht. Die Tiere wählen also aufgrund ihres starken Naturinstinktes ihre Nahrung selbst aus und meiden alles, was ihre Gesundheit gefährden könnte. Sie verhungern eher, als so etwas zu fressen. Wir Menschen könnten durch die Beobachtung von den Tieren sehr viel lernen. Wir haben unseren Naturinstinkt weitgehend verloren und prüfen das, was wir essen, so gut wie nicht mehr.

Meine Versuche bei Murmeltieren, Wildhasen und Rehen zeigten, dass die Tiere beispielsweise Salat aus konventionellem Gemüsebau nicht fressen. Sie verschmähen aber auch Rüben, Karotten oder Kraut aus dieser Art von Produktion, solange sie nur irgendeine Möglichkeit zum Ausweichen auf Naturäsung haben. Abfälle von Salat und anderem Gemüse aus biologischem Anbau werden selbst in verwelktem Zustand samt Stängeln oder

Wurzeln restlos angenommen, ehe die Tiere etwas Frisches aus dem Supermarkt anrühren.

Ein Wildtier, das die Möglichkeit zu einer natürlichen Nahrungsaufnahme hat, setzt alles daran, sich so gesund wie möglich zu ernähren. Wenn ein Tier nicht mehr die Möglichkeit dazu hat, sind sofort Folgen sichtbar, Vögel bekommen z. B. ein stumpferes Federkleid. Raubtiere fressen zwar schwache oder kranke Tiere, aber keine durch Chemie belasteten. Zwingt man Tiere zu unnatürlicher Nahrung, werden sie selbst krank, was in Tierparks oder Zoos lange Behandlungen nach sich ziehen kann.

Giftpflanzen sind für Tiere wichtig

Die Tiere können aber auch ohne Medikamentengaben des Menschen auskommen. Wenn beim Wild die Äsung so verarmt, dass keine Giftpflanzen mehr aufgenommen werden können, die ja als eine Art natürliches Medikament dienen, nimmt der Befall an Magen- und Darmparasiten stark zu. In der Folge treten dann Durchfälle auf, das Tier hat ein stumpfes, mattes Fell und macht einen kranken Eindruck.

Tritt in einem Gehege oder in einer Koppel, z. B. bei Rehen, Durchfall auf, so ist das meist ein Zeichen für Parasitenbefall. Es trifft zumeist die schwächeren Stücke. Werden die Tiere über längere Zeit in eine andere, unbesetzte Koppel verbracht und beobachtet man, was sie als Erstes annehmen, so wird man sehen, dass Pflanzen wie etwa die Bitterlupine, der Wurmfarn, die Salweide oder auch der hochgiftige Eisenhut angeknabbert werden. Es dauert nicht lange und die Tiere sind wieder gesund. In vollkommen gesundem Zustand verschmähen sie diese Pflanzen aber wieder.

Aus diesem natürlichen Verhalten kann man ersehen, dass die Apotheke Natur auch ohne Rezept funktioniert. Was aber macht der Mensch? Er lässt sich vom Arzt ein Rezept ausstellen, geht in die Apotheke und schluckt Tabletten.

Unterschiede zwischen Haus- und Wildrind

Zwischen enthornten Hausrindern und meinen Wildrindern, wie Wisenten oder Yaks, bemerkte ich bezüglich der Futteraufnahme erwähnenswerte Unterschiede. Die Hausrinder fraßen mit Vorliebe Klee und Grummetheu, während die Wildrinder gerne das ältere, eher strukturierte Heu von mageren Wiesen, aber auch Prossholz und Flechten von den Bäumen annahmen. Das Verhalten der enthornten Tiere erwies sich bei meinen Beobachtungen insgesamt als besonders unnatürlich. Ich glaube, dass die Hörner einen Einfluss auf das Verhalten des Tieres haben, sie dienen vielleicht als eine Art Sender. Ich könnte mir auch vorstellen, dass sich in den Hörnern und Klauen Schadstoffe ablagern, die auf andere Art nicht ausgeschieden werden können. Durch die Abnutzung dieser Teile werden die Gifte wieder vom Körper entsorgt.

Außerdem kommen das Enthornen sowie auch das

Kupieren der Schwänze bei den Schweinen einem Verstümmeln gleich. Ohrmarken wirken sich meines Erachtens ähnlich negativ aus. Die übergroßen EU-Ohrmarken in beiden Ohren sind nicht nur unschön, sie haben auch einen negativen Einfluss auf das Innenohr bezüglich lästiger Windgeräusche und Temperaturunterschiede bei Sonneneinwirkung. Zudem bergen sie ein großes Verletzungsrisiko durch Hängenbleiben und in der Folge Ausreißen. Dass die Berufsvertretung einer solchen Regelung zugestimmt hat, ist mir unverständlich – ich befürchte, dass irgendwann auch noch den Bauern selbst Ohrmarken verordnet werden. Eine Alternative zu den Ohrmarken wäre für mich das Tätowieren der Tiere.

Beobachtungen dieser Art, also das Erkennen der Wechselwirkungen und Zusammenhänge, haben in der Tierhaltung eine entscheidende Bedeutung für die Gesundheit und den Zuchterfolg. Nachdem ich immer wieder gefragt werde, wie ich es anstelle, Tiere und Pflanzen so genau zu beobachten, um die Wechselwirkungen zu erkennen, kann ich nur wiederholen: Versetze dich in das Tier! Du bist das Tier, du bist die Pflanze. Du bist das Gegenüber. Und aus dieser Sicht heraus versuche festzustellen, was dir gefällt oder nicht und was du gerne anders hättest.

Das ist im Grunde ganz einfach, denn in der Natur ist nichts kompliziert, und wenn, dann macht es nur der Mensch kompliziert und verliert auf diese Art den Zugang. Diese Art der Beobachtung gilt für den Regenwurm genauso wie für den Papagei, den Wisent oder den Luchs, aber auch für die Blume oder den Apfelbaum.

Gelungene Enzianzucht

Viele Tier- und Pflanzenarten stehen auf der roten Liste, das heißt, sie sind vom Aussterben bedroht. Warum? Meine Meinung ist, dass man es verlernt hat, die Abläufe in der Natur nachzuvollziehen und sinnvoll zu nutzen, denn letztlich wächst doch alles für den Menschen und die Tiere. Der Mensch steht auf der höchsten Stufe der Nahrungskette.

Am Beispiel des Punktierten Enzians, der auch auf der roten Liste steht, möchte ich zeigen, in welch falschen Bahnen sich Naturschutz und Wissenschaft bewegen.

Ich bemühte mich fünf vergebene Jahre lang um die Zucht dieser Pflanze im Glashaus. Verschiedenste Zuchtanleitungen brachten keinen Erfolg. Verärgert warf ich daraufhin die Holzkisten mit Erde und Samen aus dem Gewächshaus hinaus. Die Kisten lagen einige Monate im Freien, bis ich sie eines Tages wegräumen bzw. aufheizen wollte. Doch da entdeckte ich Reste von Erde und kleine Pflänzchen in einer der Kisten. Ich untersuchte die Pflänzchen genau, und siehe da, es waren Enzianpflanzen. Was war passiert?

Die in den Holzkistchen verbliebene Erde war außerhalb des Glashauses mehrmals gefroren und wieder aufgetaut. Schnee und Regen hatten einen Teil der Erde ausgewaschen. Dies hat meiner Meinung nach die Keimung ausgelöst.

Dadurch wurde ich dazu bewogen, die Abläufe in der Natur noch genauer zu beobachten. Der Punktierte Enzian wächst in unserer Region oberhalb der Baumgrenze, in etwa 2000 m Seehöhe. Wann wird der Samen dort reif? – Im September. Wie verteilt sich der Samen, wann fällt er ab? – Ich stellte fest, dass die Samen keine Flugsamen sind, sondern dass sie recht dicht im Nahbereich der Mutterpflanze auf kleiner Fläche abfallen. Durch die Hufe der Rinder oder die Schalen des Wildes, aber auch durch den Wind wird der blattförmige Samen doch auch weiter vertragen. Der Viehtritt verwundet den Boden, und so gelangt der Samen zur Erde, wo er anwachsen kann. Auch wenn die Tiere beim Fressen am Gras liegenden Samen aufnehmen, wird er über den Kot weiter verteilt.

Die Witterung im Hochgebirge ist im Herbst sehr wechselhaft, d. h. morgens Frost, tagsüber trocken und warm, dann wieder einmal Regen, Trockenheit, Schnee und wieder Trockenheit, bis der Winter mit seinem Schnee alles zudeckt. Im Frühjahr setzt sich dieser Witterungswechsel bis in den Juni hinein fort, ehe es dann für kurze Zeit richtig warm wird. Der Enziansamen wird also unzählige Male nass, dann wieder trocken, einmal gefroren und dann wieder erwärmt. Keimen kann dieser Samen dann erst in der Folge im warmen Sommer. Um die Keimlinge zu sehen, braucht man fast eine Lupe.

Wenn all diese Faktoren auf die Enziansamen einwirken, keimen große Mengen davon an. Eine bedeutende

Rolle spielen dabei auch die Begleitpilze (Mikropilze) im Nahbereich des Bodens der Mutterpflanze. Durch die Hufe der Pferde, Rinder, Schafe oder Ziegen, die Schalen des Wildes und den Wind wird nicht nur der Samen, sondern auch der Begleitpilz verteilt. Wenn man nun logisch nachdenkt, kommt man zur Erkenntnis, dass dieser Enziansamen ein Licht- und Frostkeimer ist, er also durch die Einwirkungen der Natur stratifiziert (zum Keimen angeregt) wird und auch den dazu erforderlichen Begleitpilz mitbekommt.

Wie kann ich also bei mir den Samen zum Keimen bringen, wenn ich ihn im September ernte? Meine Experimente haben gezeigt, dass der Samen, wenn er, wie in der Fachliteratur empfohlen, bis zum Frühjahr gelagert wird, seine Keimfähigkeit verliert. Lagert man den Enziansamen aber nass, also mit Wasser und Erde vom Standort der Pflanze, in einem Plastiksäckchen in der Kühltruhe bei ca. −10 bis −15 Grad, taut ihn dann auf und sät ihn, ohne abzudecken, auf einen gänzlich kargen Boden, so wächst er an wie Gras.

Das ist das Ergebnis meiner Beobachtungen. Viele Seminarteilnehmer und Besucher haben es bereits mit Erfolg nachvollzogen. Auf diese Art können noch viele andere Pflanzen- und Pilzarten mit Erfolg vermehrt werden.

Es ist ein Armutszeugnis für die Wissenschaft, wenn sie unseren Kindern und Enkelkindern nicht vermitteln kann, wie man Pflanzen und Tiere in der Natur erhalten, ihnen ein entsprechendes Biotop sichern und so zur Vielfalt beitragen kann. Was machen die Wissenschaft und unsere Verwaltung? Sie bilden Naturschutzorgane aus, die als beeidete Wachorgane Exekutivbefugnis haben. Diese Wachorgane überprüfen nun auch die Bauern, ob sie sich nicht verbotenerweise die unter Naturschutz stehenden Alpenpflanzen aneignen. Nicht einmal vom eigenen Grund dürfen sie solche Pflanzen oder Teile davon entnehmen.

Am Beispiel des Punktierten Enzians kann ich beweisen, dass dieses Verbot die Pflanze nicht schützt, sondern ihr schadet.

Der Enzian wird von Natur aus etwa 30 bis 40 Jahre alt und stirbt dann ab. Die »Wurzelgraber« früherer Zeiten haben immer nur die stärkste Wurzel des Enzians für Heilzwecke oder auch zum Schnapsbrennen entnommen. Durch das Ausgraben dieser alten starken Wurzel haben sie den Boden tief aufgelockert, sodass sich die vielen jungen und kleineren Pflanzen im Nahbereich der verwundeten Bodenstelle ausbreiten konnten. Dadurch wurde die große Enzianfamilie, der Enzianstock, verjüngt. Zusätzlich konnte der im Folgejahr abfallende Samen auf den verwundeten Bodenstellen ideal ankeimen. Mit dieser Methode, bei der alle ihren Anteil abbekamen, schloss sich der Kreislauf der Natur wieder. Der Enzian verjüngte sich an dieser Stelle stark und konnte sich gut ausbreiten, und auch der Mensch bekam seinen Enzianschnaps und die Wurzeln für Heilzwecke. Die Pflanze hat sich trotzdem stark vermehrt.

Der totale Naturschutz kann, im Gegensatz dazu, meiner Ansicht nach genau das Gegenteil bewirken, nämlich dass der Enzian illegal geerntet wird. Dabei ist die Gefahr, dass alles herausgerissen wird, sehr groß. Wird die Pflanze allerdings gar nicht angerührt, kann sich der Enzianstock nicht verjüngen, der Wurzelstock verdichtet sich, und die Pflanze stirbt in weiterer Folge von selbst ab.

Damit ist wohl niemandem gedient, denn genau das Gegenteil von dem, was man ursprünglich erreichen wollte, ist passiert.

Wertvolle Silberglanzweiden vermehren

Anhand der seltenen Baumart Silberglanzweide möchte ich aufzeigen, wie einfach die Vermehrung sein kann. Die Silberglanzweide ist ein ökologisch äußerst wertvoller Baum, sind die Kätzchen im Frühjahr doch die erste Nahrung für die Bienen, Hummeln und Schmetterlinge. Zudem ist sie ein wunderschöner Zierbaum, dessen Palmkätzchen für die verschiedensten Brauchtumsanlässe verwendet werden. Beim Sprießen der jungen Kätzchen stellen die Äste samt Knospen ein wertvolles Futter für die Vögel, allen voran die Waldhühner, dar. Auch meine Blaustirnamazonen im Gewächshaus fressen sie mit Vorliebe.

Die Silberglanzweide »schwitzt« durch ihre Blätter. Der so abgegebene Siebröhrensaft wird über Lachniden (eine Lausart) veredelt, indem sie nur das Eiweiß aus diesem Saft für sich entnehmen und reinen Zucker ausscheiden. Diesen Zucker sammeln die Bienen, und daraus entsteht der wertvolle so genannte Blatthonig.

Kultivierung von südamerikanischen und asiatischen Orchideen in alpiner Region am Stamm einer Kastanie. Die Orchideen gedeihen in trockenem Laub- und Rindensubstrat, das sich hinter dem Jutesack befindet.

Wege und Irrwege

Das Holz der Silberglanzweide lässt sich nach der Schlägerung hervorragend für die Pilzzucht verwenden. Dazu werden die Stämme beimpft. Die holzbewohnenden Speisepilze wie Austernseitling, Samtfußrübling und Shiitake nehmen den angenehmen süßlichen Geschmack dieses Holzes an.

Wegen seiner Nährstoffausscheidungen durch die Wurzeln dient der Baum als Förderpflanze, daneben aber auch als Ablenkpflanze für das Wild, das diese Weide als besonderen Leckerbissen schätzt. Sie wird gerne verbissen und gefegt, aber auch geschält. So können andere Gehölze wie Apfelbaum, Zirbe oder Eiche und Edelkastanie daneben geschützt werden. Und da der Baum sehr frohwüchsig ist, kommt er auch mit diesem starken Wildverbissdruck gut zu Rande.

Mit Stecklingen lässt sich die Silberglanzweide leicht vermehren. In unserer Region werden dazu meistens 8 bis 10 cm dicke und bis zu 2 m lange Stücke etwa einen halben Meter tief in einen nassen, moosigen Boden eingeschlagen bzw. -gesteckt. In den ersten Jahren treiben diese Hölzer wunderbar aus, plötzlich aber kümmern sie und brechen dann um. Die Leute haben sich früher damit abgefunden und nur gemeint, dem Baum hätte halt irgendetwas nicht gepasst, vielleicht der Boden oder etwas anderes. Nach weiteren Ursachen wurde nicht gesucht.

Es ist, wie erwähnt, eine Angewohnheit von mir, im Fall eines Misserfolges die Ursachen zu ergründen. In diesem Fall habe ich einen dieser Stecklinge untersucht. Dazu musste ich das verbliebene Stück im Erdreich ausgraben. Die Rinde war bis in eine Tiefe von 45 cm blauschwarz gefärbt und abgestorben. Nur die letzten 5 cm an der Erdoberfläche waren noch etwas grün, und die schlafenden Augen hatten hier Wurzeln gebildet.

Ich meine, dass aufgrund des verdichteten nassen Bodens kein Sauerstoff in tieferen Schichten vorhanden war. Dadurch konnten aus den tieferen Augen keine Wurzeln austreiben. So war die Rinde in diesen Schichten »erstickt« und folglich abgestorben. Die im Holz verbliebene Feuchtigkeit und die wenigen Wurzeln an der Oberfläche verhalfen dem Steckling zum Austrieb und ließen ihn ein paar Jahre wachsen. Nachdem aber das in der Erde befindliche Stück großteils abgefault war, hatte der Baum keinen Halt mehr und stürzte um. Die Stammfäule hatte sich auch in den oberirdischen Bereich ausgedehnt. Letztlich konnten die wenigen schwachen Wurzeln den Baum nicht mehr halten.

Ich hatte also die Ursache für das Umstürzen entdeckt und begann eine andere Pflanzmethode zu entwickeln. Zunächst setzte ich Weiden in verschiedenen Biotopen aus, auf trockenen, steinigen, feuchten und nassen Böden. Die Pflanzlöcher machte ich etwas größer, die Stecklinge eher kürzer als üblich. In jedes Loch steckte ich zwei Stecklinge, einen dicken größeren und einen dünnen kleineren. Damit sie in den Löchern nicht wackelten, trat ich mit dem Schuhabsatz die Erde fest.

Auf diese Weise kam immer noch genug Sauerstoff ins Loch, damit die schlafenden Augen an den Stecklingen Wurzeln austreiben konnten. Der kleinere Steckling bewirkte, dass sich das Loch nicht zur Gänze verschloss. Er hatte eine Art Bypass- und Reservistenfunktion.

Das Ergebnis: Bei einer Kontrolle nach vier Wochen hatten alle Augen üppig Wurzeln ausgeschlagen. Die Stecklinge wuchsen rasant in die Höhe, der kleinere wuchs stärker, so als wollte er dem großen Bruder nacheifern. Schon nach sechs oder sieben Jahren war kein Unterschied mehr zu erkennen.

Diese Methode bewährte sich auf allen Bodentypen, von nass bis völlig trocken, gleichermaßen. Es soll nicht unerwähnt bleiben, dass die beste Zeit zum Schneiden der Hölzer bzw. Stecklinge die Vegetationsruhe, so um den Thomastag im Dezember, ist. Hierbei kann ein ganzer Baum umgeschnitten und vorerst liegen gelassen werden.

Im März oder April, wenn die Frostperiode beendet ist, werden dann bei aufnehmendem Mond die Stecklinge geschnitten, etwa 50 cm bis 2 m lang. Jedes Stück, ob dick oder dünn, eignet sich dafür. Zu achten ist darauf, dass die Teilstücke nicht gegen die Wachstumsrichtung in den Boden gesteckt werden. Die Einstecktiefe richtet sich nach der Länge des Steckholzes und der Festigkeit des Bodens und beträgt 20 bis 50 cm.

Es gibt über 400 verschiedene Weidenarten, bei denen sich diese Methode bestens bewährt. Lediglich die Salweide (*Salix caprea*) eignet sich kaum für eine Vermehrung auf diese Art.

Begebenheiten mit »naturfremden« Menschen

Die Entfremdung des Menschen von der Natur nimmt mitunter haarsträubende Ausmaße an. Nicht selten ergaben sich im Lauf der Zeit durch das Unwissen von Tierparkbesuchern Vorkommnisse, die ich niemals für möglich gehalten hätte. Wenn ich manches nicht selbst erlebt hätte, würde es mir schwer fallen, es zu glauben. Zunächst ein Erlebnis mit einer Berlinerin und zwei Kindern:

Es war kurz nach der Eröffnung unseres Alpenwildparks. Gegenüber vom Haus, bei der Wildfütterung, stand der Hirsch »Jogl« mit seinem starken Geweih, daneben der kapitale Rehbock »Hansi«. Ich stand zufällig draußen, als die Frau ihren Kindern erklärte, was sie da sehen. »Seht Kinder, das ist der Hirsch, und der hat auch schon ein Junges. Ach, wie niedlich!« Ich war momentan verblüfft darüber, dass sie das Reh als jungen Hirsch ansah, machte den Spaß aber gleich mit.

Die Frau fragte mich: »Wie alt ist denn das Junge?«

»Vor vierzehn Tagen ist es auf die Welt gekommen.«

»Ach, und hat schon so lange Hörner?«

»Ja, wissen Sie, die brauchen sie schon bei der Geburt, dass sie sich gegen das Raubwild verteidigen können.«

»Wie erfahren Sie denn davon, wenn die Hirsche Junge kriegen?«

»Das ist ganz einfach, man hört es, wenn sie herauskommen, es raffelt ja, und der Hirsch schreit wegen der Schmerzen.«

»Das kann ich mir vorstellen, das ist ja grausam.«

Ein anderes Mal gab es ein lustiges Erlebnis mit Poldl, unserem Nachbarn. Er war ein uriger, stämmiger Bauer und ein guter Mensch. Poldls Laster waren einzig und allein seine mitunter sehr langen Gasthaustouren. Wenn er erst einmal auf Tournee war, dann konnte es schon einige Tage, wenn nicht Wochen dauern. Er klapperte alle Wirtshäuser in der Region ab und zog betrunken von einem zum anderen weiter.

So landete er eines Abends bei uns auf der Sitzterrasse und blieb, bis die letzten Gäste nach Hause gingen. Er bestellte sich zuletzt noch eine Kiste Bier und eine Flasche Schnaps. Dann verschwand er mit den Getränken, und ich schloss das Lokal. Am nächsten Morgen standen überall halb volle Bierflaschen herum, der Poldl aber war fort.

Unter den ersten Gästen des neuen Tages waren eine Hamburgerin mit ihrem halbwüchsigen Sohn sowie einer Tochter. Sie bezahlten den Eintritt und machten sich auf den Weg durch den Wildpark. Die Frau mit den Kindern entdeckte mitten auf einem Schotterweg den besoffenen schlafenden Poldl. Unterhalb des Platzes, wo er lag, war das Wildschweingehege, oberhalb das Murmeltiergehege. Es sah beinahe so aus, als wäre er abgestürzt.

Die drei Hamburger liefen voll Entsetzen zurück zum Haus und forderten mich auf, ich solle schnell die Feuerwehr anrufen, denn der Tierpfleger habe »'nen Herzschlag gekriecht«.

Ich war verwundert darüber, wieso ich die Feuerwehr holen sollte, es brannte ja nirgends. Erst später wurde mir erklärt, dass man in Deutschland in solchen Fällen immer zuerst die Feuerwehr zum Bergen holt. Ich ging also vor das Haus und rief ein paar Mal nach Erich. Dieser, zu der Zeit unser Tierpfleger, meldete sich sofort. Ihm war also Gott sei Dank nichts passiert. Was könnte denn da sonst los sein?, fragte ich mich selbst und hielt vorsichtshalber Nachschau. Schon bald entdeckte ich den am Weg schlafenden Poldl. Er hatte, weil er die Kiste Bier und den Schnaps ausgetrunken hatte, den Weg zum nächsten Wirtshaus nicht mehr geschafft.

»Was sollen wir tun?«, fragten die Hamburger. »Des hamma glei«, bemerkte ich und holte einen Kübel voll Mais. Die Körner schüttete ich dem schnarchenden Poldl über den Leib. Dann rief ich Maxi, den großen Keiler, aus dem Wildschweingehege zu uns her. Das Rudel Wildschweine mit den jungen Frischlingen kam sogleich den Berg hoch. Die Frischlinge schlüpften durch das grobe Maschengitter heraus und begannen den Mais von Poldls Gewand herunterzufressen. Das sahen aus sicherer Entfernung die drei Hamburger und bemerkten entsetzt: »Was macht denn der da, der verfüttert den Tierpfleger ja an die Wildschweine, der lebt ja noch!« Voll Entsetzen und Hysterie verschwanden sie.

Es dauerte nicht lange, da erschien auch schon eine Streife des Gendarmeriepostens Tamsweg bei mir. Sie wollten wissen, was denn da los sei. Ich schilderte die Situation und erzählte, dass die lieben kleinen Frischlinge den Poldl nur wachmassiert und nicht angefressen hatten. Es bestand also keinerlei Gefahr. Der Poldl, mittlerweile mit der Feststellung »Wos is denn do los?« durch das Schweinegeschmatze wach geworden, rappelte sich auf und setzte seinen Weg zum nächsten Wirtshaus nach Thomatal fort. Einer der Gendarmen sagte nur kurz: »I hob ma des jo eh denkt, dass es so wos sei wird« und ersuchte mich noch, zum Posten mitzukommen, weil die Frau mit ihren Kindern noch immer nicht beruhigt sei. Dafür hatte ich allerdings keine Zeit. Von den drei Hamburgern habe ich bis heute nichts mehr gehört.

Schlangenzucht

Trotz meiner Naturverbundenheit hatte ich von Kindesbeinen an Angst vor Schlangen. Früher einmal erschraken die meisten Leute furchtbar, wenn sie zum Beispiel bei der Heuernte irgendwo auf Schlangen stießen. Meist wurden die armen Tiere erschlagen, wie ich in der Geschichte vom »Beißwurmboanling« schon erzählt habe.

Bei einer Afrika-Reise im Jahre 1978 bekam ich in Namibia erstmals Reptilien näher zu Gesicht. Ein Farmer hielt sogar eine giftige Mamba in seinem Garten. Echsen und andere Reptilien kletterten dort über die Hauswände sogar ins Schlafzimmer herein. Vor dem Schlafengehen, hieß es, sollten wir immer kontrollieren, ob sich nicht Schlangen in den Betten verkrochen hätten. Abends wurde es nämlich schon empfindlich kalt, und die Tiere suchten warmen Unterschlupf. Für meine Gattin Vroni und für mich war die Situation nicht sehr angenehm. Das merkten auch unsere Gastgeber. Wir versuchten zwar, uns zu beherrschen, erschraken aber immer wieder furchtbar, wenn eine größere Schlange überraschend unseren Weg kreuzte. Unser Angstverhalten war mir eigentlich peinlich, wusste ich doch, dass Schlangen nützliche und schöne Tiere sind.

Die Angst vor den Schlangen empfand ich mit der Zeit als derart beschämend, dass ich den Entschluss fasste, zu Hause in den Gewächshäusern Schlangen zu halten. Ich wollte damit auch meinen Kindern die Angst vor diesen Tieren nehmen.

Nach unserem Afrika-Aufenthalt fuhr ich zum Züchter Tierarzt Dr. Fritz Rosian nach Murau, um ihm vier junge Tigerpythons abzukaufen. Von der Größe der ausgewachsenen Tiere war ich einigermaßen überrascht, die jungen gefielen mir aber sehr gut. Nun kam der große Moment auf mich zu: Fritz Rosian sagte, ich könne mir von den acht Jungtieren ein paar aussuchen. Ich meinte, er solle mir einfach vier in den bereitgestellten Leinensack hineingeben. Er aber sagte: »Nein, du darfst sie dir schon selbst aussuchen.« Ich schämte mich einzugestehen, dass ich die Tiere eigentlich nicht anfassen wollte. Schließlich war ich bisher vor Schlangen immer davongelaufen. So sagte ich zu meiner Tochter Claudia, die mich begleitete, die Tiere würden ihr gehören, daher dürfe sie sie auch selbst aussuchen und herausnehmen. »Nein«, antwortete Claudia und meinte, sie würde erst eine herausholen, nachdem ich es getan hätte.

Wie mir nun zumute war, kann sich jeder vorstellen. Es gab kein Zurück mehr. Jetzt musste ich das erste Mal mit bloßen Händen in ein Schlangennest hineingreifen und eine dieser etwa 70 cm langen Jungschlangen herausnehmen. Mit einiger Mühe und mit beiden Händen schaffte ich das: Ich glaube, meine Haare standen zu dem Zeitpunkt senkrecht in die Höhe! Doch ich durfte mir nichts anmerken lassen. Ich konnte gar nicht so schnell schauen, schon hatte meine kleine Tochter die anderen drei Tiere herausgeholt. Nachdem sie gesehen hatte, dass ich eine Schlange herausnahm, hatte auch sie keinerlei Angst mehr.

Schlangen gehörten fortan zu ihren Lieblingstieren, die sie mitunter sogar aus dem Gewächshaus ins Wohnzimmer brachte, um sie dort in ihrer Nähe zu haben und der Oma zeigen zu können. Oma ergriff jedoch jedes Mal die Flucht, wenn sie die Tiere sah. Alle Kinder erfreuten sich an den wunderschönen Tieren im Gewächshaus, und sogar Vroni verlor ihre Schlangenscheu. Das Beispiel zeigt, wie einfach Angst vor Schlangen bei Kindern überwunden werden kann.

Wir hielten die Pythons mehrere Jahre im Gewächshaus, sie entwickelten sich prächtig. Eines Tages im Frühjahr waren Kundschaften zum Pflanzenkauf am Hof. Diese Leute betraten eigenmächtig, ohne vorher zu fragen, das Gewächshaus, um sich dort umzusehen. Ich hörte dann nurmehr ein fürchterliches Krachen und Geschrei. Sie waren wegen der unter den Pflanzen liegenden Schlangen so erschrocken, dass sie in ihrer Panik die Glashaustür nicht mehr öffnen konnten und diese einfach eintraten. Sie ergriffen schnellstmöglich die Flucht. Nie mehr wieder würden sie zu mir auf den Hof kommen, sagten sie noch und meinten, nie zuvor solche Todesängste ausgestanden zu haben.

Dabei sind Pythons als ungiftige Würgeschlangen bei richtiger Haltung harmlose Tiere. Nachdem die Schlangen diese Panik ausgelöst hatten und auch die Kinder schon größer waren, verkaufte ich die Pythons schließlich wieder.

Versuchsprojekt mit Klärschlammvererdung

Ich erinnere mich noch an die Zeit, als sich bei der Tamsweger Kläranlage die Bauern und Gartenbesitzer um den so genannten Nassschlamm angestellt haben. Damals wurde Klärschlamm allgemein als sehr guter organischer Dünger propagiert.

Auch ich wollte das ausprobieren und startete in Kisten in einem Gewächshaus erste bescheidene Vererdungsversuche. Dazu vermischte ich Klärschlamm mit Erde, Laub und Stroh und gab verschiedene Regenwürmer dazu. Sowohl die Regenwürmer im Substrat als auch die Pflanzen auf dem Erdreich entwickelten sich sehr gut. Das Wachstum auf diesem Klärsubstrat war mehr als zufrieden stellend. Später schüttete ich trockenen Klärschlamm aus Tamsweg und Murau im Freien pyramidenartig auf. Die Klärschlämme hatten eine unterschiedliche Konsistenz, der Tamsweger wurde mit Kalk vermischt und gepresst, der Murauer mit Gesteinsmehl. Bevor das Material allerdings aufgeschüttet werden konnte, wurde es ca. im Verhältnis 1:8 mit Erde, Hackschnitzel, Stroh und Laub vermischt. Auch hier wurden Regenwürmer beigegeben.

Auf diesen Hügeln konnten Hackfrüchte aller Art eingesät werden. Dieses Versuchsprojekt lief über drei Jahre. Von der Bezirkshauptmannschaft Tamsweg wurden Proben gezogen und an die bodenbiologische Untersuchungsstelle nach Salzburg geschickt. Der Befund von Dipl.-Ing. Windisch über diese Methode war mehr als positiv. Er ergab, dass das Vererdungsprodukt sogar für den biologischen Landbau geeignet wäre. Diese erfreulichen Ergebnisse munterten mich auf, am eigenen Grundstück in Tamsweg ein Klärschlammvererdungsprojekt zu beginnen.

Nachdem man aber nie eine Rechnung ohne den Wirt machen soll, wurde ich auch in dieser Sache »eines Besseren« belehrt. Die Salzburger Landesregierung machte mir die Auflage, für die Übernahme des Klärschlamms eine Halle zu erbauen, samt betoniertem und isoliertem Boden. Ausschließlich dort dürfte ich den Klärschlamm verarbeiten.

Vorangegangene Verhandlungen, bei denen ich einen positiven Eindruck gewonnen hatte, wurden mit einem Schlag wieder zunichte gemacht. In einer betonierten und isolierten Halle ohne natürlichen Witterungseinfluss und Vegetation konnte meine Klärschlammvererdung nicht funktionieren. Das war mir klar. Die Behörde aber berief sich auf eine ganze Menge geltender Rechtsvorschriften und Gesetze. So blieben für mich letztlich nur die Kosten des Projekts und der Untersuchungen. Die Sache war damit gestorben. Ob die heutige Praxis, den Klärschlamm abzutransportieren und zentral mechanisch aufzubereiten, der bessere Weg ist, lasse ich dahingestellt.

In dieser Angelegenheit gibt es allerdings auch einen Erfolg zu vermelden. Meine Methode wurde an mehrere Agrarbiologen weitergegeben. Aus Indien bekam ich die Nachricht, dass ein Projekt dieser Art mit großem Erfolg läuft. Dort werden Klärschlämme und sogar Schlachtabfälle auf diese Weise kompostiert. Das daraus gewonnene Substrat mit Regenwürmern und deren Eiern wird weltweit zur Renaturierung von toten oder belasteten Böden verkauft. Warum ist das in Österreich nicht möglich?

Der Oberforstdirektor ohne Jagdschein – Erlebnisse mit Jägern und Jagdbehörden

Beginn der Jagdpacht

Von Kindesbeinen an schlug mein Herz für die Jagd. Jeder Jäger mit einer Waffe oder jedes erlegte Stück Wild zog mich magisch an, etwa wenn ich mit meinen Freunden auf dem Schulweg sah, wie die Jäger des Fürsten Schwarzenberg Wild anlieferten.

Im Jahre 1960 bestand ich die Jagdprüfung. Mit Freude und Begeisterung trat ich auch gleich der örtlichen Jagdgemeinschaft bei. Schon 1963 bekam ich die Gemeindejagd bzw. die Teilstücke Keusching und Winkl im Ausmaß von 500 ha für die alleinige Bewirtschaftung übertragen. Der Grund war, dass große Rotwild-Schälschäden aufgetreten waren, die der damalige Hauptpächter nicht tragen wollte.

Ich hatte also die Wildschäden von zwei Jahren zu begleichen und war damit alleiniger Pächter dieses Revierteils. Mit den geschädigten Grundbesitzern erzielte ich Einvernehmen, sodass das Schadensausmaß für mich in erträglichem Rahmen blieb. Dass ich nun der alleinige Pächter war, passte vielen in der Gemeinde nicht. Neid kam auf.

Ein Oberforstdirektor lädt sich selbst zur Jagd ein

Im Sommer 1964, ich war gerade kurze Zeit Jagdpächter, erschien uneingeladen ein Oberforstdirektor der Landwirtschaftskammer Salzburg bei mir. Ich kannte den Mann nicht, sein Name war mir jedoch im Zusammenhang mit den Förderungsabwicklungen für die Hutweidenaufforstungen bekannt. Er meinte: »Grüß Gott, Herr Holzer, entschuldigen Sie, ich überfalle Sie fast, aber der Herr Rotschopf von der Bauernkammer Tamsweg hat mir erzählt, dass Sie eine schöne Jagd haben.« Er fragte, ob ich für ihn einen Rehbock zum Abschuss frei hätte. Der überraschende Besuch dieses hohen Herrn war für mich eine Ehre. Ich sagte zu, und so gingen wir gemeinsam auf die Bockjagd. Der Oberforstdirektor nächtigte anschließend bei uns. Damit er ein Zimmer hatte, musste ich für diese Nacht zum Schlafen auf den Dachboden ausweichen, und Mutter richtete ihm mein Zimmer her.

Am nächsten Tag dauerte es nicht lange, und mein Gast erlegte einen Rehbock. Der 2-b-Bock wog 16 kg, soweit ich mich erinnere. Der Oberforstdirektor fragte, ob er auch ein Stück Wildbret mitnehmen könne. Ich schlug also den Bock noch aus der Decke, woraufhin er die beiden Schlögel mitnahm.

Bevor er uns verließ, fragte er, ob er für die Nächtigung und das Wildbret etwas schuldig sei. Das verneinte ich höflichkeitshalber. Er erzählte mir noch von vielen Jagdeinladungen rundum in Österreich. Hier aber sei es besonders schön, und deshalb wolle er wieder einmal gerne auf einen Hirsch kommen, ließ er mich wissen.

Der Oberforstdirektor ohne Jagdschein

Den Rehbockabschuss des Herrn Oberforstdirektors meldete ich ordnungsgemäß und trug alles, dem Gesetz entsprechend, in die Abschussliste ein.

Verurteilung durch das Jägerehrengericht

Etwa sechs Wochen danach bekam ich ein Schreiben vom Jägerehrengericht Salzburg. Darin wurde mir der Vorwurf gemacht, dass ich als Jagdpächter einen Jagdgast ohne gültige Salzburger Jagdkarte auf einen Rehbock eingeladen und zum Abschuss geführt hätte. Damit hätte ich mich nach § 48 des Salzburger Jagdgesetzes schuldig gemacht. Das Jägerehrengericht forderte mich zu einer schriftlichen Stellungnahme binnen 14 Tagen auf.

Ich glaubte an einen Irrtum, denn ich hatte bis dahin mit Jagdgästen nichts zu tun gehabt und auch niemanden eingeladen. An den Oberforstdirektor der Landwirtschaftskammer, den ich ja nicht eingeladen hatte, dachte ich überhaupt nicht.

Mit dem Schreiben fuhr ich zum Jagdreferat der Bezirkshauptmannschaft Tamsweg und zeigte es dem Leiter, Oberforstrat Dipl.-Ing. Arno Watteck. Der grinste nur ein bisschen und sagte zu mir: »Haben Sie den Oberforstdirektor nicht überprüft, ob er gültige Jagdpapiere mit sich trug?«

Über diese Bemerkung war ich sehr erstaunt, denn ich hatte ja selbstverständlich angenommen, dass der Herr Oberforstdirektor, Abteilungsleiter an der Landwirtschaftskammer Salzburg, doch gültige Jagdpapiere besitzt. Außerdem hatte er mir erzählt, dass er in den verschiedensten Revieren Österreichs zur Jagd eingeladen gewesen sei und dort auch gejagt hätte. Das hatte mir als Information gereicht, und daher hatte ich nicht darauf bestanden, dass er mir seine Papiere vorlegt. So viel Vertrauen in eine Persönlichkeit, wie er es war, durfte man doch haben.

Oberforstrat Watteck riet mir, das alles in eine Stellungnahme hineinzuschreiben und diese dem Jägerehrengericht Salzburg zu übermitteln, was ich auch tat. Ich dachte, dass damit der Fall aufgeklärt und wohl auch abgehandelt sei. Doch es kam anders.

Zu meiner Überraschung erhielt ich im Spätherbst eine Vorladung zu einer Ehrengerichtsverhandlung bei der Salzburger Jägerschaft. Mit dieser Vorladung fuhr ich sofort zur Bezirksbauernkammer Tamsweg. Dort brachte ich mein Problem nochmals vor und ersuchte, mit dem Oberforstdirektor Kontakt aufzunehmen. Nach einem längeren Telefonat mit ihm, in dem er das Ganze als lächerlich und als Irrtum abtat, erklärte er abschließend, dass er mir einen guten Anwalt beistellen werde und damit die Sache wohl in der ersten Verhandlung abgetan sein sollte. Er empfahl mir einen Anwalt aus Salzburg.

Ich fuhr zu dem Anwalt und führte ein ausführliches Gespräch mit ihm. Er erklärte mir, dass ich keine Sorgen haben müsste. Es würde mir schon nicht viel passieren, im strengsten Fall könne ein Verweis dabei herauskommen. Ich sah das zwar nicht ganz ein, weil ich mir einfach keiner Schuld bewusst war. Er klärte mich aber auf, dass ich gegen einen Verweis keine Beschwerdemöglichkeit hätte. Daher müsste ich eine solche Entscheidung halt zur Kenntnis nehmen. Er wisse das, da er selbst langjähriger Ehrenrichter der Jägerschaft gewesen sei. Da ich stets ein aufrichtiger Heger und Jäger gewesen war, ging mir eine Bestrafung ganz schön gegen den Strich.

Die Verhandlung in der Salzburger Jägerschaft leitete der Vorstand des Finanzamtes Tamsweg. Gleich zu Beginn der Verhandlung bemängelte ich, dass der Herr Oberforstdirektor nicht hier sei. Dafür wurde ich sofort gerügt. Es sei Sache des Ehrengerichtes, wen es zur Verhandlung lade. Im Übrigen sei ich der Beschuldigte.

So ließ ich mich nicht abfertigen und klärte auf, dass aus meiner Sicht der Forstdirektor der Schuldige sei. Es folgte ein Streitgespräch, schließlich wurde ich aus dem Raum verwiesen. Ich musste draußen warten und wurde erst zur Urteilsverkündung wieder eingelassen.

Als ich wieder eintreten durfte, wurde unter anderem auch ein Brief verlesen, der eigentlich vertraulich hätte sein sollen. Darin zogen mein Vorpächter, sein damaliger Aufsichtsjäger und der Bezirksjägermeister über mich her. Sie bemerkten, dass es nicht in Ordnung sei, einem so jungen Kerl wie mir die ganze Jagd anzuvertrauen. Es wurde auch noch jene Passage verlesen, in der es hieß: »Bitte vertraulich behandeln«. Einige Herren im Saal schmunzelten ob dieser Peinlichkeit nur, mir aber wurde vieles klar.

Es ging mit der Verkündung des Urteils weiter. Letztendlich wurde ich nach §48 schuldig gesprochen. Das Urteil lautete: fünf Jahre Entzug der Salzburger Jagdpapiere und, damit verbunden, Aufhebung der Jagdpacht sowie Tragung der Kosten des Verfahrens.

Ich hätte die Möglichkeit einer Berufung gehabt, war aber dermaßen enttäuscht von der Jägerschaft und der Landwirtschaftskammer, dass ich voller Wut sagte, ich verzichtete darauf und würde mich entsprechend revanchieren. Diese Drohung brachte mir noch eine weitere Rüge ein.

Die Verhandlung war damit zu Ende, meine Enttäuschung aber noch lange nicht. Sie erreichte ihren Höhepunkt, als die Honorarforderung des vom Herrn Oberforstdirektor empfohlenen Anwalts bei mir eintraf. Ich musste damals, um die Kosten für Verhandlung und Anwalt bestreiten zu können, vier gute Kühe verkaufen.

Vor Wut und Enttäuschung über diese Ungerechtigkeit verbrannte ich daheim meine gesamten Jagdklamotten wie Lederhose, Rock und Hut mit Gamsbart in einem offenen Feuer. Die Jagderlaubnis wurde mir sofort entzogen. Um wenigstens meine Jagdwaffen im Haus behalten zu können, beantragte ich bei der Behörde einen Waffenschein.

Die neuen Jagdpächter waren ein Primararzt, ein Schuldirektor und zwei Nachbarn, die wegen der Affären mit meinem Vater nicht gerade meine Freunde waren.

Meine Drohung, mich zu revanchieren, machte ich unverzüglich wahr. Nachdem meine Spezialkulturen (Permakultur), wie ich sie damals nannte, starkem Verbiss und Wildschadensdruck ausgesetzt waren, begann ich die gesetzlichen Möglichkeiten auszuloten, um eine

Der Oberforstdirektor ohne Jagdschein

möglichst hohe Wildschadensvergütung von den Neupächtern einfordern zu können.

Von da an hatte der Bauernstammtisch beim Adamwirt im Dorf genug Gesprächsstoff für Jahre. Ich selbst konnte das Wirtshaus nicht mehr besuchen, da die Wirtin und natürlich auch andere Gäste, noch bevor sie »Griaß Gott« sagten, meinten: »Oh, Krameter, dir ham sie jo die Jogdpapiere weggnommen. Dos is da jo teuer keman, und in der Zeitung is a drin gstandn.« Ich wurde immer wieder provoziert, sodass ich dieses Wirtshaus noch heute nur sehr selten betrete.

Mit dem Einfordern von Wildschäden war ich äußerst erfolgreich. Das hatte schon bald Beispielwirkung, sodass ich von vielen Bauern im Lungau und darüber hinaus um diesbezügliche Ratschläge ersucht wurde und teilweise auch deren Verfahren mit Vollmacht führte bzw. begleitete. Dies führte natürlich zu Aufruhr in der Jägerschaft, und auch mit meinen Jagdnachfolgern gab es heftige Auseinandersetzungen.

Die Jägerschaft und die Landwirtschaftskammer wurden in der Folge immer mehr zu einem Feindbild für mich, unterstützten sie doch die Neupächter in der Schadensabwehr gegen mich.

Die Jäger provozierten mich oft, indem sie mit Jagdbeute extra vor dem Haus vorbeifuhren oder protzig vorbeispazierten. Gab es Beute, dann wurde diese ausgiebig beim Adamwirt totgetrunken. Im Nahbereich meines Hauses gab es auch immer wieder Schießübungen auf Krähen und Eichelhäher oder Hasen.

Ich spürte, dass sie jede Gelegenheit nützten, um mich

zu ärgern. Da ich mit der Zeit das Jagdgesetz auswendig kannte, wusste ich auch darüber Bescheid, welche Möglichkeiten mir als Waffenscheinbesitzer zustanden.

Weil meine Sonderkulturen, wie erwähnt, unter starkem Verbissdruck zu leiden hatten, gab ich öfters zu den verschiedensten Tages- und Nachtzeiten Schüsse aus dem Hausfenster hinaus in die Luft ab, um das Wild zu verscheuchen. Diese Schreckschüsse veranlassten die neuen Jagdpächter dazu, mich auf Wilderei hin zu überwachen. Über Jahre hindurch beobachteten sie mich von verschiedenen geheimen Plätzen aus. Ich bemerkte es, weil ich beispielsweise versteckte Lagerplätze unter »Heuhieflern« (Heumännchen) usw. fand.

Sogar die Gendarmerie fragte des Öfteren nach, ob ich denn geschossen hätte. Das bejahte ich durchaus – weil ich aber nichts angestellt hatte, konnte mir auch nichts nachgewiesen werden. Und in die Luft schießen, um das Wild zu vertreiben, war ja schließlich nicht verboten. Das Geld für die großen Mengen an Munition, die ich dazu brauchte, wollte ich von den neuen Jagdpächtern einfordern, trug ich doch dadurch meiner Meinung nach auch in ihrem Sinn zur Wildschadensabwehr viel bei. Eigenartigerweise waren sie dazu allerdings nicht bereit.

Später einmal sagte Franz Kravanja, selbst Jagdinhaber und Bürgermeister von Ramingstein und einst mein Lehrer, zu mir: »Di ham sie versaut.« Er hatte die ganze Sache hinterfragt, kannte er mich doch noch von der Schulzeit her. Wie er das meine, fragte ich ihn. Ich sei doch ein begeisterter Jäger und Heger gewesen, und nun ginge ich so auf die Jäger los, sagte er und hatte Recht.

Er stellte mir gegenüber dann weiter klar: »Es wor wirklich a Sauerei, was die Jägerschoft und die Kommer mit dir gmocht ham.« Es tat mir gut, das aus dem Mund eines Mannes zu hören, der selbst Jäger in der Gemeindejagd und Bürgermeister war.

Die Jagd fällt an mich zurück

Nach Ablauf der fünf Jahre traten sowohl die Jagdpächter als auch die Gemeinde an mich heran, doch selbst wieder die Jagd zu übernehmen. Ich war zwar anfangs nicht sehr begeistert, bemerkte aber doch ein gewisses Umdenken in der Gemeinde und in der Jägerschaft. Es wurde mir von namhaften Persönlichkeiten angeraten, ich möge diese leidige Sache mit der Jägerschaft und der Landwirtschaftskammer doch wieder vergessen. Ich folgte diesem Rat und übernahm die Jagd im Jahre 1970 wieder selbst, und das ist bis heute so geblieben.

Der Fall lehrte mich, wie man Unrecht leichter ertragen kann und welche Ventile betätigt werden können, um ihm zu begegnen. Durch diese Angelegenheit wurde mir aber auch zusehends bewusst, wie wertvoll meine Sonderkulturen sind. Wildschäden an Grünland oder Getreide zu vergüten, ist für kapitalkräftige fremde Jagdpächter kein großes Problem. Bei Sonderkulturen wie meiner Permakultur hingegen ist die Schadensermittlung sehr aufwendig und die Schadensabgeltung mit unvorhersehbar hohen Entschädigungskosten verbunden. Dies hält natürlich jeden fremden, auch noch so finanzkräftigen Jagdpachtinteressenten ab. Das Problem mancher Regionen, dass nur mehr kapitalkräftige Ausländer die Jagden pachten, stellt sich in diesem Fall nicht mehr.

Negative Folgen der Monokulturen: Schälschäden und Versiegen des Brunnens

In meinem Jagdgebiet traten zu Beginn der neunziger Jahre beim Raner-, beim Rupen- und beim Riegerbauern in einer Fichtenmonokultur einige Schälschäden auf. Der Gesamtschaden betrug laut Gutachten rund 13 500 Schilling (981 Euro). Aufgrund dieses Schadereignisses wurden mir von der Bezirksverwaltungsbehörde bescheidmäßig Maßnahmen zum Schutz der Kulturen auferlegt.

Ich hätte bei mehr als 5000 Fichtenstämmen einen Einzelschutz anbringen sollen, was einen Kostenaufwand von geschätzten 1,2 Millionen Schilling (87 209 Euro) ergeben hätte. Die betroffenen Kulturen befanden sich nämlich in einem extremen Nordsteilhang.

Diese Situation regte mich zum Nachdenken an. Wieso schält das Wild? Ich wollte die Ursache dafür ergründen. Zu diesem Zweck durchstreifte ich den Wald immer wieder. Es war mir vordergründig nicht klar, warum sich das Wild so verhält. Doch dann kam mir der Zufall zu Hilfe. Ich schlief einmal im Wald ein und träumte davon, dass ich die vom Wild geschälten Stämme mit der Motorsäge umschnitt. Nach jedem Baum, den ich in diesem Steilhang fällte, fiel in meinem Traum ein dürrer Hirsch den Hang herunter. Als ich wieder wach wurde, hatte ich den Traum noch immer im Kopf.

Ich muss nochmals betonen, dass viele meiner Ideen im Traum entstanden sind. Zahlreiche Projekte habe ich nach Träumen gebaut oder umgesetzt. Nun konnte ich auf die Schnelle mit dem Hirschtraum zwar nichts anfangen, aber ich versuchte ihn auf die mir eigene Art zu deuten. Und so dachte ich mich in den Baum und in das Wild hinein, um vielleicht auf solche Weise eine Ursache zu ergründen. Durch dieses systematische Vorgehen kommt man den Problemen und deren Lösung meist rasch näher.

Ich dachte vorerst an den Baum: Er ist eigentlich nur mehr eine dünne, lange Stange mit ein paar grünen Zweigen oben am Wipfel. Der Boden ist steil und so trocken, dass nicht einmal ein Grashalm dort wächst. Es dringt so gut wie kein Licht durch die dichten Kronen bis auf den mit Fichtennadeln übersäten Boden vor. Es wurde mir klar, dass sich der Baum auf diesem Standort nicht wohl fühlen kann, ist doch der Boden versauert und das Bodenleben total verarmt. Die Fichte ist zudem ein Flachwurzler, der zur Bodenfestigung im Schutzwald nur wenig beitragen kann. Weiters ist diese Fichtenmonokultur anfällig für Wind- und Schneebruch, weil eben die Bäume wie in Batterien gehaltene Legehennen vegetieren müssen. Von den Fichten her war die Sache somit ganz klar, sie fühlten sich nicht wohl.

Nun dachte ich mich in das Rotwild hinein: Ich stellte

Die Vielfalt der Permakultur hebt sich deutlich von der Fichtenmonokultur auf der gegenüberliegenden Talseite ab.

Alte Getreidesorten in Mischkultur reifen am Krameterhof auch noch in 1460 m Seehöhe aus.

mir vor, ich bin ein Hirsch, der in diesem Fichtenwald einsteht, wo kein Laubholz und kein Grashalm wachsen. Ich bin umgeben von dürren Ästen, denn die wenigen grünen Zweige finden sich ja nur an der Spitze des Baumes, weit ober mir. Ein Gefühl macht sich breit, als wäre ich im finsteren Gefängnis, umgeben von Gitterstäben.

Das Wild verfügt über einen ausgeprägten Naturinstinkt, sucht es sich doch in der Natur seine Nahrung selbst, um überleben zu können. Wildtiere brauchen keinen Tierarzt, sie kommen allein zurecht.

Wer nun in einem solchen Monokultur-Fichtenwald steht, der muss Angst bekommen, überleben zu können. Diese Angst verspürt auch das Wild. Der noch in den Tieren vorhandene Naturinstinkt führt zum Handeln – das Tier will unbewusst seinen Lebensraum renaturieren. Also schält es die Rinde von den Bäumen. Dadurch werden diese dürr oder faul, brechen in weiterer Folge zusammen und schaffen so Blößen, wo sich wieder eine natürliche Vegetation durch die Sonneneinstrahlung entwickeln kann. Die Tiere schälen meiner Ansicht nach also nicht aus Hunger, sondern aus dem Instinkt heraus, dass diese Fichtenmonokulturen kein passender Lebensraum sind. Was der Mensch zerstört hat, nämlich den Lebensraum für das Wild, will dieses selbst wiederherstellen.

Durch das Schälen der Bäume entwickelt sich in der Folge ein wildfreundlicher Lebensraum, in dem die Tiere dann auch wieder die ihnen zugedachten wichtigen Aufgaben im Naturkreislauf wahrnehmen können.

Mein Traum ließ nur diese Deutung zu, denn würden wir Menschen nur Fichtenwüsten schaffen, müsste das Wild tatsächlich verhungern. Nun war es mir auch klar, warum in meinem Traum dürre Hirsche vorkamen. Wovon sollten diese Tiere im Fichtenwald leben können?

Es wurde mir bewusst, dass auch der Borkenkäfer, der Rüsselkäfer und die Fichtenblattwespe nach einem ähnlichen Muster wie das Rotwild in Monokulturen flächenhafte Schäden verursachen. Ebenso bringt Schnee- oder Windbruch meist flächenhaften Schaden. Meine Erkenntnis ist daher, dass die Natur unsere Fehler auszugleichen versucht, wenn wir es zulassen. Deshalb, meine ich, sollten wir nicht den Borkenkäfer, den Rüsselkäfer oder das Rotwild bekämpfen, sondern eher die Forstbeamten und die Lehrer, die uns diesen Unsinn mit den Monokulturen eingedrillt haben.

Das angesprochene Schälschadenproblem hatte in diesem Fall ein alter Hirsch verursacht. Meinem Ansuchen um Genehmigung zum Abschuss dieses Schadhirsches wurde von der Behörde aber nicht stattgegeben. Es wurden lediglich einige Stück Kahlwild, vier Tiere und drei Kälber sowie einige Rehgeißen und Kitze, freigegeben. Dass das nicht die Lösung sein konnte, sagte mir der Hausverstand. Nachdem die Schuld anhand der Fährten deutlich dem Hirsch zugeordnet werden konnte, kam der Abschuss anderer Stücke einer Art Sippenhaftung gleich. Erst als mein Aufsichtsjäger den tatsächlich Schaden verursachenden Hirsch erlegt hatte, war die Sache endgültig erledigt. In diesem Revierteil wurde seither kein einziger Baum mehr geschält.

Die Maßnahmen zum Schutz der Kulturen, die, wie schon erwähnt, mehr als eine Million Schilling gekostet hätten, konnten so ganz einfach unterbleiben.

Wie unterschiedlich Fach- und Expertenmeinungen ausfallen können, zeigt in dieser Angelegenheit der Bescheid vom 9. September 1991, den die Bezirkshauptmannschaft (BH) Tamsweg ausstellte. Das ist jener Bescheid, in dem mir der Einzelstammschutz der 5080 Fichten vorgeschrieben wurde und den die BH aufgrund der selbst durchgeführten Schadensbegutachtung erließ. Oberforstrat Dipl.-Ing. Bonimaier sprach sich darin zwingend für den sofortigen Einzelstammschutz oder eine flächige Einzäunung aus und definierte weiter: »Gemäß §64, Abs. 2 Allgemeines Verwaltungsverfahrensgesetz-AVG 1950 wird die aufschiebende Wirkung einer gegen diesen Bescheid eingebrachten Berufung ausgeschlossen.«

Ich ließ in der Folge durch einen unparteiischen Sachverständigen namens Dipl.-Ing. Kirchberger, Chef der Forstverwaltung Zell am See, den Schaden ermitteln. Dieser war der gleichen Ansicht wie ich, dass das Schaden verursachende Stück erlegt werden sollte und nicht ein paar Tiere und Kälber.

Nach dem Einschreiten des Landesforstdirektors Dipl.-Ing. Zaunbauer wurde in einem Schreiben vom 2. März 1992 die Beurteilung durch den Sachverständigen Kirchberger als überaus kritisch und fachlich unrichtig bezeichnet. Die Praxis zeigte aber, dass gerade

Letzterer fachlich richtig und gesetzeskonform gehandelt hat. Er traf den Nagel auf den Kopf, als er am 1. Juni 1992 schrieb, dass aus damaliger Sicht die behördlich auferlegten Aufwendungen umsonst und die Anordnungen bei der allgemein angespannten Arbeitssituation der Bauern verantwortungslos seien, von einer Verschandelung und Belastung der Natur durch die vielen Netze und Streichmittel einmal ganz abgesehen.

Dieser Fall zeigt, welche Macht und Unvernunft von behördlicher Seite ausgehen kann und welche Folgen ein unbedachter Bescheid auslösen kann. Ich konnte mich hier des Eindrucks nicht erwehren, dass weniger mangelnde fachliche Qualifikation als vielmehr böswillige Absicht, die Macht zu demonstrieren, dahinterstand. Wie sonst könnte man in diesem felsigen Steilhang Wildschaden verhütende Maßnahmen im Wert von rund 1,2 Millionen Schilling vorschreiben, wo doch das Grundstück samt Bestockung nur einen Bruchteil dessen wert war? Es handelte sich auch nicht um einen Bann- oder Schutzwald, wo strengere Schutzmaßnahmen vorgeschrieben werden können und auch verständlich sind.

Doch noch andere negative Folgen ergaben sich aus der Fichtenmonokultur: Eines Tages berichtete ich meinem Vater, dass unten in der »Kälberholt« (Kälberweide) das Wasser im Brunnen versiegt sei. »Des gibs jo nit, dos is jo seit eh und je ollwei grunnan, des is nia goa wordn (das gibt's ja nicht, das ist ja seit eh und je immer geronnen und nie ausgegangen)«, antwortete er. Dann müssten halt die Kälber woanders hingetrieben werden, meinte er, und das Wasser werde nach einem Regen schon wieder rinnen.

Nach einem solchen starken Regen ging ich zur Weide, um nachzusehen, ob das Wasser wieder rann. Leider nein. Es rann nicht, aber der an diese Weide angrenzende Kartoffelacker war durch den Starkregen fortgeschwemmt worden. Die Ernte für dieses Jahr war damit kaputt.

Ich wurde nachdenklich und beobachtete bei weiteren Regenfällen den genauen Wasserfluss. Bald stellte ich fest, dass sich das Wasser, anstatt zu versickern, im etwa 20-jährigen Fichtenjungwald in Bahnen kanalisierte und in der Folge mit viel Kraft den darunter liegenden Kartoffelacker abschwemmte.

Während das Wasser auf dieser mehrere Hektar großen Fläche früher durch die Getreide- und Wiesenkulturen aufgefangen und dem Boden zugeführt wurde, schoss es nun geradewegs durch diesen von mir als Monokultur gestalteten Wald ins Tal, ohne zu versickern. Das erklärte auch, warum die Quelle in der »Kälberholt« versiegt war.

Erlebnisse mit Jagdgästen und Wilderern

Neben vielen positiven Erlebnissen mit verschiedensten Jagdgästen machte ich auch mehrere negative Erfahrungen. So manches blaue Wunder erlebte ich bei den so genannten Jägern im Umgang mit der Waffe. Mehr als einmal gaben Waidmänner, die ich als Pirschführer begleitete, unbeabsichtigt einen Schuss ab. Ein solcher Schuss ging einmal durch meinen Hut, ein anderer streifte mein linkes Ohr. Dass ich diese Gäste, die mich beinahe ins Jenseits befördert hätten, auf der Stelle des Hofes verwies und nach Hause schickte, wird jeder verstehen.

Für andere Trophäensammler musste ich nicht nur als Pirschführer, sondern vor allem auch als Schütze herhalten. Es war mir immer sehr unangenehm, einem solchen Pseudo-Jäger dann einen Beutebruch überreichen und Waidmannsheil wünschen zu müssen.

Ich erinnere mich an einen Akademiker aus Deutschland, der mit mir zur Bockjagd ging. Als der ersehnte Rehbock endlich in Schussweite war, flüsterte mir mein Gast zu: »Schießen Sie für mich, Herr Holzer, der Wald schweigt! Ich bezahle ihn ja.« Gesagt, getan. Der Bock lag im Feuer, da krachte es noch zweimal neben mir. Mein Gast schoss mit seiner Bockbüchsflinte in den Boden vor dem Hochsitz, dicht neben mir. Ich fragte, warum er denn schieße, der Bock liege doch schon. »Ach wissen Sie, Herr Holzer, meine Frau guckt immer ins Rohr.« Damit meinte er, dass seine Frau nach einem Jagderfolg den Gewehrlauf auf Pulverspuren hin kontrollierte. Als wir bei uns daheim ankamen, nahm sie tatsächlich das Gewehr ihres Gatten unter die Lupe. Selbst mir stellte sie noch die peinliche Frage, ob denn wohl ihr Mann den Bock erlegt hätte.

Öfters schickte ich Jagdgäste unverrichteter Dinge wieder nach Hause. In einem Fall kam ein Dachdeckermeister aus Düsseldorf mit einem Jeep bei uns an. Im Auto saßen zwei Jagdterrier. Als der erste Hund heraussprang, fing er gleich einen Igel und biss ihn tot. Dafür bekam der Hund von seinem Herrchen, meinem neuen Gast, Lob und einen Leckerbissen. Ich hatte den Vorfall bemerkt, trat vor das Haus und belehrte den Jäger, er habe seine Hunde an die Leine zu nehmen, damit so etwas nicht wieder passiere. Mein Gast war von meinem Verhalten enttäuscht. Er fragte mich, ob ich denn von Hundeabrichtung keine Ahnung habe. Es sei eine ganz große Leistung, die seine Hunde da boten, denn die Tiere hätten schon mehrere Schärfeprüfungen mit Auszeichnung bestanden – und einen Igel zu fangen und abzuwürgen sei eine Leistung, die nur ein besonders guter Hund vollbringe.

Ich hatte sehr wohl eine Ahnung vom Jagdhundewesen, immerhin hatte ich selbst schon einen Bayerischen Gebirgsschweißhund abgeführt, die Leistung des Terriers beeindruckte mich aber wenig. Igel sind meine Lieblingstiere, sie leisten nebenbei einen wichtigen Beitrag zur Schneckenregulierung in meinen Gärten.

Als der gute Mann nicht einsichtig war und der zweite Terrier hinter dem Haus eine Katze totbiss, war es mir zu viel. Da bei uns viele Tiere wie Murmeltiere, Igel, Katzen, Fasanen, Enten, Biber usw., frei herumliefen, bestand nämlich Gefahr, dass die Hunde noch mehr Schaden anrichten.

Ich forderte den neuen Gast auf, seine Hunde auf schnellstem Weg in sein Auto zu verfrachten und den Heimweg anzutreten. Nach kurzem und heftigem Diskurs kam er dieser Aufforderung nach, fuhr aber nur zum nahe gelegenen Wirtshaus Adamwirt und übernachtete dort. Am nächsten Morgen rief er mich erneut an und wollte zur Hirschjagd gehen. Er bot an, die blöden Tiere, also den Schaden, zu bezahlen. Ich blieb aber hart und lehnte ab, sodass er nach Hause fahren musste. Die angedrohte Fahrtspesenrechnung, er fuhr immerhin 1800 km hin und retour, langte aber nie bei mir ein.

Beim zweiten Fall, in dem ein Jäger wegen seines Verhaltens gegenüber Tieren meinen Missmut erregte, ging es um Ameisen. In der Zeit der Rehbrunft wollten wir auf der Alm einen Bock erlegen. Wir saßen auf einem Lärchenstock neben einem Pfad, über den eine Ameisenstraße führte. (Nebenbei möchte ich bemerken: Die Haufen bildende Waldameise, die ich nun schon seit über dreißig Jahren züchte, legt ausgeklügelte Straßennetze an.)

Der Gast trat mit seinem Fuß alle Ameisen, die diese Straße benutzten, tot. Ich machte ihn darauf aufmerksam, dass es ganz nützliche Tiere seien und dass ich sie schon über viele Jahre hindurch züchte. Er schmunzelte nur ein wenig und trat die Tiere weiter kaputt.

Nach wiederholter Warnung, das nicht zu tun, nahm er mich noch immer nicht ernst. Daraufhin brach ich den Ansitz ab. Ich wollte woanders hingehen, aber hier war der günstigste Platz, und außerdem hatte die Dämmerung schon eingesetzt. Der Gast beschwerte sich, und er fragte mich, warum wir den Platz hier verlassen müssten. Ich erklärte ihm nochmals das mit den Ameisen, aber er meinte nur: »Sind denn hier alle verrückt? Was wollen Sie denn mit diesen Biestern?« Wir gerieten in Streit, und der Jäger reiste noch am gleichen Tag ohne Jagderfolg ab.

Über die Erlebnisse mit Jagdgästen gäbe es noch sehr viel zu sagen, man könnte wohl ein eigenes Buch damit füllen. Erwähnenswert erscheinen mir noch die ungedeckten Schecks und Uneinbringlichkeiten von Jagdgästen, die mich im Laufe der Jahre auch einiges an Geld gekostet haben. Immer wieder gab es solche Jägerkunden, die außer einem großen Mundwerk und einem ungedeckten Scheck nichts aufzuweisen hatten.

Ein ähnliches Problem wie bei den Fischern, wovon ich im nächsten Abschnitt berichten werde, gab es auch unter den Jägern. Es gab viele schwarze Schafe, mehrere Wilderer wurden bei mir ertappt und später verurteilt. Mein Wildgatter zog offensichtlich die schießwütigen und trophäengierigen Kerle magisch an. Dies gipfelte darin, dass Tierpräparate und andere Jagdtrophäen aus dem Haus gestohlen wurden (wobei die Täter in mehreren Fällen ertappt und gerichtlich verurteilt wurden) und Wildtiere mit Kleinkalibergewehren angeschossen oder getötet im Gehege aufgefunden wurden. Mitunter verendete ein solches Stück qualvoll. Ein Mann aus Muhr im Lungau wurde ertappt, als er in meiner Jagd mit Scheinwerfer, Kleinkalibergewehr und Schalldämpfer einen Hirsch wilderte. Ein deutscher Urlauber aus Neuss, der ebenso mit Scheinwerfer und Schalldämpfer wilderte, wurde von deutschen Gerichten weiterverfolgt.

1984 importierte ich aus St. Gallen in der Schweiz 10 Stück Steinwild. Die Tiere mussten unter tierärztlicher Kontrolle für 30 Tage in ein eigens dafür geschaffenes Quarantänegatter gebracht werden. Am letzten Tag sollte der Amtstierarzt den Zustand der Tiere nochmals überprüfen. Am Morgen des vorletzten Tages allerdings bot sich bei der täglichen Fütterung ein Bild des Schreckens. Die Tiere waren totgeschossen, die Köpfe mit den Trophäen waren abgetrennt, nur die Kadaver lagen verstreut im Quarantänegatter herum. Ein Steinbock war schwer verletzt mit dem Leben davongekommen. Wir narkotisierten ihn und der Amtstierarzt behandelte ihn sofort. Nach einigen Monaten verendete aber auch dieses Tier.

Obwohl die Kriminalpolizei eingeschaltet und eine hohe Kopfprämie ausgesetzt wurde, konnte dieser traurige Fall nie aufgeklärt werden. Der finanzielle Schaden belief sich für mich mit allem Drum und Dran auf über 300 000 Schilling (21 802 Euro).

Nach diesen Vorfällen erkundigte ich mich bezüglich einer Versicherung für solche Schadensfälle. Es waren allerdings die Prämien so hoch, dass ich mich entschloss, die Wildtierhaltung aufzugeben. Meine Wildrinderzucht habe ich erst später wegen des Preisverfalls infolge der Ostöffnung Anfang der neunziger Jahre aufgelöst.

Der Fischerobmann im Bärengehege – Fischzucht und Teichwirtschaft

Beginn der Fischzucht

Die Fischzucht habe ich bereits angesprochen. Im Laufe der Jahre wurden meine ersten versteckten Tümpel zu Teichen, Wassergärten und Wassergräben ausgebaut. Aus meinem ca. 1 m^2 großen ersten Tümpel wurden so bis heute mehr als 3 ha Wasserflächen, auf den ganzen Besitz verteilt, geschaffen.

Anfangs beschäftigte ich mich vor allem mit der Aufzucht von Forellen, Saiblingen, Äschen, Karpfen, Hechten, Zandern und Welsen sowie auch vielerlei Weißfischarten. Auch Krebse, Muscheln und Wasserschnecken gediehen bei mir prächtig.

Diese Arbeit rief großes Interesse hervor. Viele Leute, die selbst brachliegende Berggewässer, Teiche, Gräben oder Bäche hatten, interessierten sich für meine Art der Bewirtschaftung. Sie konnten es oftmals gar nicht glauben, in welch bescheidenem Rinnsal oder Tümpel sich stattliches Wasserleben entwickeln kann. Dadurch wurden sie bewogen, auch im eigenen Bergsee oder Bach einen Versuch zu wagen und einen Besatz vorzunehmen.

Ich musste bei der Entwicklung der Fischzucht viel lernen und auch Lehrgeld zahlen. Anfangs baute ich die Teiche laut Lehrbuch der Teichwirtschaft genau so, dass sie möglichst rationell bewirtschaftet werden konnten.

Nach dem ersten, händisch ausgehobenen Tümpel sind mittlerweile Teiche und Wassergärten im Gesamtausmaß von über 3 ha Wasserfläche entstanden.

Bei meinem Teichbausystem wird die Teichsohle mit dem Baggerlöffel wie eine Betondecke gerüttelt. Vor dieser Arbeit ist es nötig, etwa 30 cm tief Wasser einzulassen.

Der Fischerobmann im Bärengehege

Das heißt, sie waren quadratisch oder rechteckig, mit steilen Uferflächen, man konnte sie gänzlich trockenlegen und mit Branntkalk desinfizieren. Es waren auch keine Hindernisse wie Steine oder Wurzeln im Teich, denn das hätte ja das Abfischen mit Netzen behindert.

Weiters sollten an den Ufern keine Bäume oder Sträucher wachsen, damit möglichst keine Fischfeinde wie Reiher, Eisvögel u. a. sich niederlassen konnten. Dämme und Deiche wurden teilweise in aufwendiger Weise mit Kunststofffolie abgedichtet.

Diese Fehler habe ich alle selbst gemacht. Auch habe ich anfangs Fleischabfälle aus Metzgereien verfüttert und bin dann später zum im Handel angebotenen Trockenfutter übergegangen. Das verursachte hohe Kosten. Dazu kamen bald verschiedene erforderliche Behandlungen gegen Krankheiten der Fische. Präparate, die heute längst verboten sind (z. B. Malachit), kamen zum Einsatz.

Vereinfacht gesagt, habe ich das in meiner fachlichen Ausbildung Gelernte umgesetzt und war sogar davon überzeugt, das Richtige zu tun und dabei Erfolg zu haben. Ich konnte meine Krebse, Fische und Muscheln ja zu guten Preisen absetzen. Während ich anfangs auf diesem Sektor in der Region konkurrenzlos wirtschaftete, entstanden bald kleinere und größere Fischzuchten in der Umgebung.

Wurde ich zu Beginn als Pionier in dieser Sache bewundert, musste ich mit der Zeit erkennen, dass viele andere weit günstigere Voraussetzungen für diesen Betriebszweig hatten als ich. So hatte Fürst Schwarzenberg in Murau eine neue Fischzucht aufgebaut, wo er unvergleichbar günstigere Produktionsmöglichkeiten vorfand als ich am Berg. Wenn man so einen Konkurrenten hat, muss man einfach erkennen, dass allein schon der Name »Fürst Schwarzenberg'sche Fischzucht« seine Werbewirkung nicht verfehlt.

Diese Situation veranlasste mich, umzudenken und neue Bewirtschaftungsmöglichkeiten zu suchen. Was könnte ich nun machen?

Der Besatz extrem gelegener Gewässer wie Gebirgsseen oder Bäche und eine genaue Prüfung der weiteren Entwicklung dieser Biotope sowie der eingesetzten Fische zeigten mir, dass große Uferflächen und Flachwasserzonen oder pflanzlicher Bewuchs an den Uferflächen sowie umgestürzte Bäume, Steine oder Geröll hervorragende Lebensräume für die Entwicklung eines sich selbst erhaltenden Wasserkreislaufsystems sein können. Ich erkannte, dass mit geeigneten Biotopen für die verschiedensten Wassertiere eine Kreislaufwirtschaft in Gang gesetzt werden kann, die sich irgendwann von selbst erhält.

Ich begann meine Gewässer umzugestalten und schaltete den großen Teichen Tümpel und Kleingewässer mit anschließenden Wassergräben vor. So entstanden Gewässer mit Tief- und Flachzonen, die miteinander verbunden wurden. In diese Tief-, Flach- und Krautzonen und sandigen Zulaufgräben wurden Baumwurzeln, Steine und Astwerk hineingegeben, wodurch für jede Tierart ein geschützter Brut- und Laichplatz geschaffen werden konnte.

In den langen Uferzonen fallen Insekten und Samen

von Pflanzen sowie verrottendes Pflanzenmaterial ins Wasser – ein gutes Futter z. B. für Wasserschnecken, die wiederum Nährtiere für die Fische sind. Dadurch gibt es einen natürlichen Kreislauf, der ein (künstliches) Zufüttern überflüssig macht. Frösche, die sich in diesen natürlichen Biotopen stark vermehren, regulieren die Insektenpopulation an Land und dienen, wenn sie ins Wasser zurückkehren, als Futter für die Raubfische.

Dieses uralte, aber doch so effiziente System bringt viele Vorteile. Überpopulationen z. B. von Schnecken jeder Art, auch die der Braunen Spanischen Nacktschnecke, oder Insekten (z. B. Junikäfer) werden von den Fröschen, Kröten, Molchen etc. auf natürliche Weise reguliert. Die Vermehrung dieser Amphibien kann durch Anlage von geeigneten Biotopen beliebig gesteuert werden. Gleichzeitig steht das erforderliche Lebendfutter für die Fische bereit.

Alternative Möglichkeiten der Fischfütterung

Zur Unterstützung der Fischfütterung kann man eine Lichtquelle, beispielsweise eine 12-W-Lampe, mit Dämmerungsschalter knapp über dem Wasser montieren. Zu diesem Licht strömen abends und in der Nacht die verschiedensten Insekten, welche das beste Futter für die Jungfische abgeben. Die Fische schnappen aus dem Wasser nach ihnen.

Eine andere Futterquelle schafft man, indem flache Gefäße aufgehängt oder aufgestellt werden, die innen

Die vielfältigen Aufgaben des Wassergartens

Aufzucht von Wasserpflanzen verschiedenster Arten, Zucht von Krebsen, Zierfischen und Muscheln. Um in dieser Höhenlage ein üppiges Wachsen und Gedeihen der Wasserpflanzen und Tiere zu ermöglichen, sind wichtige Punkte zu beachten:

- Errichten der Anlage mit Gegenhang und Ausrichtung des Gegenhanges gegen die Windrichtung, um einen Wärmestau (Sonnenfalle) zu ermöglichen.

- Einbringung von Steinblöcken und Holzstämmen im Teich, die einerseits als Gehsteig zur leichteren Bewirtschaftung dienen, andererseits als Wärmespeicher (-> Ausstrahlung der Sonnenwärme ins Wasser, Reflektion der Abstrahlung des Gegenhanges und Wärmestrom) fungieren. Außerdem dienen diese Steine und Holzstämme auch als Unterschlupf für verschiedene Wassertiere und ermöglichen ein üppiges Gedeihen der Wasserpflanzen.

z. B. mit Honig oder auch mit anderen Duftstoffen ausgeschmiert werden. Der Geruch lockt Insekten an, und die Jungfische springen nach dieser fliegenden Nahrung.

Auch Fleisch oder minderwertige Innereien aus Notschlachtungen eignen sich zur Verfütterung. Diese Fleischteile können entweder frisch verfüttert oder auf einen Rost oberhalb des Wassers gelegt werden, was Fliegen anlockt. Fliegen und Maden sind ein hochwertiges Fischfutter.

Mit diesen natürlichen Fütterungsmethoden, die zudem billig sind, ist es möglich, alle Fischarten, auch Raubfische wie Hecht, Zander, Wels oder Stör, erfolgreich zu züchten. Sie würden nämlich das im Handel erhältliche fertige Trockenfutter nicht annehmen.

Dieses Futter wird übrigens unter anderem aus Blut-, Fisch- und Fleischmehl hergestellt. Ich persönlich möchte aber nicht die in die Tierkörperverwertung angelieferten Kadaver auf diese Art über meine Fische wieder konsumieren. Das birgt meines Erachtens nicht zuletzt auch die Gefahr von Krankheitsübertragungen (siehe BSE) in sich.

Fischvielfalt in einem Gewässer

Die natürliche Gestaltung der Wassergärten ermöglicht es, dass Fried- und Raubfische gemeinsam gezüchtet und gehalten werden können. Für jede Fischart muss im Gewässer ein geeignetes Biotop für die Fortpflanzung und weitere Entwicklung geschaffen werden.

Die Forelle und der Saibling brauchen kühles, sauberes Wasser und sandige, seichte Uferflächen oder Gräben zum Ablaichen sowie für die Entwicklung der Brut. Dafür habe ich Zulaufgräben geschaffen, die mit Sand und Kies ausgelegt sind und von fließendem Wasser durchströmt werden.

Für Karpfen, Hechte oder Welse, Schleien und Weißfische legte ich flache Uferzonen mit viel Krautwuchs an. Diese Fische legen ihre Eier in den krautigen Zonen ab. Für die Zander gab ich Wurzelstöcke mit Feinwurzelwerk in das Tiefwasser, wo sie ihre Brutnester anlegen.

Diese Laich- bzw. Brutplätze wurden in großem Umfang, über alle Wasserflächen verteilt, angelegt. Durch das zusätzliche Einbringen von Steinen, Wurzelstöcken und ganzen Bäumen habe ich Schutzzonen geschaffen, die den natürlichen Gegebenheiten nahe kommen. So ist es möglich, dass auch die Brut- und Jungfische geschützt aufwachsen können.

Für den Temperaturausgleich im Teich ist es notwendig, auch Tiefwasserzonen anzulegen. Hier haben die Forellen und Saiblinge im Sommer die Möglichkeit, vom warmen Oberflächenwasser in die kühle Tiefe zu wechseln. In der kalten Jahreszeit suchen die Wärme liebenden Fische diese Zonen auf, denn dort unten gibt es dann das »wärmste« Wasser zur Überwinterung. So kann man den Anforderungen der verschiedenen Fischarten bestmöglich entsprechen.

Durch den Bau eines so genannten »Fischkindergartens« habe ich weitere Erfolge erzielt. Dieser kann von den laichwilligen Fischen nach Aufstieg durch einen Wasser-

Tiergemeinschaften

Wassergeflügel (Zucht- und Wildtiere) finden in den Uferzonen ausreichende Lebensräume und Brutplätze. Sie regulieren die Insekten, die Fisch-, Muschel- und Krebspopulation, sodass es zu keiner degenerativen Entwicklung kommt.

Aquakultur - Fischzucht

Durch Berücksichtigung der Lebensräume und Schaffung von Biotopen für die verschiedensten Wassertiere erreicht man eine Kreislaufwirtschaft, die sich selbst ernährt. Den großen Teichen sind Tümpel und Kleinteiche mit anschließenden Wassergräben, die mit Tief- und Flachzonen verbunden sind, vorgeschaltet. In diese sogenannten Tief-Flach-Krautzonen und sandigen Zulaufgräben werden Baumwurzeln, Steine und Astwerk eingebracht, sodass für jede Tierart ein geschützter Brut- und Laichplatz geschaffen wird. Durch die langen Uferzonen fallen Insekten und Samen von Pflanzen und verrottendes Pflanzenmaterial ins Wasser und ergeben gute Futterflächen z.B. für Wasserschnecken. Somit ist ein natürlicher Kreislauf gegeben, der ein Zufüttern (auch künstlich) überflüssig macht.

Frösche, die sich in diesen natürlichen Biotopen stark vermehren, regulieren an Land die Insektenpopulation und dienen im Wasser als Futter.

graben erreicht werden. Im Fischkindergarten finden sich an den verschiedensten Stellen für alle Fischarten optimale Verhältnisse zum Ablaichen. Es gibt hier ein Dickicht von Wurzeln und Pflanzen sowie Tief- und Flachzonen mit Sandbänken.

Die Fische, die ja von Natur aus zu den Laichplätzen wandern, nehmen diese Gelegenheit, sich in den »Kindergarten« zu begeben, gerne an. Durch die eingeschränkte Bewegungsmöglichkeit fühlen sie sich in diesem Gewässer aber nicht so wohl, es besteht ja auch vermehrtes Risiko, gefangen zu werden, sodass sie bald nach dem Ablaichen wieder in die große Wasserfläche zurückwandern.

In der Folge können sich die Brut und die Jungfische gut entwickeln, bekommen genug Futter durch die verschiedenen Wasserzuläufe und können später einfach durch den Ablauf in den See oder Teich abwandern. Beim Einlauf in dieses Gewässer ist wiederum mit Hilfe von Wurzelstöcken und Bäumen ein Jungfischbiotop geschaffen worden, sodass sie sich im großen Teich unter Schutz eingewöhnen können und nicht gleich zur Beute für die großen Fische werden.

Steine für warmes Wasser

Ein weiterer positiver Effekt der Steine in den Teichen neben der Biotopfunktion für die Lebewesen ist die Regelung der Temperatur des Gewässers. Die Steine ragen aus dem Wasser, erwärmen sich durch die Sonnenbestrahlung stark und geben diese Wärme an das Wasser ab. Die Erwärmung kann intensiviert werden, indem mit Hohlspiegeln das Sonnenlicht gebündelt auf einen Stein im Wasser gelenkt wird. Zu achten ist aber darauf, dass der Stein nicht am Ufer liegt, denn das würde Brandgefahr bedeuten. Er kann nämlich durch die gebündelten Sonnenstrahlen brandheiß werden.

Durch die Regulierung des Zulaufs und die Menge der Steine kann die gewünschte Wassertemperatur erreicht werden. So ist es möglich, dass auch Seerosen und die seltenen, wärmebedürftigen Koi-Fische bis in Almregionen gehalten werden. Diese Erkenntnis eröffnet viele alternative Möglichkeiten in der Aquakultur.

Mein auf diese Art völlig neu geschaffenes Kreislauf-Teichsystem regelt sich vom Besatz her selbst. Es bleiben mir immer noch Fische zum Verkauf übrig. Was nicht entnommen wird, dient als Futter für die Raubfische. So habe ich praktisch keine Arbeit, und das System erhält und reguliert sich fast von selbst.

Wichtig ist es natürlich, den Besatz auf die vorhandene Wasserfläche abzustimmen. Meine Aufgabe ist lediglich die Regulierung des Fischbestandes, indem ich große Raub- und Friedfische für Speisezwecke herausfange. Diese Art der Bewirtschaftung brachte mich auf die Idee, Sportangler nach den großen Fischen angeln zu lassen.

Angelzentrum für Sportfischer

Über mehrere Jahre hindurch entwickelte sich der Krameterhof zu *dem* Sportfischerzentrum der Region schlechthin. Durch die rege Bautätigkeit und die Erweiterung des Betriebes (Aufbau des Wildgeheges und des Tierparks) fehlte mir und meinen Angestellten allerdings bald die Zeit, die Sportfischer zu kontrollieren und zu beaufsichtigen. Die Folgen waren unter anderem, dass einige illegal ans Werk gingen und größere Mengen an Fischen erbeuteten. Diese Ware haben sie dann in den Hotels der Region zu einem billigeren Preis als ich verkauft.

Nachdem ich diesbezügliche Hinweise von mehreren Gastwirten bekommen hatte, legten sich Aufsichtsorgane auf die Lauer. Binnen weniger Wochen wurden zehn Fischdiebe (Gäste, aber auch Einheimische und sogar Schulkollegen) geschnappt. Einige hartnäckige Fälle brachte ich zur Anzeige, wobei es mehrere Verurteilungen gab. Das Ausmaß war so beträchtlich, dass manche Diebe über Jahre Ratenzahlungen als Schadenersatz an mich leisten mussten.

Eine besondere Boshaftigkeit erlaubten sich Unbekannte (ich nehme an, es waren ertappte Schwarzfischer), indem sie große Mengen Waschpulver in die Teiche schütteten. Der Schaden war enorm.

Aufgrund dieser Vorfälle habe ich die Sportfischerei letztlich auch wieder eingestellt. Meine Lehre aus diesen Vorkommnissen war, dass ich in diesem Bereich niemandem vertrauen konnte. Das heißt, es wäre nur mit

Wasser, das zentrale Lebenselement, wird von mir in alle Kreisläufe eingebunden.

Flachwasser- und Krautzonen sowie lange Ufer sind gute Futterflächen für eine natürliche Fischzucht.

massiver Kontrolle möglich gewesen, diesen Betriebszweig ökonomisch sinnvoll weiterzuführen.

Heute werden die Teiche für den eigenen Bedarf und von den Gästen des Ökodorfs auf vielerlei Art genutzt und bewirtschaftet.

Die Teiche und Wassergärten wurden immer schon auch für die Zucht von Wasserpflanzen wie Seerosen sowie von Krebsen, Muscheln, Posthorn- und Schlammschnecken genutzt. Zur damaligen Zeit legte ich Feuchtbiotope und Teiche für Kunden an, denen ich das bei mir zu Hause gezüchtete Pflanzen- und Tiermaterial verkaufen konnte.

Renaturierung der Teiche

Im Zuge der ökologischen Umgestaltung der Wasserflächen wurden alle zuvor von mir eingebauten Folien wieder entfernt. Durch ein selbst entwickeltes System des Teichbaues mit Rüttelung der Teichsohle gelang es, die Teiche natürlich abzudichten.

Das geschieht folgendermaßen: In den Teichrohbau wird Wasser eingeleitet, sodass der Bagger etwa 30 bis 40 cm tief im Wasser steht. Dann wird der Unterboden mit einem möglichst schmalen Baggerlöffel, je nach geologischem Standort, einen halben bis einen Meter tief gerüttelt. Der Bagger sticht dabei in die Erde, rüttelt den Löffel, und dadurch sacken die Feinteile in den Unterboden ab und verdichten unten, während das Grobmaterial oben bleibt. Die Wirkung ist in etwa dieselbe wie beim Rütteln einer Betondecke mit dem Rüttler.

Meine Vorgangsweise ist genau konträr zu den Anweisungen in Lehrbüchern der Teichwirtschaft. Dort wird nämlich empfohlen, dass die Teichsohle mit Folie oder mit Lehm abgedichtet werden soll. Das ist aber aus meiner Sicht ein enorm großer Aufwand und bietet keine Garantie für Dichtheit. Die Folie kann beschädigt werden, auch die Lehmschicht kann durch den »kleinen Kopf« des Wassers (d. h., es durchdringt auch kleinste Öffnungen) ausgewaschen werden. So kann das Wasser leicht in die darunter liegende gewachsene Bodenschicht entweichen. Es spült sich trichterförmig einen Weg aus und kann Rutschungen und Vermurungen auslösen. Auch diese schlechte Erfahrung musste ich selbst machen.

Rechtliche Probleme bei Bauprojekten

Eines möchte ich an dieser Stelle vorausschicken: Als Grundbesitzer muss man selbst Ziele haben und genau wissen, was man will. Es bedarf eines klaren Konzepts im Kopf, und zwar über das Projekt als solches und über die zu erwartenden gesetzlichen und behördlichen Auflagen und Einschränkungen. Auch die ökonomischen Ziele und Vorstellungen sollen klargelegt werden. Ich muss wissen, was will ich.

Zu Beginn meiner diversen baulichen Maßnahmen machte ich den Fehler, dass ich, noch in der Planungsphase stehend, meine Vorhaben den Behördenvertretern ausführlich mitteilte. Ich erzählte ihnen alles über meine Pläne und war naiverweise in dem Glauben, dass mich diese Behördenvertreter bestmöglich beraten werden. In Wirklichkeit kam das eher einer Selbstanzeige gleich, denn mit einigen Arbeiten hatte ich ja schon begonnen.

Ich stellte fest, dass fast alle meine Projekte nicht nur genehmigungspflichtig waren, sondern dass mir in vielen Fällen extreme Auflagen (Projekterstellung, Pläne, geologische Gutachten etc.) gemacht wurden. Diese Vorgaben waren oft schlicht gesagt unfinanzierbar und kamen wesentlich teurer als die beabsichtigten Baukosten des Projekts. Das folgende Beispiel als eines von vielen soll dies verdeutlichen:

Ende der sechziger Jahre suchte ich um wasserrechtliche Genehmigung eines Kleinkraftwerks bei der Bezirkshauptmannschaft Tamsweg an. Bei der Salzburger Landesregierung stellte ich in dieser Sache ein Ansuchen um Projektförderung. Ziel war es, das Wasser der oberen Teichanlage in 1500 m Höhe zur unteren Teichanlage in 1350 m Höhe zu leiten. Mit einer Pelton-Turbine wollte ich Strom erzeugen und dann das Wasser in die unteren Teiche einleiten.

Die Auflage von der Bezirkshauptmannschaft und der Landesregierung war zunächst einmal die Vorlage des Projekts. Der Kostenvoranschlag für dessen Erstellung betrug 68 000 Schilling (4942 Euro), hinzu kamen die ganzen wasserrechtlichen Verhandlungen, die Kommissionierungs- und Kollaudierungsverfahren und die weiteren im Zuge der Verhandlungen übertragenen Auflagen. So musste ich also schon einmal nur für den so genannten Papierkrieg etwa 100000 Schilling (7267 Euro) veranschlagen. Es wäre aber dann noch nicht einmal sicher gewesen, dass ich von der SAFE, der Salzburger Elektrizitätsgesellschaft, die Bewilligung bekommen hätte.

Laut Auskunft der SAFE und des Elektrikermeisters, der meine Anlage installieren sollte, betrugen die Kosten für die Regelanlage, um überhaupt Strom ins Netz einspeisen zu dürfen, schon 158000 Schilling (11483 Euro). Für die Kilowattstunde wurden mir damals 0,26 Schilling (knapp 2 Cent) für Winterstrom zugesagt, im Sommer entsprechend weniger. Bei einer zu erwartenden Leistung von maximal 7,4 kW hätte sich diese Investition nie gerechnet. So weit der Behördenweg.

Nach kurzer Überlegung verabschiedete ich mich von diesem Projekt, zog meine Ansuchen zurück und begann sofort mit dem Bau. Auf Fragen, was ich denn hier mache, ob ich schon mit dem E-Werk-Bau beginne, antwortete ich mit Nein. Es sei mir zu teuer, das mache ich nicht, entgegnete ich immer wieder, ich arbeite nur an der dringend notwendigen Sauerstoffanreicherungsanlage für die Fischzucht. Damit war die Neugier gestillt, und ich konnte in aller Ruhe weiterarbeiten.

Für diese »Sauerstoffanreicherungsanlage« kaufte ich mir eine gebrauchte Pelton-Turbine vom Asendl-Bauer in Lessach um 250 Schilling (18 Euro). Diese Turbine ließ ich herrichten und baute sie ein. Ich argumentierte so: Da die Turbine ohne Anschluss an einen Generator ein lästiges lautes Summen verursacht, das sich bis in den Hofbereich hinein unangenehm bemerkbar macht, musste ich »notgedrungen« einen Generator anschließen. Das Lärmproblem war damit gelöst und das Summen nicht mehr wahrnehmbar. Ich konnte auch wieder ruhig schlafen. Dieser Argumentation konnte nichts entgegengesetzt werden. So begann ich damals, Strom zu erzeugen, den ich bis heute nutze. Ich hatte zwei Fliegen auf einen Schlag erlegt, die Sauerstoffanreicherung für die Fische und den eigenen Strom. So wurde das Ganze ein lohnendes Projekt. Ich habe mir viel Geld und der Behörde viel Arbeit erspart.

Es kam und kommt also immer wieder darauf an, dass der Bauer ökonomisch arbeiten kann und die Behörden nicht mit Arbeit »überlastet« werden. Das Gesetz bietet Gott sei Dank auch Möglichkeiten, es nicht beanspruchen zu müssen. Oft steht dies allerdings zwischen den Zeilen.

Viel schwieriger stellte sich die Situation beim Bau der Fischteiche dar. Die Fischteichprojekte waren von vornherein falsch aufgezogen, denn was ich mir dabei aufgehalst hatte, kam erst im Laufe der verschiedenen Verfahren in voller Klarheit zutage.

Die eingereichten Pläne und Projektvorlagen konnten während des Baues aufgrund geologischer Verhältnisse nicht immer eingehalten werden, sodass ich laufend ergänzende Projektänderungen und Projektvorlagen bei der Behörde einzubringen hatte. Die Genehmigungsverfahren, Projektierungskosten und Pläne verschlangen wesentlich mehr Geld als der eigentliche Bau. Insgesamt füllen die Verfahrensunterlagen fünf große Ordner, die ich im Zuge der Vorbereitung für das vorliegende Buch wieder durchforstete. Allein die Erinnerung an all diesen Verwaltungsterror wühlte mich so auf, dass ich alles schnell wieder zusammenpackte und am Dachboden verschwinden ließ.

Interessenvertretung gegen das Mitglied: der Landesfischereiverband

Was die Situation mit den Bewilligungsverfahren noch maßgeblich verschlimmerte, war die aufgezwungene Interessenvertretung in Form des Landesfischereiverbandes von Salzburg. Diese Pseudo-Interessenvertretung, wie ich sie nenne, klinkte sich hier ein und wollte mir verschiedenste Vorschreibungen aufzwingen.

Das Fischereirecht ist nicht, wie man erwarten könnte, ein mit Grund und Boden verbundenes Privatrecht wie etwa das Jagdrecht, sondern es sind hier noch die Besitzrechte aus der Monarchiezeit gültig. Damals besaßen der Staat, sprich die heutigen Bundesforste, oder der Fürst Schwarzenberg und seine Nachkommen die meisten Gewässer der Region fischereirechtlich. Und das ist bis heute so. Meiner Ansicht nach wäre das Gesetz längst novellierungsbedürftig, sodass das Fischereirecht zum Grundbesitzer zurückgeführt werden sollte, wie dies beim Jagdrecht geschehen ist.

Wenn der Grundbesitzer schon die Nachteile des Wassers (Überschwemmungen, Vermurungen, Ufersicherungen etc.) zu tragen hat, dann sollte er doch das auf seinem Grund vorhandene Wasser auch zu seinem Vorteil nutzen können. Wenn ein Bauer auf seiner von Hochwasser überfluteten Wiese einen Fisch findet, darf er ihn nach geltendem Gesetz nicht mit nach Hause nehmen, denn das wäre Fischdiebstahl. Wohl aber darf er den durch das Wasser verursachten Schaden wieder gutmachen. Paradoxerweise räumt das Fischereirecht dem Nutzungsberechtigten auch die Nutzung aller Zu- und Nebengerinne, sprich Quellen (egal welcher Größe), bis zum Ursprung ein.

In meinem Fall schaltete sich der Landesfischereiverband ein und vertrat die Interessen der Österreichischen Bundesforste. Mir wurden die verschiedensten Auflagen erteilt: Ich sollte unterschiedliche Vorrichtungen wie Teichmönche und andere kostenintensive Ablassvorrichtungen einbauen. Auch hat man sich das Recht auf freies Betreten der Teichanlagen ausbedungen. Ich wurde als Teichbesitzer zwangsweise Mitglied in dieser angeblichen Interessenvertretung und wurde somit auch in das neu geschaffene Fischereibuch eingetragen.

Die ganze Tragweite dieser Bevormundung wurde für mich erst im Lauf der Jahre spürbar. An einem 24. Juli, meinem Geburtstag, kam ich von einem Einkauf aus Tamsweg zurück auf den Hof. Mehrere Leute, u. a. Besucher unseres Wildparks, Pensionsgäste und Angler, diskutierten heftig miteinander. Was war passiert?

Unsere Köchin Doris Mayer hatte einen Gast ersucht, ihr aus dem Teich oberhalb des Hauses einige Forellen herauszufangen. Sie brauchte die Fische dringend für die Küche, denn das Aquarium war schon leer. Zu der Zeit führten wir bereits den Wildpark und ein Gasthaus mit Pension. Gefälligkeitshalber erklärte sich ein steirischer Gast bereit, mit einer ihm zur Verfügung gestellten Angel ein paar Fische zu fangen. Just in diesem Moment tauchte ein Mann auf, der sich als Landesobmann des Fischereiverbandes Salzburg vorstellte. Er präsentierte sofort seinen Dienstausweis und seine Dienstplakette. Vom Gast wollte er die laut Gesetz vorgeschriebene Fischereikarte sehen. Weil dieser ja nur ein Wildparkbesucher war, der zufällig seine steirische Jahresfischerkarte bei sich hatte, wollte der Obmann gleich 1000 Schilling (73 Euro) Strafe kassieren. Der Mann wollte das logischerweise nicht bezahlen, da er ja nur gefälligkeitshalber für die Köchin, die schon auf die Fische wartete, geangelt hatte.

Ich stieß mitten in die heftige Diskussion. Der Landesobmann griff mich massiv an und rügte mich, dass dieses Verhalten gesetzeswidrig sei. Nun forderte er auch mich auf, 1000 Schilling Strafe zu bezahlen. Ich weigerte mich, woraufhin er nicht mehr länger diskutieren wollte. Er fasste mich an der Schulter und zog mich in Richtung seines Autos. »Sie kommen gleich mit zur Gendarmerie«, meinte er.

Das war mir nun zu viel. »Wir fahren nicht zur Gendarmerie, sondern gehen zu den Bären«, sagte ich, packte den Mann beim Rock an der Brust und zog ihn in Richtung Braunbärengehege.

Hier muss ich anmerken, dass ich damals ein großes

Bärengehege mit einem Pärchen erwachsener Braunbären hatte. Ich kannte die Tiere so gut, dass ich mit ihnen an der Leine spazieren ging. Manche Gäste haben die Bären im Gehege gefüttert und sich mit ihnen gerne fotografieren lassen. Ich wusste also, dass diesem Mann nichts passieren würde, wenn ich ihn ins Gehege werfe, weil ich ja selbst mit dabei war.

Den Obmann durchfuhr eine fürchterliche Angst, er riss sich los, mir blieben nur einige Knöpfe des Rocks in der Hand. Er flüchtete mit dem Auto auf Nimmerwiedersehen.

Viele Gäste, die wegen des Verhaltens dieses Mannes erbost waren, blieben am damaligen Abend bis spät in die Nacht bei uns, um beim Eintreffen der Gendarmerie eine Zeugenaussage machen zu können. Wir befürchteten nämlich, dass die Beamten in der Folge aufkreuzen würden, was aber nicht der Fall war.

Aufgrund der Auflagen des neuen Fischereigesetzes wurde von mir unter anderem ein hoher Mitgliedsbeitrag gefordert, die so genannte Fischereiumlage, die entsprechend der Wasserfläche jährlich zu entrichten war. Ferner musste ich selbst eine Jahresfischerkarte lösen, um in meinem Teich Fische fangen zu dürfen. Den eigenen Kindern musste ich Gastfischerkarten ausstellen und allen fremden Personen Tagesfischerkarten verkaufen. Oft waren die Kosten der Karten höher als die Lizenzgebühr für die Fischerberechtigung. Mir blieb bei dem Ganzen nur die administrative Arbeit ohne Entschädigung.

Es war nötig, über Besatz und Ausfang genau Buch zu führen und die Daten jährlich dem Fischereiverband zu übermitteln. Das alles bedeutete nach meinem Rechtsverständnis einen unverhältnismäßig großen Eingriff in mein Privatrecht, wo ich ohnehin schon Pflichtmitglied der bäuerlichen Berufsvertretung (Landwirtschaftskammer) sowie der Salzburger Jägerschaft war. Ich sah auch ein gewisses Problem darin, dass sich solche Interessenvertretungen mit Gesetzescharakter theoretisch auch für andere Bereiche wie Gartenbau, Vogelzucht, Obstbau oder Kaninchenzucht etablieren könnten. Auf freiwilliger Basis sind solche Organisationen völlig legitim, nicht aber, wenn sie Exekutivcharakter haben und eine Zwangsmitgliedschaft besteht.

Bei der Jahreshauptversammlung des Landes- und Bezirksfischereiverbandes in Tamsweg wollte ich unter dem Tagesordnungspunkt »Allfälliges« diese Problematik aufzeigen. Die Sitzung war für mich schon einmal deswegen befremdend, weil die Funktionäre einander schon so kurz nach Gründung des Verbandes mit Verdienstmedaillen in Bronze, Silber und Gold bedachten. Ob und wie sie sich dieses Edelmetall in den wenigen Monaten seit Verbandsgründung schon verdient hatten, war für mich nicht nachvollziehbar.

Immerhin wusste ich von Anzeigen gegen Bauern, die sich kleine Tümpel und Teiche errichtet hatten. Zwölf Grundbesitzer hatten mich ersucht, auch ihre Anliegen zu vertreten. Die meisten dieser Kollegen waren mit mir auf der Versammlung, um mich beim Vorbringen ihrer Fälle zu unterstützen.

Der Fischerobmann im Bärengehege

Als ein Film über die Lachsfischerei in Irland anstelle des Tagesordnungspunktes Allfälliges gereiht wurde, erklärte ich mich nicht einverstanden. Immerhin wollte ich die Probleme vor vollem Saal aufzeigen. Mein Vorschlag wurde vom Präsidium nicht akzeptiert, hatten die Herren doch schon kritische Worte meinerseits erwartet.

Kurz darauf kam der Landesobmann-Stellvertreter zu meinem Tisch und forderte mich auf, mit ihm nach vorne zum Präsidium zu kommen. Dort könnten wir die Probleme besprechen, während die anderen den Film anschauen. Ich sei damit nicht einverstanden und wolle meine Anliegen und die der anderen Bauern hier vor versammeltem Publikum darlegen, antwortete ich ihm.

Er legte seine Hand um meine Schulter und sagte: »Redn S' nit so ungschickt daher, kemman S' mit!« Das war mir zu viel, ich stieß ihn mit der verkehrten Hand von mir, wobei er stolperte und mit einem Tisch in die Umsitzenden flog.

Ich befürchtete, dass sich einige seiner Getreuen nun auf mich stürzen würden, aber nichts passierte. Vielleicht saßen einige stämmige Berufskollegen zu viel an meinem Tisch. Damit war die Jahreshauptversammlung gelaufen, die frisch ausgezeichneten hohen Ehrengäste und die Teilnehmer verzogen sich im wahrsten Sinn des Wortes.

Diese Auseinandersetzung hatte ein gerichtliches Nachspiel. Ich wurde vom Landesobmann, vom Landesobmann-Stellvertreter, vom Salzburger Bezirksobmann und vom Lungauer Bezirksobmann wegen Schmähung,

Ehrenbeleidigung und im Falle des Landesobmann-Stellvertreters noch wegen Körperverletzung angezeigt. Jeder der vier Kläger nahm sich einen eigenen Anwalt. Diese vier Advokaten wurden im Verfahren allerdings durch einen Tamsweger Anwalt vertreten.

Aufgrund der Schilderung des Vorfalls im Zuge der Vernehmung wurde der Vorwurf der Körperverletzung zurückgenommen. Ich schilderte dem Gericht die Umarmung durch den Landesobmann-Stellvertreter. Sie sei mir peinlich gewesen, da ich doch nicht vom anderen Ufer sei und mich von einem Mann nicht umarmen lasse. Außerdem habe ich ihm keine Ohrfeige versetzt, sondern ihn nur mit der verkehrten Hand von meinem Körper weggedrängt. Das wollte man mir erst nicht recht glauben, aber als ich es dem Richter ausführlicher schilderte und demonstrierte, schenkte man mir Glauben. Es war nur eine aufgrund meiner Aufregung etwas heftigere Abwehr seiner Annäherung gewesen.

Zu den Vorwürfen der Schmähung und Ehrenbeleidigung belehrte mich der Richter, dass das für mich ein großes Kostenrisiko und bei den vielen angeführten Zeugen schwer zu widerlegen sei. In den vom Richter vorgeschlagenen Vergleich willigte ich ein und musste 10 000 Schilling (727 Euro) als Anteil für die vier Anwälte bezahlen.

Als der Richter am Schluss der Verhandlung meinte, der »Fischkrieg« sei damit wohl hoffentlich beendet, entgegnete ich: »Jetzt beginnt er erst!« Meinen Verfolgern die Hand zu reichen, wäre zu diesem Zeitpunkt für mich nicht denkbar gewesen.

Am selben Tag noch schrieb ich von zu Hause aus einen Brief an den ORF, Redaktion »In eigener Sache«. Moderator dieser Fernsehsendung war damals Dr. Helmut Zilk. Dort wollte ich das, was ich bei der Jahreshauptversammlung nicht loswerden konnte, nun vor einem größeren Publikum anbringen.

Ich wurde kurz darauf zu einem Vorgespräch nach Innsbruck eingeladen, wo ich für die nächste Sendung zugelassen wurde. Die ganze Sache wurde damit für mich sehr spannend. Immerhin stand mein erster Fernsehauftritt bevor, und das gleich bei einer Livesendung mit einer dreiminütigen freien Rede. Das waren die Bedingungen des ORF.

Mein Auftritt bei dieser Sendung lief zu meiner eigenen Überraschung sehr zufrieden stellend ab. Die Reaktionen waren groß. Es wurde mir in vielen Briefen und Anrufen Mut zugesprochen und meine Zivilcourage gelobt. Es gab in weiterer Folge noch eine Sendung im Studio Ronacher in Wien. Im Zusammenhang mit dieser ganzen Sache bekam ich zahlreiche gute Ratschläge von hohen Beamten und Politikern.

Meiner Unzufriedenheit über diese Fischereiorganisation konnte ich also öffentlich Ausdruck verleihen. Trotzdem suchte ich nach Möglichkeiten, von diesem »Verein« loszukommen.

So kam mir eines Tages der Gedanke, eine Streichung aus dem Fischereibuch und ein Ende der Mitgliedschaft zu beantragen. Die Idee hatte ich, als ich mich in die Lage des Gegners versetzte und mich fragte, wie ich reagieren würde. Ich würde dieses Ansuchen annehmen, um einen solchen Revoluzzer loszuwerden und auf diese Art das auf wackeligen Beinen stehende neue Fischereirecht zu retten (das übrigens noch in Geltung ist).

Ich verfasste also am 30. September 1980 einen Antrag auf Löschung meiner Mitgliedschaft und schickte das Schreiben an den Landesfischereiverband.

Am 5. März 1981 bekam ich dann die Mitteilung, dass meinem Antrag stattgegeben wurde. Mit meinem Gefühl war ich also richtig gelegen. So war ich den Fischereiverband endlich los.

Im Zuge der Auseinandersetzungen mit dem Landesfischereiverband verfasste ich mehrere Leserbriefe, von denen ich einen in den »Neuen Lungauer Nachrichten« abgedruckten gerne wiedergeben möchte:

Novellierung des Salzburger Fischereigesetzes

Wie Ihnen vielleicht noch bekannt ist, habe ich mich seinerzeit im Fernsehen in der Sendung »In eigener Sache« sowie in zahlreichen Leserbriefen gegen viele Bestimmungen des Salzburger Fischereigesetzes ausgesprochen. Ich habe damals insbesondere aufgezeigt, dass auch die Besitzer von künstlich angelegten Fischteichen verpflichtet sind, Jahresfischerkarten zu lösen sowie Fischereiumlagen und Beiträge zu bezahlen. Durch diese Bestimmungen des Salzburger Fischereigesetzes ist es in vielen Fällen zu unzumutbaren finanziellen Belastungen für Fischteichbesitzer gekommen. Durch die schikanösen Bestimmungen des Salzburger Fischereigesetzes, die dem Landesfischereiverband Beiträge in ungeahnter Höhe gebracht haben, haben zahlreiche Fischteichbesitzer auf eine Weiterführung der Teichwirtschaft verzichtet. Dies bringt einen großen volkswirtschaftlichen Nachteil mit sich, da eine rege Nachfrage nach den in den Teichen gezüchteten Fischen besteht. Dies geht so weit, dass große Mengen von Forellen in tiefgekühltem Zustand aus Skandinavien eingeführt werden müssen.

Pressenotizen habe ich entnommen, dass das Salzburger Fischereigesetz nunmehr novelliert werden soll. Ich ersuche Sie, Ihren Einfluss dahingehend geltend zu machen, dass Teichwirtschaft und Fischzucht in Hinkunft nicht mehr dem Salzburger Fischereigesetz unterworfen werden.

In diesem Zusammenhang erlaube ich mir, darauf hinzuweisen, dass dieser Schritt bereits auf einem ähnlichen Rechtsgebiet vollzogen wurde. Im Salzburger Jagdgesetz 1977 sind in § 13 Bestimmungen über das Ruhen der Jagd enthalten. Ich schlage daher vor, dass auch in das Fischereigesetz Bestimmungen aufgenommen werden, die ein Ruhen der Fischerei für künstliche Gewässer und für Teiche, die sich in Hausgärten und im Verbund landwirtschaftlicher Anwesen befinden, ermöglichen.

Darüber hinaus enthält das Salzburger Jagdgesetz in § 74 Bestimmungen über Wildgehege. Auch für Wildgehege, deren wesentliches Merkmal nach den stenographischen Protokollen des Salzburger Landtages es ist, dass dort regelmäßig Tiere nicht als jagdbare Tiere gehalten werden, sondern als bewegliche Sache im Eigentum einer bestimmten Person stehen, gelten die jagdrechtlichen Bestimmungen nicht uneingeschränkt.

Auch im Rahmen der Fischzucht ist es so, dass die Fische

nicht in den Einflussbereich anderer Fischereiberechtigter entweichen können und regelmäßig nicht zur Ausübung der Fischerei gehalten werden, sondern im Eigentum bestimmter Personen stehen.

Es wäre daher meines Erachtens sinnvoll, ähnliche Bestimmungen auch für künstlich angelegte Fischteiche zu schaffen und die Ausübung der Fischerei in derartigen Gewässern aus dem Salzburger Fischereigesetz auszuklammern.

Ich hoffe, dass Sie Ihren Einfluss zum Vorteil der vielen Fischteichbesitzer bei den Beratungen des Landtages geltend machen werden. Ich jedenfalls werde meinen Feldzug gegen die schikanösen Bestimmungen des Salzburger Fischereigesetzes erst dann beenden, wenn die für die Fischzucht und für die Teichwirtschaft schikanösen Bestimmungen beseitigt sind.

Anträge, Bescheide und Schikanen – Erfahrungen mit Behörden

»Riebernweg« – ein Projekt durch alle Instanzen

Von den Nachbarn und den Österreichischen Bundesforsten konnte ich in den achtziger Jahren 18,5 ha zusammenhängenden Grund erwerben. Es handelte sich um Waldgrundstücke, die zu einem Großteil aus Schlagblößen und Fichtenmonokulturen bestanden. Das Grundstück von den Bundesforsten in der Größe von 10,7 ha war sehr steil und felsig und daher großteils wirtschaftlich nicht genutzt.

Der neue Grund reichte von 1100 m Seehöhe im Tal bis auf knapp 1500 m auf die Alm. Sobald der Grund in meinen Händen war, begann ich mit der Renaturierung der Flächen. Ich versuchte, den unproduktiven Boden zu produktivem Agroforstwirtschaftsland umzuformen. Ich plante, eine Mischkultur mit vielerlei Holzarten sowie Obst- und Beerensträuchern aller Art, also eine Art essbaren Wald, anzulegen.

Bei meinen bisherigen Gestaltungsmaßnahmen hatte ich die Behörden nicht eingeschaltet. Am ehemaligen Bundesforste-Grundstück war es aufgrund der beträchtlichen Flächenausmaße und der Möglichkeit einer Förderung nun aber doch nötig, die Behörde einzubeziehen.

Ich beantragte den Bau eines Forstweges durch das »Rieberngrundstück«, so der Name dieses neuen Teils meines Besitzes. Meine Absicht war es, einen botanischen Lehrpfad zu errichten, mit einer Breite von 3,5 m, talseits geneigt, ohne bergseitigen Seitengraben. Mit solcherart gebauten Wegen hatte ich auf meinem gesamten Besitz schon vorher gute Erfahrungen sammeln können.

Im Bereich Wegausführung gingen nun die Meinungen der Behörde und von mir weit auseinander. Von der Forstbehörde wurde mir erklärt, dass der Weg entsprechend den Richtlinien des Forstgesetzes zu errichten sei, und zwar mit einer Steigung von 8%, einer Mindestplanumbreite von 5 m Fahrbahn sowie einem 1 m breiten und ca. 60 cm tiefen bergseitigen Seitengraben. Alle 40 bis 50 m müsste eine Wasserausleitung mit Betondurchlässen erfolgen. Der Weg wurde von der Forstbehörde trassiert, die Bauaufsicht und die Förderungsabwicklung erledigte dieselbe Behörde.

Als das Ausmaß des notwendigen Terrassenfreischneidens sichtbar wurde, versuchte ich nochmals, die Behörde von ihrem Ansinnen und dieser Trassenführung abzubringen. Bezüglich der enormen Erdbewegung und der riesigen talseitigen Belastungen für den Hang hatte ich meine Bedenken. Das Gebiet war an sich ein schwieriger Wegebaustandort, da es sowohl steile, felsige Stellen als auch vernässte Erlenstandorte gab.

Mit meiner schonenden Variante kam ich leider bei der Forstbehörde nicht durch. Auch mein Vorschlag, auf die in Aussicht gestellten 30% Wegbauförderung zu verzichten, dafür aber die schonende Variante bauen zu dürfen, wurde von Oberforstrat Dipl.-Ing. Bonimaier abgelehnt. Er erklärte mir: »Herr Holzer, ich habe Ihnen schon einmal gesagt, entweder Sie bauen den Weg entsprechend den Richtlinien des Forstgesetzes, oder es gibt keinen Riebernweg.«

Mir blieb nichts anderes übrig, als zuzustimmen, andernfalls hätte ich ja keine Erschließungsmöglichkeit für den »Rieberngrund« gehabt. Im Herbst 1988 wurde mit dem Bau begonnen. Kurz nach Baubeginn erfolgte schon die erste Kontrolle durch die Bezirksforstinspektion mit Oberförster Lammer. Er nahm von der Rohtrassenbreite Maß und bemängelte sofort eine zu geringe Breite. Der Bagger musste nochmals zurückfahren und auf das vorgeschriebene Maß verbreitern.

Bereits eine Woche nach Baubeginn gab es die erste kleine Rutschung. Der Bagger fuhr wieder zurück und brachte das gleich in Ordnung. Es war aber noch im flacheren, oberen Bereich. Wie sollte das erst weiter unten im Steilgelände weitergehen? Ich hatte große Bedenken.

In späterer Folge waren auch Sprengarbeiten nötig. Schon bald traten die ersten Schäden durch diese Sprengungen und durch Abrutschungen auf. Es kam so weit, dass das Wegbauprojekt eingestellt werden musste. Das bereits gebaute Wegstück war in dieser Breite nicht zu halten. Durch den tiefen bergseitigen Seitengraben sickerte das Regen- und Schneewasser in die talseitigen Aufschüttungen, und die Böschungen gaben nach oder rutschten ab.

Ich versuchte in dieser Situation noch, bei der Bauaufsicht, der Bezirksforstinspektion, zu erreichen, dass ich den bergseitigen Seitengraben mit dem talseits deponierten Erdmaterial auffüllen durfte. Das hielt ich nämlich für die Hauptursache der Rutschungen. Durch das grobe

Beim Bau von Terrassen und Wegen im Steilgelände achte ich besonders auf eine gleichmäßige talseitige Neigung.

Bei den Aufnahmen für einen Film («Secrets of Eden»), die auf meinem Grund gemacht wurden, scheute das japanische Fernsehteam keine Kosten und Mühen. Sogar Bagger und Hubschrauber wurden angemietet.

Material konnte das Wasser meist gar nicht zu den Betondurchlässen fließen, weil es vorher schon versickerte. So wurde das talseitige Material vernässt und rutschte ab.

Alle Mühe von mir war umsonst, sogar ein eigens eingeschalteter Anwalt konnte nichts ausrichten.

Die Schäden häuften sich weiter, sodass eine eigens dafür zuständige Murenkommission einberufen wurde, die den Forstweg überprüfen sollte. In weiterer Folge trug mir die Bezirksforstinspektion die Sanierung dieser Rutschungen auf, bei sonstigen Ersatzmaßnahmen durch die Wildbach- und Lawinenverbauung. Es hieß, die darunter liegende Thomataler Landesstraße sei gefährdet, und ich als Grundbesitzer trage die Verantwortung dafür. Die geschätzten Kosten für diese Sofortmaßnahmen betrugen rund 1,3 Millionen Schilling (rund 94 000 Euro).

Das hätte für mich bedeutet, den Weg rückzubauen. Dann aber hätte ich keinen Weg gehabt und noch dazu die Baukosten und Rückbaukosten zu tragen gehabt. Das konnte ich einfach nicht akzeptieren.

Die Situation war äußerst schwierig. Mehrere Sachverständige wurden beigezogen, sie vertraten die Ansicht, dass bei der Projektierung grobe Fehler passiert seien. Es zeichnete sich keine Lösung ab, und so war ich gezwungen, das Land Salzburg auf Schadenersatz zu verklagen. Nur dadurch konnte ich die mir aufgetragenen Maßnahmen verzögern bzw. verhindern.

Der Rechtsstreit mit dem Land Salzburg ging durch alle Instanzen und dauerte mehrere Jahre. Das Landesgericht Salzburg als Erstgericht vertrat die Ansicht, dass ich nicht auf Schadenersatz, sondern auf Amtshaftung hätte klagen sollen, und wies die Klage ab. Gegen das Urteil aus Salzburg legte ich Berufung ein. Das Oberlandesgericht Linz kam in der Folge zur gegenteiligen Ansicht und gab meiner Klage Recht. Dagegen berief dann das Land Salzburg, sodass der Fall letztlich beim Obersten Gerichtshof in Wien zu meinen Gunsten entschieden wurde.

Was dieses Verfahren an Energie, Nerven und Zeitaufwand gekostet hat, ist unbeschreiblich. Die vielen Gerichtsverhandlungen und Sachverständigentermine an Ort und Stelle und das hohe Kostenrisiko waren für mich als Bergbauer eine enorme Belastung. Als besonders arg aber empfand ich das Verhalten der Behörden mir gegenüber, egal ob auf Bezirks- oder Landesebene. Es wurde mir immer vorgehalten, dass ich gegen das Land prozessiere.

Nach Entscheidung des Falles durch den Obersten Gerichtshof (OGH) kam es zu einer Einigung in der Form, dass der Weg so weit zurückgebaut werden konnte, wie ich das immer haben wollte: den bergseitigen Graben auffüllen und den Weg um 2 m verschmälern sowie talseits neigen.

Die gesamten Sanierungskosten von rund 3 Millionen Schilling (rund 218 000 Euro) mussten vom Land Salzburg getragen werden.

Bis das ganze »Riebernweg«-Verfahren geklärt war, lag es in meinem Verantwortungsbereich, den darunter liegenden Grundbesitz sowie die Straße nicht zu beeinträchtigen. Mit einem Schreitbagger musste ich unter schwierigsten Umständen im Steilgelände durch den We-

1 Ob 33/94

Der Oberste Gerichtshof hat als Rekursgericht durch den Senatspräsidenten des Obersten Gerichtshofes Dr.Hofmann als Vorsitzenden und durch die Hofräte des Obersten Gerichtshofes Dr.Schlosser, Dr.Schiemer, Dr.Gerstenecker und Dr.Rohrer als weitere Richter in der Rechtssache der klagenden Partei Josef Holzer, Landwirt, Ramingstein, Keusching 13, vertreten durch Dr.Wolfgang Stolz, Rechtsanwalt in Radstadt, wider die beklagte Partei Land Salzburg vertreten durch Univ.Doz.Dr.Friedrich Harrer und Dr.Iris Harrer-Hörzinger, Rechtsanwälte in Salzburg, wegen S 422.900 sA und Feststellung, infolge Rekurses der beklagten Partei gegen den Beschluß des Oberlandesgerichtes Linz als Berufungsgerichtes vom 1.Juni 1994, GZ 1 R 98/94-47, womit infolge Berufung der klagenden Partei das Urteil des Landesgerichtes Salzburg vom 14.Feber 1994, GZ 6 Cg 29/93-40, aufgehoben wurde, in nichtöffentlicher Sitzung den

Beschluß

gefaßt:

Dem Rekurs wird nicht Folge gegeben.

Die Rekurskosten sind weitere Verfahrenskosten erster Instanz.

»Riebernweg«: Der Oberste Gerichtshof bestätigte das für mich positive Urteil des Oberlandesgerichtes Linz, gegen welches das Land Salzburg zuvor berufen hatte.

gebau abgegangene Muren absichern. In die Steilhänge ließ ich daher schmale Fanggräben ziehen, die ich später als Gehsteige und kleine Terrassen nutzen konnte. Vorerst sollten diese Gräben aber zu Tal stürzende Steine auffangen. Diese Maßnahme hat sich, wie sich später herausstellte, bestens bewährt.

Doch auch diese schonende Maßnahme ging wieder einmal einem Beamten gegen den Strich. Der Landesgeologe Dr. Braunstingel wollte nämlich im Tal ein riesiges Retentionsbecken errichten lassen, welches das eventuell ins Tal stürzende Material und Geröll hätte auffangen sollen. Ein solches Auffangbecken hätte aber nicht nur die gesamte Tallandschaft beeinträchtigt, sondern wäre auch von den Kosten her für mich unakzeptabel gewesen.

Behörden kennen keine Praxis

Im Zuge dieser Angelegenheit musste ich erkennen, dass die Behörden auf die praktischen Erfahrungen viel zu wenig Rücksicht nehmen. Mein Eindruck ist eher der, dass diese Herren, vollgestopft mit theoretischem Wissen von der Universität, uns diese Schulweisheiten aufoktroyieren wollen, koste es, was es wolle.

Das ist aber sicher nicht der richtige Umgang mit der Natur, denn oft sind die Entscheidungen ökologisch unvertretbar und ökonomisch unsinnig. Bei meinen Maßnahmen hingegen zeigte sich, dass sie sehr effizient waren und sich noch heute als völlig richtig erweisen.

REPUBLIK ÖSTERREICH
VERWALTUNGSGERICHTSHOF

Im Namen der Republik

DNr. 1705/0900 PG

Zl. 92/10/0478
7

Der Verwaltungsgerichtshof hat durch den Vorsitzenden
Präsident Dr. Jabloner und die Hofräte Dr. Mizner und
Dr. Bumberger als Richter, im Beisein des Schriftführers
Mag. Kopp, über die Beschwerde des Josef Holzer in Ramingstein,
vertreten durch Dr. Wolfgang Stolz, Rechtsanwalt in
5550 Radstadt, Prehauserplatz 5, gegen den Bescheid des
Unabhängigen Verwaltungssenates des Landes Salzburg vom
20. August 1992, Zl. UVS-16/2/4-1992, betreffend Übertretung
des Forstgesetzes, zu Recht erkannt:

**Der angefochtene Bescheid wird wegen Rechtswidrigkeit
infolge Verletzung von Verfahrensvorschriften aufgehoben.**

Der Bund hat dem Beschwerdeführer Aufwendungen in der Höhe
von S 11.540,-- binnen zwei Wochen bei sonstiger Exekution zu
ersetzen.

Das Kostenmehrbegehren wird abgewiesen.

E n t s c h e i d u n g s g r ü n d e :

Mit dem im Instanzenzug ergangenen Bescheid wurde der
Beschwerdeführer schuldig erkannt, er habe "in der Zeit vom
1.10.1989 bis 1.5.1990 im Bereich talseits der Forststraße
Riebernweg auf den Waldgrundstücken Gp. 251/1, 251/2 und 256,
alle KG Mignitz, Bringungsanlagen (zumindest zum Teil
traktorbefahrbare Wege A, B, C)

1. entgegen § 60 Abs. 1 und 2 Forstgesetz 1975 errichtet,
da eine Erschließung von Wald die Wege nicht erfordert, eine
gefährliche Erosion herbeigeführt und der Abfluß von
Niederschlagswässern so ungünstig beeinflußt wurde, daß die
Walderhaltung gefährdet wurde,

(30. Mai 1994)

Der Verwaltungsgerichtshof als oberste Instanz setzte der Verfolgung durch die Bezirkshauptmannschaft Tamsweg bei meinem Projekt »Wildniskultur Riebern« mit diesem Urteil ein Ende.

Allerdings brachten mir diese sehr wirkungsvollen Maßnahmen ein Waldverwüstungsverfahren durch die Forstbehörde ein. Der Vorwurf gegen mich lautete, ich hätte Waldboden dafür in Anspruch genommen, wozu ich laut Forstgesetz gar nicht berechtigt gewesen wäre. Ich wurde zur Zahlung von 30 000 Schilling (2180 Euro) plus Verfahrenskosten bestraft. Dieses Urteil beeinspruchte ich, und es ging wiederum den Instanzenweg. Der Verwaltungsgerichtshof (VGH) sprach mich frei und warf der Behörde grobe Verfahrensmängel vor. Das von mir bereits bezahlte Strafgeld bekam ich nach Entscheidung des VGH rückerstattet.

In der Folge gab es noch mehrere Strafverfahren gegen mich, die Umgestaltung der zugekauften Grundstücke betreffend, beispielsweise ein weiteres Verfahren wegen Waldverwüstung, ein Waldfeststellungsverfahren und ein Wiederbewaldungsverfahren.

Daraufhin beantragte ich ein Rodungsverfahren, das auch durch alle Instanzen ging und letztendlich zu einem vertretbaren Abschluss für mich führte. Meine Art der Bewirtschaftung als Holzer'sche Permakultur und Agroforstwirtschaft wurde damit genehmigt.

Sinnlose Bescheide für die Wildgatterbewirtschaftung

Die Revanche der Behörde war mit diesem Fall aber noch lange nicht abgeschlossen. Ich musste eine ganze Reihe von verschiedenen Prüfungen über mich ergehen lassen. Überprüft wurden beispielsweise die Teichanlagen und das Wildgehege.

Beim Wildgehegeverfahren wurden vom Land Salzburg keine Kosten gescheut. Sachverständige, Juristen und sogar eine ganze Kommission traten gegen mich an. Ich empfand das als Schikane. Sogar meinen mittlerweile halbwüchsigen Kindern fiel es auf, wenn »Dr. Lackschuh«, ein Jurist der Landesregierung, wieder auftauchte. Die Kinder nannten ihn so, weil er, wenn er aus dem Auto ausstieg, seine hochglänzenden Lackschuhe erst einmal auszog und gegen Stiefel austauschte. Damit ging er dann ein Stück. Musste er jedoch die Schotterstraße verlassen und ins Gelände gehen, wechselte er wieder die Schuhe und zog Bergschuhe an. Diese ganze Prozedur des Umziehens dauerte jedes Mal beinahe eine halbe Stunde.

Wie welt- und praxisfremd die behördlichen Auflagen mitunter waren, zeigten auch Vorschriften der Sachverständigen des Landes in Sachen Tierbetreuung im Wildgatter. Der Sachverständige der Landesregierung Salzburg vertrat in seinem Gutachten die Ansicht, ich müsste für die Tiere Schatten spendende Unterstände bauen, ihnen Astwerk zum Spielen hineinwerfen und die Fressplätze entweder betonieren oder sie zumindest mit Formalin regelmäßig desinfizieren.

Wenn man aber weiß, dass das Gatter zu dieser Zeit 30 ha umfasste und zu drei Vierteln dicht mit Stauden und Bäumen sowie Sträuchern bewachsen war, sodass das Wild selten gesehen werden konnte, dann versteht man erst den vollen Unsinn dieser Forderungen. Die Futterstellen wechselte ich ohnehin laufend, denn dadurch lässt sich das Risiko der Übertragung von Parasiten auch auf natürliche Art minimieren.

Der Gutachter trug mir weiters auf, die Tiere mittels Medikament zweimal jährlich zu entwurmen. Durch die koppelartige Bewirtschaftung des Gatters gelang es mir aber auch so, die Tiere parasitenfrei zu halten. Das bestätigten auch die jährlich vorgeschriebenen tierärztlichen Kontrollen.

Der Einsatz des hochgiftigen und krebserregenden Formalins kam für mich nicht in Frage. Ich war über die auferlegten Maßnahmen so erstaunt, dass ich bei der Behörde nachfragte, ob es sich nicht um einen Faschingsscherz handle. Natürlich seien die Bescheide zu befolgen, teilte man mir mit. Solche theoretischen und unsinnigen Empfehlungen habe ich natürlich nicht weiter ernst genommen und daher nicht durchgeführt.

Wie weit hergeholt die Forderungen waren, zeigt der folgende Auszug aus dem veterinär-wildökologisch-jagdfachlichen Gutachten vom 7. Dezember 1995 vom Amt der Salzburger Landesregierung:

(...) 9. Im Winter muss das Wild jederzeit und ausreichend mit Wasser und artgerechter Nahrung versorgt werden können. Wasser hygienisch einwandfreier Qualität muss ganzjährig zur Verfügung stehen (natürliche Wasserstelle oder Schwimmertränke). Den Tieren müssen jederzeit Salzlecksteine zur Verfügung stehen. Das Futter soll täglich möglichst zur gleichen Zeit angeboten werden. Ein abrupter Wechsel der Futterzusammensetzung bzw. der Futtermittel ist zu vermeiden. Bei der Fütterung muss die Fressplatz-

breite je Stück Damwild 35 cm, beim Rotwild 60 cm betragen. Die einzelnen Futtertische, Heuraufen und Salzlecken sollen voneinander mindestens 6 m entfernt liegen. Die Fütterungsanlage ist mit einem Sonnen-, Schnee- und Regenschutz auszustatten. Der Boden im Nahbereich der Fütterung muss zur Hintanhaltung von Infektionen aus wasserdurchlässigem Schotter oder leicht zu reinigendem Beton bestehen. Die Reinigung und Desinfektion der gesamten Fütterungsanlage hat mindestens 2 x pro Jahr (vor Beginn und Auflassen der Fütterung; jeweils 14 Tage nach dem Entwurmen) zu erfolgen.

10. Die Entwurmung hat 2 x im Jahr (Frühjahr, Herbst) nach vorhergehender parasitologischer Untersuchung einer repräsentativen Kotprobe zu erfolgen.

11. Während der Wintermonate soll an den verschiedenen Stellen des Geheges Prossholz zum Schälen, Spielen und Verfegen ausgelegt werden. (…)

Letztes laufendes Verfahren

Von meinen Nachbarn Günther und Mariella Angermann pachtete ich Ende der neunziger Jahre für 30 Jahre ein Grundstück im Ausmaß von 5 ha, das an das von den Bundesforsten erworbene »Rieberngrundstück« angrenzt. Früher war dieser Grund Ackerland, in den letzten Jahren aber nur mehr eine Vieh- und Schafweide. Da meine Nachbarn sehr naturbezogen sind, haben sie meine Bewirtschaftungsform und Arbeit stets unterstützt. Sie boten mir von sich aus das Grundstück für eine langjährige Bewirtschaftung in Form von Permakultur an, hatten sie doch schon über längere Zeit meine Arbeit am angrenzenden »Rieberngrund« beobachtet und waren positiv davon beeindruckt, was in der kurzen Zeit dort alles wuchs. Nach Vertragsunterzeichnung begann ich sofort mit der Umgestaltung für die Permakultur. Es war auf diesem Grund ohnehin schon dringend nötig, die durch die Viehweide demolierten Drainagen zu entfernen und die Wasserläufe zu sanieren. Dazu mussten zwei Bagger her, die diese Arbeiten binnen weniger Tage durchführen konnten.

Da ich nach dem Erlebten auf weitere »gutgemeinte Behördenanweisungen« gar nicht mehr neugierig war und aufgrund der beschädigten Wasserläufe und Drainagen auch schon Hangrutschungen befürchtete, ließ ich diese Arbeiten übers Wochenende fertigstellen. Die tüchtigen Baggerfahrer arbeiteten sogar nachts mit Scheinwerfern und auch sonntags.

Montag morgen um 9 Uhr, als ich gerade den Traktor mit Pflanzen und Saatgut beladen hatte, stürmte eine Gruppe Behördenvertreter samt Bürgermeister mein Anwesen. Bei der Begehung des Grundstücks erkannte ich, dass man mir gegenüber abermals sehr negativ gesinnt war. So verlangte der Landesgeologe wieder einmal ein mit schweren Flussbausteinen zu errichtendes Retentionsbecken, wo die ganzen 5 ha im Fall des Abrutschens Platz hätten.

Wir standen bei einer ausgebesserten Wildsuhle im oberen Bereich des Grundstücks. Diese Suhle hatte eine Größe von etwa 12 m² und war rund 60 bis 70 cm tief.

Als der Verhandlungsleiter Mag. Gerhard Ortner das sah, schrie er mich an: »Das kostet Sie jetzt den Kopf, einen Teich haben Sie auch noch gebaut! Da ist Gefahr im Verzug, ich rufe gleich die Staatsanwaltschaft an!« Er zog ein Handy heraus und rief tatsächlich an. Die anwesenden Sachverständigen bestärkten ihn noch in seiner Meinung.

Die Verhandlung wurde auf der BH Tamsweg mit einer Niederschrift abgeschlossen. Am nächsten Tag tauchte die Gendarmerie mit dem Sachverständigen Walter Rohringer von der Bezirkshauptmannschaft bei uns auf. Diese ungeladenen Gäste gingen den ganzen Tag am Grundstück herum und dokumentierten Verschiedenes. Ein Hubschrauber des Ministeriums war zusätzlich für Luftbilder unterwegs. Offensichtlich wollten sie nun massiv und mit allen zur Verfügung stehenden Mitteln gegen mich vorgehen.

Welcher Weg konnte nun der richtige für mich sein? Ich kannte einen Sachverständigen namens Hofrat Dipl.-Ing. Dr. Kienberger. Dieser Mensch verfügte über wirklichen Sach-Verstand. Es war allgemein bekannt, dass er in der ganzen Welt dort zu arbeiten begann, wo andere mangels praktischer Erfahrung aufhören mussten. Er war ein anerkannter Experte für Bodenmechanik.

Ich bat ihn um eine Begutachtung des Grundstückes und um seine Meinung. Dr. Kienberger meinte nach seiner Begutachtung wörtlich: »Herr Holzer, lassen Sie das so, wie es ist, da passiert gar nichts. Ich sage Ihnen, ich wäre froh, wenn alle so verantwortungsvoll wie Sie mit dem Grund umgehen würden.«

Meine Meinung zu dieser ganzen Sache: Leider schicken die Behörden immer wieder fachlich nicht versierte Gutachter. Ein Sachverständiger für Bodenmechanik mit praktischer Erfahrung erkennt mit einem Blick, ob etwas passieren kann oder nicht. Ein Geologe im Staatsdienst hingegen, der das Metier auf diese Art gar nie kennen gelernt hat, sollte meiner Meinung nach bei einem solchen Verfahren nicht beigezogen werden.

Weil die Behörde mit den anfänglichen Vorwürfen gegen mich nicht ankam, wurde von Naturschutzseite aus ein Strafverfahren eingeleitet. Man betrachtete meine Arbeit als eine Kulturumänderung von einer Wiese in eine Permakultur. Nachdem das Salzburger Naturschutzgesetz in einem solchen Fall ab einer Fläche von 5000 m^2 eine naturschutzrechtliche Bewilligung vorschreibt, die einzuholen ich unterlassen hatte, forderte man mich zum Rückbau auf. Für mich unverständlich, schloss sich diesem Vorgehen auch die Umweltanwaltschaft für Salzburg an, obwohl diese den Hof und die durchgeführten Arbeiten gar nie gesehen hatte.

Zuständig für all diese Verfahren in Sachen Jagd, Forst und Naturschutz ist immer wieder die Bezirksforstinspektion Tamsweg unter Oberforstrat Dipl.-Ing. Bonimaier. Diesem hielt ich öfters vor, dass seine Interpretation des Gesetzes für mich bedenklich und praxisfremd sei, worauf er nur trocken meinte, ich solle mich bei den Politikern beschweren, er vollziehe nur die Gesetze.

Mittlerweile sind mehrere Jahre vergangen, und am Grundstück ist kein Schaden entstanden. Im Gegenteil, schon im ersten Jahr wuchs ein üppiges Gemüseland heran, die Permakultur hat sich gut entwickelt.

Dieses Projekt wurde mehrmals verfilmt. Deutsche, Italiener, Engländer und sogar Japaner schickten Kamerateams und machten Filmaufnahmen. Über die Entwicklung dieser 5 ha großen Fläche gibt es ein eigenes Video mit dem Namen »Terrassen, Hügelbeete und Agroforstwirtschaft«, welches bei mir bezogen werden kann.

Drei von der BH Tamsweg gegen mich angestrengte Strafverfahren (auch zu diesem Fall) wurden zu meiner Überraschung am 28. Februar 2002 vom so genannten Unabhängigen Verwaltungssenat des Landes Salzburg eingestellt. Das überraschte mich, konnte ich doch bisher immer erst beim Obersten Gerichtshof oder beim Verwaltungsgerichtshof Recht erwirken. Die mit hohem Aufwand (Gendarmerieeinsatz, Luftbildaufnahmen etc.) gegen mich betriebenen Strafverfahren wurden laut Begründung des Verwaltungssenates durch Verjährung gelöst. Es ist für mich zufrieden stellend, dass die Verfolgung durch die Bezirkshauptmannschaft Tamsweg in diesen Fällen nun schon in der Zweitinstanz geendet hat.

Meine Verteidigungsstrategie

Aus den vielen Erfahrungen mit Behörden habe ich den Schluss gezogen, diese Stellen links liegen zu lassen, anstatt mit ihnen zu kooperieren. Ich will auch gerne begründen, warum ich zu dieser Erkenntnis gekommen bin:

Der Idealfall wäre, wenn Bürger und Behörde kooperieren könnten. Das Gesetz ist ja meiner Ansicht nach für den Bürger da, wobei der Beamte eine beratende und dienende Funktion ausüben sollte. Da dies allerdings selten geworden ist, ist es für mich besser, dem Beamten mit entsprechendem Misstrauen zu begegnen und ihn zuerst Fehler machen zu lassen.

Ein Beispiel: In einem Waldfeststellungsverfahren kam der behördliche Sachverständige zu mir und wollte die Waldparzelle gemeinsam mit mir begehen. Da ich aber ahnte, dass er nur in der Absicht kam, das Gutachten seines Kollegen und Freundes von der Erstinstanz zu bestätigen, ging ich nicht mit. So fragte er, was bzw. wann ich denn auf den gegenständlichen Parzellen gepflanzt hätte. Ich zählte ihm eine ganze Reihe von Laub- und Nadelbäumen sowie Sträuchern auf und nannte dazu auch die botanischen Namen. Das schrieb sich der Herr genauestens auf. Er war dann allein den ganzen Tag über auf den Parzellen unterwegs, machte viele Fotos und kam in seinem Gutachten zum Ergebnis, dass die erforderliche Bestockung mit forstlichen Gehölzen ausreicht, um die Parzellen als Wald im Sinne des Forstgesetzes zu definieren. Fein säuberlich enthielt sein Schreiben auch eine Aufzählung aller von mir genannten Gehölze. Hintergrund der ganzen Schikane war, dass man auf einer Waldparzelle laut Forstgesetz kein Recht mehr hat, etwas zu verändern. Damit wäre mir aber eine Bewirtschaftung für meinen Zweck der Permakultur untersagt worden. So hat also dieser Sachverständige das Gutachten der Erstinstanz tatsächlich untermauert.

```
                                                    Land Salzburg
                                                     Für unseren Lungau!

Herrn                                    Bezirkshauptmannschaft
Josef Holzer                             Tamsweg
                                         A-5580 Tamsweg
Keuschling 13
A-5591 Ramingstein                       (06474)6541-6519 FAX
                                         (06474)6541-6549 DW


Zahl: 6/369-9474-1999                                    5.1.2000

S T R A F E R K E N N T N I S
------------------------------


Sie haben im Mai 1999 auf den Grundparzellen 262,263,265 und
285/3 - alle KG Miegnitz, umfangreiche Wegebauarbeiten ohne
Bewilligung der Naturschutzbehörde durchgeführt bzw. durch-
führen lassen.



Dadurch übertretene Verwaltungsvorschrift, verhängte Strafe und
entstandene Verfahrenskosten:

 Übertretung gemäß
 § 24(1)lit d Salzburger Naturschutzgesetz 1993

 Geldstrafe gemäß
 § 58(1) Salzburger Naturschutzgesetz 1993              10.000,00 S
 Ersatzfreiheitsstrafe: 72 Stunden

Beitrag zu den Kosten des Strafverfahrens gemäß
§ 64(2) des Verwaltungsstrafgesetzes, das sind
10 % der Strafe                                          1.000,00 S

                                                       -----------
                                        Gesamtbetrag   11.000,00 S
                                        (in Euro          799,40 )

Ist diese Geldstrafe uneinbringlich, so tritt an ihre Stelle die
Ersatzarreststrafe. Außerdem sind die Kosten des Strafvollzuges zu
ersetzen.

Zahlungsfrist: Wenn Sie keine Berufung erheben, ist der Bescheid
sofort vollstreckbar. Sie haben dann den Gesamtbetrag (Strafe,
Kosten, Barauslagen) unverzüglich entweder mit dem beiliegenden
Zahlschein zu überweisen oder unter Mitnahme dieses Bescheides bei
uns einzuzahlen. Bei Verzug müssen Sie damit rechnen, daß der
Betrag zwangsweise eingetrieben und im Fall der Uneinbringlichkeit
die Ersatzarreststrafe vollstreckt wird. Der Betrag ist spesenfrei
für den Empfänger unter Angabe der Aktenzahl einzuzahlen.

──────────────────────────────────────────────────────────────────
BEZIRKSHAUPTMANNSCHAFT TAMSWEG • ✉ A-5580 TAMSWEG • TELEFON (06474) 6541-0 • FAX (06474) 6541-249
DVR 0059145 • BANKVERBINDUNGEN: SPARKASSE TAMSWEG, KTO.NR. 851 • POSTSPARKASSE WIEN, KTO.NR. 7447.154
```

Die Strafverfolgung gegen mich wurde in drei Fällen bereits in der Zweitinstanz eingestellt. Die Verfolgung durch die BH Tamsweg hat nichts gefruchtet, denn die Oberbehörde, sprich der Verwaltungssenat, hat alle drei Verfahren durch Verfristung gelöst.

EINGEGANGEN
2 1. März 2002

Land Salzburg

UNABHÄNGIGER
VERWALTUNGSSENAT
SALZBURG

ZAHL
UVS-10/10054/8-2002

DATUM
28.2.2002

FANNY-VON-LEHNERT-STRASSE 1
POSTFACH 527, 5010 SALZBURG
TEL (0662) 8042 -
FAX (0662) 8042 - 3893
EMAIL uvs@salzburg.gv.at

BETREFF
Holzer Josef; Übertretung gem. NSchG - Berufung

Der Unabhängige Verwaltungssenat des Landes Salzburg erlässt durch Mag. Johannes Flachberger über die Berufung von Josef Holzer gegen das Straferkenntnis der BH Tamsweg vom 5.1.2000, Zahl 6/369-9474-1999, folgendes

ERKENNTNIS

Gemäß § 66 Abs 4 AVG iVm §§ 24 und 51 Abs 7 VStG gilt das angefochtene Straferkenntnis als aufgehoben und wird das gegenständliche Verwaltungsstrafverfahren demgemäß eingestellt.

Begründung:

Mit dem angefochtenen Straferkenntnis wird der Beschuldigte wegen einer Übertretung des Naturschutzgesetzes bestraft. Das dagegen erhobene Rechtsmittel der Berufung wurde mit 17.1.2000 eingebracht.

Gemäß § 51 Abs 7 VStG gilt der angefochtene Bescheid als aufgehoben und ist das Verfahren einzustellen, wenn eine Berufungsentscheidung nicht innerhalb von 15 Monaten ab der Einbringung der Berufung erlassen wird.

Im Hinblick auf die Einbringung der Berufung am ist zwischenzeitlich Verjährung gemäß § 51 Abs 7 VStG eingetreten und war demgemäß das Verfahren einzustellen.

Rechtsmittelbelehrung:

Anträge, Bescheide und Schikanen

In der Stellungnahme zum Gutachten erklärte ich, dass der Sachverständige irre, wenn er behaupte, dort oben kämen die *Sorbus aucuparia*, die *Sorbus domestica* oder die *Juglans nigra* usw. vor. Ich teilte der Behörde mit, dass sich der Sachverständige vermutlich verirrt und auf Nachbars Grundstück die Erhebung durchgeführt habe, denn bei mir wüchsen diese Bäume auf dieser Parzelle alle nicht.

Auf den Waldparzellen hatte ich allerdings auch Edelobst angepflanzt. Dem Forstgesetz nach ist das Einpflanzen von Obstbäumen verboten und stellt den Tatbestand der Waldverwüstung dar, da es als forstfremde Nutzung gilt. Auf diesen Bäumen befanden sich zum Teil noch die Sortenetiketten. Das war mein Fehler, denn der Sachverständige schrieb bei seinem Rundgang alle diese Sorten von den Etiketten ab. Er behauptete, dass ich entgegen dem Forstgesetz diese Flächen gärtnerisch nutze, da ich Edelgehölze gepflanzt habe.

Dieser Behauptung trat ich mit dem Argument entgegen, dass die fähnchenartigen Etiketten nur als Wildscheuchen angebracht wurden. Auf einigen Bäumen seien sogar mehrere verschiedene Etiketten von unterschiedlichen Obstsorten zu finden. Ich äußerte den begründeten Verdacht, dass der Sachverständige nicht nur den Lageplan nicht lesen könne, sondern auch die Baumarten nicht zu unterscheiden vermöge. Das teilte ich der Behörde mit, sodass ich das ganze Verfahren hinauszögern konnte.

Mittlerweile wurde der lästige Forstbeamte versetzt. Mit seinem Nachfolger gab es eine gute Gesprächsbasis, sodass das Verfahren zu einem für mich positiven Abschluss gelangte.

Das Problem mit den Steuern

Bis zu dem Tag, an dem ich von den Bundesforsten das »Rieberngrundstück« kaufte, hatte es sich um eine großteils unproduktive, steinige, nur zum Teil bewaldete Schutzwaldfläche gehandelt. Für die Bewirtschaftung solcher Schutzwaldflächen werden sogar öffentliche Mittel zur Verfügung gestellt. Durch mein Umgestalten, Bepflanzen und Terrassieren kollern nun keine Steine mehr ins Tal, wie das früher öfters der Fall war. Es wird auch keine Schutzwaldbewirtschaftungsprämie mehr beansprucht.

Die Kulturen haben sich auf dem neuen Areal besonders gut entwickelt, konnte ich doch die ehemals wertlosen Steine und Felsen als »Kachelöfen«, also Wärmespeicher, für die besonders wärmebedürftigen Pflanzen und Bäume, wie Edelkastanie, Marillen- (Aprikosen-), Pfirsich- und Nussbaum, gut einsetzen. Dieses üppige Gedeihen blieb allerdings auch den Finanzbehörden nicht verborgen. Die Journalisten, die sich den Führungen anschlossen, schwärmten in ihren Reportagen über die Paradieslandschaft hier am Krameterhof, was wohl auch die Finanz aufmerksam gemacht haben dürfte. 1998 kam es zu einer außerordentlichen Neubewertung des Einheitswertes. Nach diesem Einheitswert werden die landwirtschaftlichen

Abgaben und Steuern sowie die Sozialversicherung bemessen.

Die Sachverständigen der Steuerbehörde nahmen die Art der Bewirtschaftung genau unter die Lupe und bewerteten sie nach der Produktivität neu. Sie stellten fest, dass der Grund durch die Terrassen und Wege viel leichter bewirtschaftbar und zudem viel ertragreicher geworden war. Er sei nun nicht mehr unproduktiv, sondern werde gärtnerisch genutzt.

Der Einheitswert wurde somit von 24 000 Schilling (1744 Euro) für den Gesamtbetrieb auf 247 000 Schilling (17 950 Euro), also um mehr als das Zehnfache, erhöht. Für meine Tätigkeit als Bauer, die Beratungen, Vorträge und Seminare wurde ich separat steuerlich veranlagt, nämlich als Dienstleistungsunternehmen. So bin ich nun als Bergbauer ein Dienstleistungsunternehmer, der die vollen unternehmerischen Steuerleistungen und Aufzeichnungen zu erbringen hat.

Die mir auferlegte Steuerbelastung erscheint mir sehr hoch. Dass allerdings meine Art der Bewirtschaftung, die Holzer'sche Permakultur, tatsächlich ökologisch und ökonomisch effizienter ist als die herkömmliche Bewirtschaftung, lässt sich nicht abstreiten.

Einsicht eines Beamten

Oberforstrat Dipl.-Ing. Arno Watteck war langjähriger Chef der Bezirksforstinspektion Tamsweg. Seinetwegen hatte ich sehr viele Probleme zu bewältigen. Das größte war wohl die erwähnte Verfolgung gegen mich laut Salzburger Jagdgesetz § 48 in Sachen Oberforstdirektor ohne Papiere.

Anlässlich der Verleihung des Titels Hofrat wurde Dipl.-Ing. Watteck von der Bauernkammer zu einer Ehrung im Rahmen der Kammervollversammlung eingeladen. Zu dieser Zeit war ich gewählter Kammerrat der Bezirksbauernkammer Tamsweg. Bei der Vollversammlung würdigte der Landwirtschaftskammerobmann die Verdienste des neuen Herrn Hofrats. Dass mir dabei die Galle hochkam, möchte ich nicht verheimlichen. Immerhin hatte mir doch der neue Herr Hofrat das Leben mehr als einmal schwer genug gemacht. Ich wartete schon darauf, dass der Obmann seine Laudatio abschloss, um aus meiner Sicht die Arbeit des Herrn Watteck hier einmal öffentlich darzulegen.

Ich glaube, der mir damals gegenübersitzende Herr Hofrat konnte es mir vom Gesicht ablesen, was jetzt kommen sollte. Er ersuchte den Obmann im Anschluss an die Würdigung um das Wort. Ich musste notgedrungen mit meinem Angriff etwas zuwarten.

Diese Zeit nützte Hofrat Watteck und brachte zu meiner Überraschung unter anderem die Geschichte mit besagtem Oberforstdirektor zur Sprache. Er erklärte öffentlich, dass er mir im Laufe seiner Dienstzeit öfters sehr Unrecht getan habe, und entschuldigte sich dafür bei mir. Schließlich fragte er mich noch, ob er mir das Du-Wort anbieten dürfe.

Ich war verblüfft. Mit diesem Statement hatte mir Arno Watteck im allerletzten Moment den Wind aus den

Segeln genommen. Es folgte ein Handschlag, und damit hatte sich auch dieses dunkle Kapitel für mich zufriedenstellend erledigt. Seine Aussage, dass der Druck von außen, mich zu verfolgen, groß gewesen sei, ließ mich allerdings noch länger nicht los.

Im Jahr 2001 meldete sich Hofrat Watteck samt Sohn und Schwager zu einer Tagesexkursion auf dem Krameterhof an. Die Gruppe, in der die drei Männer an der Führung teilnahmen, war 58 Mann stark. Als wir vor einer von mir renaturierten Waldfläche standen und ich diesen Bestandesumbau näher schilderte, bat mich »Arno«, dazu auch ein paar Worte sagen zu dürfen. Er erklärte den anderen, dass er einer von diesen Beamten sei, die mich so verfolgt und unrecht behandelt hätten. Er kenne meine Grundstücke ganz genau und staune jetzt, wie sich das alles entwickelt habe. Er hoffe weiters, dass meine Arbeit heute auch besser verstanden und gewürdigt werde, und gratulierte mir zu meinem großen Erfolg. Die Teilnehmer der Exkursion waren verblüfft und fragten ihn sogleich, wie er denn mit dem Unrecht nun umgehen könne.

Vor Arno Watteck ziehe ich heute den Hut, weil er den Mut und die Größe aufgebracht hat, Fehler einzugestehen und sich dafür sogar öffentlich in einer Radiosendung auf Ö1 im April 2002 zu entschuldigen. Daran könnten sich viele ein Beispiel nehmen. So etwas kann Feinde zu Freunden machen. Andere wiederum, die damals Druck auf die Behörden und damit auf mich ausgeübt haben, verfügen nicht über diese menschliche Größe. Ihnen fehlt der Mut, sich bei mir zu entschuldigen. Nur auf Umwegen, z.B. bei Vorträgen, bemerke ich jetzt, dass sich auch ehemalige Gegner einfinden und nach meinen Ausführungen sogar begeistert klatschen. So können sich die Zeiten und die Menschen ändern. (Aufgrund des großen Interesses wurde vom ORF-Audioservice eine CD über diese Sendung einschließlich Entschuldigung herausgegeben, die bei mir über E-Mail: krameterhof@aon.at bezogen werden kann.)

Erfahrungen als Kammerrat und Gemeinderat

Mein guter Bekannter, Landtagsabgeordneter und Vizebürgermeister Otmar Brunner, besuchte öfters den Krameterhof, als es noch den Tierpark und das Gasthaus gab. Er war es, der mich in einem längeren abendlichen Gespräch dazu überredete, mich auf die Liste zur Landwirtschaftskammer- und Bezirksbauernkammerwahl setzen zu lassen. Ich nahm das damals gar nicht so ernst, gab es doch bis dahin noch nie einen SPÖ-Kammerrat im Bezirk. Insgeheim war mir die Sache gar nicht so unangenehm, witterte ich doch die Chance, etwas für die Gerechtigkeit in unserer Berufsvertretung tun zu können. Auch gab es zu dieser Zeit eine »rote« Regierung und einen »roten« Landwirtschaftsminister, was mir die Chancen, für den Berufsstand etwas zu erreichen, nicht schlecht erscheinen ließ.

Es war eine große Überraschung bei der Wahl, als auf Anhieb das Grundmandat erreicht wurde, und dieses Mandat war gut abgesichert. Damit hatte niemand ge-

Anträge, Bescheide und Schikanen

rechnet. Mein Einzug in die Bauernvertretung war somit fix.

Wie schwierig alles werden sollte, war mir damals noch gar nicht klar. Eines war aber bald zu erkennen: Mein Einsatz für die Lungauer Bauern wurde sehr gut angenommen. Die im Laufe des bisherigen Lebens am eigenen Hof gesammelten Erfahrungen konnte ich in meiner Funktion als Bauernvertreter sehr gut anwenden. Von Einzelpersonen bis hin zu Agrargenossenschaften reichte das Spektrum jener, die mich um Hilfe ersuchten. Meistens wurde ich von Bauern gebeten, sie in Verwaltungs- und Zivilrechtsangelegenheiten zu vertreten. Diese ehrenamtliche Tätigkeit nahm mit der Zeit immer größere Ausmaße an, sodass ich bald fast keine Zeit mehr für den eigenen Hof zur Verfügung hatte.

Ein unangenehmes Erlebnis hatte ich anlässlich einer Kammervollversammlung, als ich unter dem Tagesordnungspunkt »Allfälliges« über meine Erfolge in der Waldpilzzucht berichtete. Nachdem es mir kurz zuvor erstmals gelungen war, Eierschwammerln, auch bekannt als Pfifferlinge, auf meinen Versuchsflächen erfolgreich zu kultivieren, wollte ich diesen aus meiner Sicht großen Erfolg auch den anwesenden Kollegen aus der Berufsvertretung vermitteln. Ich selbst war über diesen Zuchterfolg überglücklich. Als Reaktion auf meine Schilderung war allerdings nur Kopfschütteln der Kollegen zu vernehmen. Kammersekretär Oberlandwirtschaftsrat Dipl.-Ing. Johann Brunnauer fragte, ob Eierschwammerln nicht im Wald gesammelt würden und wer mir die gezüchteten abkaufen solle. Höhnisches Gelächter brach daraufhin im Sitzungssaal aus. Für mich war der Schwammerlzucht-Erfolg eine großartige Leistung, weshalb ich mich über dieses Unverständnis des Kammersekretärs und der Berufskollegen nur wundern konnte.

Solange engstirnige und naturfremde, vielfach von der Agrarindustrie und der Genossenschaft beeinflusste Berater und Vertreter das Sagen haben, werden sich ökologische Innovationen in der Landwirtschaft kaum durchsetzen können, dachte ich mir damals. Herr Oberlandwirtschaftsrat Dipl.-Ing. Brunnauer sitzt heute in der Landwirtschaftskammer in Salzburg und wurde vom ORF in einer Radiosendung über mich interviewt. Mein Eindruck aufgrund des Interviews ist es, dass er bis heute nichts dazugelernt hat.

Da viele Schiedsgerichts- und Wildschadensverfahren, Servituts- und Wegerechtsangelegenheiten oder Grenzstreitereien u. ä. durch meine Mithilfe erfolgreich zugunsten der Bauern beendet werden konnten, war ich bald nicht mehr der rote Außenseiter, sondern ein begehrter Berufsvertreter. Die Bauern erkannten schnell, dass es Vorteile bringt, wenn von allen Parteien Vertreter in ihrem Gremium sitzen. Mir ging es bei meiner Arbeit stets um die Interessen der Bauern in Summe oder um die des jeweiligen Landwirts, aber niemals um Parteiinteressen.

Viele Berufskollegen, die in argen finanziellen Schwierigkeiten steckten, konnte ich mit Hilfe des Staatssekretärs und des Landwirtschaftsministers unterstützen. Die

Bauern waren dankbar dafür, nur so sind für mich die Erfolge erklärbar, die ich bei zwei weiteren Wahlen erreichte.

Nach 15 Jahren beendete ich meine Arbeit als Kammerrat. Das Mandat der SPÖ ging postwendend wieder zurück an die ÖVP. Zeitgleich war ich auch 10 Jahre lang Gemeinderat in Ramingstein gewesen, wo es nicht weniger Probleme als in der Kammer zu lösen gab.

Heute kann mich nichts mehr so leicht aus der Ruhe bringen. Was ich in der Zeit als Bauernvertreter und Gemeinderat bei so manchem haarsträubenden Fall erleben durfte, ging im wahrsten Sinn des Wortes auf keine Kuhhaut.

Unterschiedliche Interpretation des Forstgesetzes

Wie unterschiedlich ein Gesetz ausgelegt werden kann, zeigt eine Erfahrung aus Tirol. Bei einer Betriebsberatung in Kufstein hatte ich vorgeschlagen, einen etwa 30-jährigen Fichtenreinbestand umzubauen. Dazu sollten kleinere Horste (Horst = Gruppe von Bäumen) freigeschnitten werden. Diese Blößen sollten dann mit seltenen, wertvollen Laubhölzern oder Wildobst wieder bepflanzt werden. Da der umgebende Fichtenbestand schon recht hoch war, sollten in diesem Fall größere Laubgehölze mit dem Bagger ausgepflanzt werden.

Zur Begehung lud der Grundbesitzer auch die Vertreter der Forstinspektion ein. Diese Herren waren mit meinen Vorschlägen absolut einverstanden und informierten den Besitzer, er könne die Rechnungen für die Bäume an die Bezirksforstinspektion schicken. Solche Maßnahmen würde das Land Tirol fördern, denn es handle sich um Juwelen des Waldes. Ich glaubte meinen Ohren nicht zu trauen, wie bauernfreundlich die Tiroler das Forstgesetz anwenden.

Bei mir zu Hause in Salzburg stellte sich die Situation ganz anders dar. Für Bepflanzungen und Renaturierungsmaßnahmen dieser Art wurde ich von der Behörde wegen Waldverwüstung verfolgt, was immer auch umfangreiche, langwierige Verwaltungsverfahren (Waldfeststellungsverfahren, Wiederbewaldungsverfahren, Strafverfahren wegen Waldverwüstung und Rodungsverfahren) nach sich zog.

Selbst das einfache Aussäen von Urgetreide auf Waldboden ist laut Oberforstrat Dipl.-Ing. Bonimaier in Salzburg eine forstfremde Nutzung und daher eine strafbare Handlung nach dem Forstgesetz. Es stellt den Tatbestand der Waldverwüstung dar.

Ich möchte anmerken, dass der Boden für die Aussaat von Urkorn nicht einmal beackert werden muss. Wo da eine Waldverwüstung zu finden ist, ist mir nicht ganz klar, denn aus meiner Sicht wird der Waldboden durch die Aussaat von Urgetreide und anderen Gewächsen und Pflanzen in Mischkultur nur verbessert, aber niemals gefährdet. Das Bodenleben wird aktiviert, der oft saure Waldboden gesundet. Weiters wird die Speicherfähigkeit des Bodens für Wasser erhöht. Durch die Wechselwirkungen der Nährstoffausscheidungen kommt das auch dem Fichtenwald zugute. Ein zusätzlicher positiver Aspekt ist, dass das Wild reichlich Äsung vorfindet.

Durch die Verbesserung des Wasserhaushaltes im Wald stellen solche Maßnahmen für mich die Grundlage für eine gesunde Waldbewirtschaftung dar. Der gesunde Boden hat gegenüber dem degenerierten eine viel größere Speicherwirkung für Wasser, was sich auch in ausgeglichenen Quellschüttungen äußert. Auf diese Art können Katastrophen wie Muren und Überschwemmungen verhindert werden, denn gesunde Bäume mit kräftigen Wurzeln beugen dem vor. Eine entsprechend vielfältige Vegetation und Baumartenmischung sichert die Hänge, speichert das Wasser und hält den Boden viel besser als eine Fichtenmonokultur.

Dass die Forstbehörde in diesem Fall trotzdem von einer Waldverwüstung spricht, wo doch genau das Gegenteil bewirkt werden kann, ist schlicht und einfach unverständlich.

Verfahren bezüglich der Hausmühle

Ein anderes Beispiel soll die Gesamtproblematik mit der Waldbewirtschaftung aufzeigen. Hier wird besonders deutlich sichtbar, wie eigentumsfeindlich das Forstgesetz von 1975 interpretiert werden kann: Im Laufe der Jahre habe ich den Krameterhof ständig erweitert und zu diesem Zweck verschiedene Grundstücke zugekauft. Dem Nachbarn Isidor Löcker kaufte ich zwei Grundparzellen ab, auf denen ein Mühlteich und eine verfallene Wassermühle standen. Mein Ziel war es, diese alte Hausmühle wieder zu aktivieren. Um die Anlage besser bewirtschaften zu können, kaufte ich vom anderen Nachbarn Leonhard Zehner den Grund mit der talseitigen Teichböschung im Ausmaß von ca. 400 m^2 dazu. Nun konnte ich den Teichschlamm ausbaggern und auf die darunter liegende Böschung auftragen. Somit war in einem ersten Schritt gleich einmal der Mühlteich saniert. In die Teichböschung pflanzte ich verschiedene Weiden und Erlenbäume. Zusätzlich brachte ich mit Pilzmyzel beimpfte Wurzelstöcke in die Böschung ein, um Speisepilze zu züchten.

Die Sanierung dieser Mühlteichanlage war für die Behörde Anlass genug, mir wegen der 400 m^2 kleinen Böschungsfläche wiederum umfangreiche Verfahren an den Hals zu hängen. Es ging dabei erneut um Waldfeststellungs-, Wiederbewaldungs-, Waldverwüstungs- und Rodungsfragen. Es folgten Gutachten über Gutachten und ein Verfahren ohne Ende. Die Kosten, die mir daraus entstanden sind, liegen um ein Vielfaches über jenen des Ankaufs und der Sanierungsmaßnahmen.

Die von mir als Stecklinge eingebrachten Hölzer wurden in diesem Verfahren von Dipl.-Ing. Bonimaier und Dipl.-Ing. Haupolter letztlich als Wald im Sinne des Forstgesetzes definiert. Das stand aber in krassem Gegensatz zu meinen alternativen Bewirtschaftungsabsichten. Ich konnte auch diese kleine Fläche mit dem nahrhaften Teichschlammboden gärtnerisch gut nützen. So schnitt ich dort Stecklinge von verschiedenen Weidensorten, was mir aber als Waldverwüstung ausgelegt wurde – und das, obwohl ich diese Weiden einige Jahre zuvor genau für diesen Zweck selbst gesteckt bzw. gepflanzt hatte.

Es gäbe noch eine Menge allein über diese Bagatellfläche zu berichten. Jedenfalls war es haarsträubend, wie praxisfremd und eigentümerfeindlich die Behördenvertreter das Gesetz auslegten.

Erst nach Jahren konnte dieses Verfahren durch eine so genannte Rodungsgenehmigung abgeschlossen werden.

Die Feststellungen der Sachverständigen der Forstbehörde waren teilweise an den Haaren herbeigezogen. Mit einer genauen Stockinventur meiner Weidenstecklinge sollte mir eine Waldverwüstung nachgewiesen werden. Im Ergänzungsgutachten heißt es dazu unter anderem:

(…) 5. Ergebnisse der Stockinventur:
Im November 1994 wurde von der Bezirksforstinspektion Tamsweg eine Stockinventur (Aufnahme der Anzahl und der Durchmesser der Stöcke) durchgeführt. Im November 1994 wurden insgesamt 173 Erlen- und Weidenstöcke mit einem Durchmesser von 2 cm aufwärts auf der verfahrensgegenständlichen Schlagfläche vorgefunden. (…)
Die folgende Tabelle gibt einen Überblick über die Anzahl der Stöcke in den verschiedenen Stockdurchmesserklassen:

Durchmesser-klasse	Anzahl der Stöcke	Anzahl
In cm	In Stück	In Prozent
2–5	94	54
6–10	66	38
10–12	8	5
Über 16	5	3

Die Tabelle zeigt, dass 92 Prozent der Baumstöcke einen kleineren Durchmesser als 10 cm aufweisen; die restlichen 8 Prozent haben einen Durchmesser über 11 cm. Aufgrund der Durchmesserverteilung der Baumstöcke und der in den Bildern ersichtlichen Holzabstockungen muss der Waldbestand auf der verfahrensgegenständlichen Schlagfläche eine vergleichbare Bestockung getragen haben. (…)
6. Zusammenfassende Gesamtbeurteilung:
Zusammenfassend ist aus Sachverständigensicht festzustellen, dass die verfahrensgegenständliche Schlagfläche auf Grundstück 452/1, Kg. Mignitz, Wald im Sinne des Forstgesetzes 1975 ist.

So weit die Meinung des Gutachters der Landesforstdirektion. – Ich wundere mich heute oft selbst, wo ich die Energie und das Durchhaltevermögen hergenommen habe, um diese aufgeblähten Verfahren durchzustehen. Die von mir im vorliegenden Buch geschilderten Vorfälle stellen nur einen Bruchteil des tatsächlich Erlebten dar. Auf meinem Dachboden lagern, wie bereits erwähnt, kistenweise Akten, Ordner sowie Projektunterlagen und Pläne, die noch viele Bücher füllen könnten.

Landwirtschaftliche Spezialkulturen Krameterhof

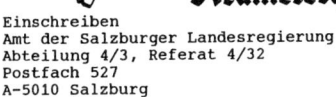

Holzer

JAGD UND
FISCHEREI
BAUMSCHULE
Seehöhe 1.300 m

Besitzer Sepp Holzer
A-5591 Ramingstein 13
Bezirk Tamsweg
Land Salzburg
Telefon 0 64 75/2 39

Einschreiben
Amt der Salzburger Landesregierung
Abteilung 4/3, Referat 4/32
Postfach 527
A-5010 Salzburg

18.06.1995

Zahl 4 / 32 - 10 / 720 / 15 - 1995

Betreff: Stellungnahme zum ergänzenden Gutachten vom 17.5.95 der Landesdirektion; SV Dipl.-Ing. Rupert Haupolter

Zunächst sei angeführt, daß ich den Sachverständigen Dipl.-Ing. Rupert Haupolter wie bereits ausführlich in meinen vorherigen Stellungnahmen begründet, wegen mangelnder Objektivität und mangelnder Fachkenntnis sowie wegen Befangenheit ablehne. Laut Medienberichten werden die Gutachten des Dipl.-Ing. Haupolter auch vom Rechnungshof in Frage gestellt.

Zu seinen Ausführungen im Ergänzungsgutachten vom 17.5.95 nehme ich wie folgt Stellung:

Die Feststellung des Sachverständigen, daß sich die Bewirtschaftungsform der gegenständlichen Grundparzellen laufend geändert habe ist unrichtig.
F ie Feuchtwiese, Sonderkultur, alternativ betriebene Baumschule und baumschulgärtnerische Nutzung sind ident und insgesamt als alternativer Betrieb anzusehen.
Selbstverständlich sind auch die durchgeführten Pflegemaßnahmen, Freihalten des Wasserlaufes Beseitigung von Schneedruckschäden ein und dasselbe und bedeuten keine geänderte Bewirtschaftungsform.

Die Behauptung des Sachverständigen, daß die verfahrensgegenständliche Teilfläche eingeschränkt befahrbar wäre ist ebenfalls unrichtig, da die ca. 500 m2 große Fläche talseits mit einer Asphaltstraße und bergseits mit einer 4 Meter breiten Forststraße (siehe Lageplan) voll erschlossen ist und von beiden Straßen aus mittels Spezialbagger oder Traktorbagger zur Gänze maschinell bearbeitbar ist.

Die vom Sachverständigen angeführten Beete und Mieten auf meinen anderen Bewirtschaftungsflächen dienen der Zucht von Nutzinsekten und Regenwürmern, welche auf der gegenständlichen Fläche nicht durchgeführt wird.

Bei dem vom Sachverstänigen erwähnten " Schlagabraum " und den umgeschnittenen Bäumen handelt es sich um von mir antransportiertes Material zur Waldpilzzucht der Sorten Agaricus silvaticus, Flammulina veltipes, Stropharia rugesannulata, Pleuratus astreatus, Kuehnetomyies mutabilis und Armillariella mellea.

Mit unzähligen Stellungnahmen, Eingaben und Beschwerdebriefen musste ich mich gegen den Verwaltungsterror zur Wehr setzen.

Zur Behauptung des Sachverständigen bezüglich der Entnahme von 2000 Erlen
auf der gegenständlichen Grundparzelle kann entgegengehalten werden, daß
auf Vergleichs- und Restflächen pro m2 50 Erlen in einer Größe von 80-120
cm stehen.

Die von mir angeführten Weidensorten mit Ausnahme der Salix caprea sind auf
den angrenzenden Grundparzellen nicht vorhanden.
Hier wäre es wohl dringend erforderlich, daß der Sachverständige die Sorten
erkennt und namentlich anführt.

Bezüglich der Beurteilung meiner Waldpilzzucht auf der gegenständlichen
Grundparzelle, verirrt sich der Sachverständige in Wurzel - Pilz - Symbiosen
welche ja in jedem Waldboden vorhanden sind und als normal anzusehen sind.
Ich verweise diesbezüglich auf die oben angeführten Pilzsorten und die genauer
Ausführungen in meiner Stellungnahme vom 29.12.1994

Bei der periodischen Schlammausbaggerung des Teiches wurde die gesamte
gegenständliche Teilfläche der Grundparzelle 452/1 als Schlammdeponiefläche
wie bisher genutzt. Auch werden wiederum in den produktiven Teichschlamm
Laubholzstämme und -Stöcke, welche mit Pilzsporen beimpft werden, eingebracht.
Gerne bin ich bereit diesen Arbeitsvorgang im Beisein eines objektiven und
fachkundigen Sachverständigen durchzuführen um die unrichtigen Behauptungen
des Sachverständigen Dipl.-Ing. Haupolter zu wiederlegen.

Bei der im Mai 95 durchgeführten Vermessung der gegenständlichen Teilfläche
452/1 durch einen Zivilgeometer stellte sich heraus, daß große Abweichungen
zwischen der Natur- und Katastergrenze bestehen, sodaß die gegenständliche
Grundparzelle 452/1 wenn überhaupt, dann nur in geringen Ausmaß von mir
bewirtschaftet wurde.

Ich ersuche um genaue Überprüfung des gegenständlichen Sachverhaltes durch
einen objektiven, fachkundigen Sachverständigen in meinem Beisein um Fragen
und eventuelle Unklarheiten an Ort und Stelle abzuklären.
Für Ihr Bemühen herzlich dankend, verbleibe ich

mit freundlichem Gruß

Lagerhaus – nicht immer nah und für alle da

Das bauereigene, genossenschaftlich organisierte Lagerhaus sollte eigentlich für das Mitglied, den Bauern, da sein. Meiner Ansicht nach hat es sich aber in weiten Bereichen zu einer Konkurrenz für den Bauern entwickelt. So verkaufen beispielsweise die Lagerhäuser ofenfertiges Brennholz sowie Meter-Scheiterholz aus Tschechien und anderen Ländern oder fremdgezogene Obst- und Beerensträucher sowie Ziergehölze. Der heimische Bauer dagegen bleibt als Genossenschafter auf seinem Brennholz sitzen.

Mit der Preisgestaltung des Lagerhauses habe ich als Bauer und als Berufsvertreter immer wieder negative Erfahrungen machen müssen. So boten private Kleinunternehmen Waren oft weitaus günstiger an, und das bei viel besserer fachlicher Beratung. Die Hartnäckigkeit und Uneinsichtigkeit mancher Genossenschaftsmanager erforderte es sogar, dass ich in einigen Fällen gerichtliche Hilfe in Anspruch nehmen musste. Gerechterweise fielen diese Entscheidungen immer positiv für mich aus. Ich möchte ein Beispiel näher schildern:

In meinen eigenen Obstkulturen und in jenen meiner Kundschaften mussten die Bäume im Herbst gegen Nage- und Verbissschäden geschützt werden. Dazu verwendete ich zumeist ein von mir selbst entwickeltes Schutzmittel. Dieses gewährte einen perfekten Schutz für viele Jahre. Wegen des immer größeren Bedarfs meiner Kunden schaffte ich es mit der Zeit nicht mehr, auch noch ausreichend Streichmittel für mich selbst herzustellen. Vom Lagerhaus wurde damals ein neues Mittel propagiert, das mittels beigegebener Spritze leicht ausgebracht werden konnte. Es enthielt zusätzlich einen Vergällungsstoff, der das Wild von den Kulturen fern halten sollte, hieß es. Nach eingehender Beratung im Lagerhaus kaufte ich eine größere Menge dieses Mittels und brachte es fachgerecht aus.

Als ich von einem Auslandsaufenthalt im Frühjahr zurückkam und sogleich meine Kulturen inspizierte, entdeckte ich mit Schrecken, dass das Mittel keine Wirkung gezeigt hatte. Die behandelten Bäume waren angenagt, verbissen und zum Teil geschält. Es schien, als hätte das Präparat das Wild geradezu angezogen statt abgehalten. Verärgert ging ich zum Lagerhaus und forderte eine Überprüfung sowie Schadenersatz. Man war aber zu keinerlei Zugeständnissen bereit. Vielmehr vermittelte man mir den Eindruck, dass ich selbst schuld sei, wenn ich Laubbäume in dieser Höhenlage im Wald auspflanze.

So blieb mir nichts anderes übrig, als den Schaden durch einen Sachverständigen ermitteln zu lassen und gerichtliche Hilfe in Anspruch zu nehmen. In der Zweitinstanz bekam ich vom Oberlandesgericht Linz meinen eingeklagten Betrag von 230 000 Schilling (16 715 Euro) zugesprochen.

Recherchen zufolge hatte das Lagerhaus Lungau die vom Hersteller angebotene Einschulung zu diesem neuen Mittel nicht in Anspruch genommen. Es traf somit den Verkäufer keine Schuld an der Misere, sondern nur die Geschäftsleitung.

Erfahrungen mit Menschen

Eine bittere Enttäuschung erlebte ich, als ich in einem Geldinstitut einem Mitarbeiter 200 000 Schilling (14 535 Euro) in bar übergab. Das Geschäft war abgewickelt. Während ich auf den Beleg wartete, plauderte der Bankbeamte mit einer ihm scheinbar gut bekannten Person. Er sicherte mir zu, er würde mir den Beleg mit den Kontoauszügen zusenden. Da Geldgeschäfte dieser Art bei mir üblich waren, stimmte ich diesem Vorgehen zu und verabschiedete mich. Die Sache schien damit für mich erledigt.

Als ich beim Jahresabschluss die Geldaufzeichnungen genauer kontrollierte, bemerkte ich, dass der genannte Betrag nirgends aufschien. Natürlich meldete ich mich sofort bei der Bank und erkundigte mich nach dem Verbleib des Geldes. Die erste Antwort war, ich solle den Beleg vorweisen. Bei der Überprüfung stellte ich fest, dass mir niemals ein solcher zugeschickt worden war. Ohne den Beleg, der trotz intensiver Suche weder bei mir noch bei der Bank gefunden werden konnte, kam ich – bis heute – nicht mehr zu meinem Geld.

So wurde ich für blindes Vertrauen bestraft. Meine Philosophie, dass im Kreislauf der Natur eine hundertprozentige Gerechtigkeit herrscht, gibt mir die Hoffnung, dass sich diese Schlamperei eines Tages von selbst aufklärt.

Im Laufe meines Lebens wurde ich mit vielen verschiedenen Problemfällen konfrontiert. Meine Strategie, mich

REPUBLIK ÖSTERREICH
Oberlandesgericht Linz

EINGEGANGEN
25. Feb. 1997

Zwischenurteil

232 195
2 R 185/96f / 20

Gemeinsame Einlaufstelle
beim Landes- und Bezirksgericht
Salzburg

Eingelangt 2 0. Feb. 1997 ...... Uhr
...... Min.

.........fach .... Halbschr. .... Beil.
Stempel .... S ...... S

Im Namen der Republik

Das Oberlandesgericht Linz hat als Berufungsgericht durch die Richter Dr.Wolfgang Kossak als Vorsitzenden sowie Dr.Ulrike Neundlinger und Dr.Reinhold Schaumüller in der Rechtssache der klagenden Partei **Josef Holzer**, Landwirt, 5591 Ramingstein, Keusching 13, vertreten durch Dr.Wolfgang Stolz, Rechtsanwalt in Radstadt, wider die beklagte Partei **Raiffeisenverband Salzburg reg.Genossenschaft mbH**, Lagerhaus Lungau, 5580 Tamsweg, Wöltinger Straße 517, vertreten durch Dr.Friedrich Harrer, Dr.Iris Harrer-Hörzinger, Rechtsanwälte in Salzburg, wegen S 230.000,- s.A., über die Berufung der klagenden Partei gegen das Urteil des Landesgerichtes Salzburg vom 10.5.1996, 3 Cg 232/95i-10, nach mündlicher Berufungsverhandlung zu Recht erkannt und beschlossen:

Der Berufung wird Folge gegeben.

Das angefochtene Urteil wird dahin abgeändert, daß es als Zwischenurteil zu lauten hat:

"Zwischenurteil

Das Klagebegehren, die beklagte Partei sei schuldig, der klagenden Partei einen Betrag von S 230.000,- samt 12 % Zinsen seit 8.7.1995 zu bezahlen, besteht dem Grunde nach zu Recht.

Die Kostenentscheidung bleibt dem Endurteil vorbehalten."

Die Entscheidung über die Höhe des Klagebegehrens wird dem Erstgericht aufgetragen.

Wenn man von der Sache und vom Gefühl her den Eindruck hat, im Recht zu sein, dann sollte so viel Zivilcourage aufgebracht werden, auch in die zweite Instanz zu gehen. Das lohnt sich, wie dieser Fall belegt.

Die Entscheidung über die Kosten des Berufungsverfahrens bleibt dem Endurteil vorbehalten.

Die ordentliche Revision nach § 502 Abs 1 ZPO ist nicht zulässig.

Entscheidungsgründe:

Der Kläger betreibt auf seinem landwirtschaftlichen Gut die Aufzucht von landwirtschaftlichen Spezialkulturen in Form einer Baumschule. Er bezog seit Jahren vom Lagerhaus Lungau, einer Verkaufsstelle der Beklagen, das Verbißschutzmittel "Cervacol extra". Im Herbst 1994 begab sich der Kläger wiederum in das Lagerhaus Lungau, um das Verbißschutzmittel zu kaufen. Er wurde von Josef Ernst bedient, kaufte und verwendete das Verbißschutzmittel "Dendrocol extra", worauf es bei den Obstbäumen des Klägers zu Wildverbißschäden kam.

Der Kläger begehrte S 230.000,- s.A. als Ersatz für die zerstörte Baumkultur unter Berücksichtigung einer Eigenersparnis von S 69.480,- und brachte vor, Josef Ernst habe dem Kläger für dessen speziellen Anwendungsbereich anstelle des billigeren, durch Aufstreichen anzubringenden Verbißschutzmittels "Cervacol extra" das Mittel "Dendrocol extra", das Vergällstoffe enthalte und unter Zuhilfenahme einer Baumspritze aufgespritzt werden könne, empfohlen. Wegen der speziellen Beratung durch Josef Ernst habe der Kläger auf die zugesicherten Eigenschaften vertraut und sich zum Kauf dieses Verbißschutzmittels entschlossen. Trotz ordnungsgemäßer Anwendung des Verbißschutzmittels seien 540 Obstbäume aufgrund von Verbiß- und Schälschäden zur Gänze vernichtet worden. Der dadurch eingetretene Schaden von S 230.000,- s.A. sei auf die unsachgemäße Beratung des Josef Ernst zurückzuführen. Die Beklagte hafte für das mangelnde Fachwissen ihres Verkaufsangestellten.

in solchen Situationen in die Lage des Betroffenen zu versetzen und aus dieser Sicht die Ursachen des Problems zu ergründen, hat sich bestens bewährt.

Ein befreundeter Bauer aus unserer Gemeinde, ein äußerst hilfsbereiter und handwerklich sehr begabter Mensch, kreuzte eines Tages bei mir auf und erzählte mir von seinen schier unlösbaren Problemen. Er hatte bei einer Bauverhandlung seinen Nachbarn unterstützt und sich dabei den Unmut des Bürgermeisters und der Behördenvertreter zugezogen. Weiters hatte er Wege- bzw. Straßenrechtsangelegenheiten mit der Gemeinde auszufechten, ebenso plagten ihn finanzielle Belastungen der Gemeinde in Zusammenhang mit dem Wege- und Kanalbau.

Diese Streitereien hatten sich im Laufe der Zeit aufgeschaukelt, sodass er in seiner Aufregung öfters unpassende Kraftausdrücke gebrauchte. Die Behördenvertreter und der Bürgermeister reagierten, indem sie die ihnen zustehenden Möglichkeiten ausnützten.

Mein Freund war Mitglied der Jagdgesellschaft Ramingstein, er war ein leidenschaftlicher Jäger und Heger. Als eines Tages die Gendarmerie bei ihm auftauchte, um auf behördliche Anordnung seine Waffen abzuholen, brach für ihn eine Welt zusammen. Es drohten ihm wegen seiner rohen Äußerungen eine Hausdurchsuchung und die Einweisung in eine Anstalt. Die Jagdpapiere waren ihm bereits zuvor abgenommen worden. Jetzt drohte der Ausschluss aus der Jagdgemeinschaft. Dazu waren die finanziellen Probleme mit der Gemeinde für ihn kaum verkraftbar. Dass diese Nöte auch

Auswirkungen in der Familie mit sich brachten, war nur allzu verständlich. Er schilderte mir, dass das Leben für ihn so keinen Sinn mehr hätte. Vor allem der bevorstehende Ausschluss aus der Jägergemeinschaft und die Abnahme des Jagdscheins waren für ihn ein schwerer Schlag.

Schon während seiner Schilderungen erinnerte ich mich an meine eigenen bitteren Erfahrungen mit der Jagdbehörde und der Jägerschaft. Ich verspürte sofort, dass diese Probleme äußerst ernst waren und dass er daran zu zerbrechen drohte. Dass ich mein Möglichstes tun würde, um zu helfen, war sowieso klar. Was aber sollte ich tun?

Die Situation war schwierig. Als Erstes ersuchte ich ihn, er möge alle Waffen, die er noch im Haus hatte, sofort zu mir bringen. Da er eine Sprengbefugnis besaß, sollte er auch diesbezüglich eventuell bedenkliches Material mitnehmen. Weil mir die Sache ziemlich heikel erschien, vermittelte ich ihm zusätzlich den sehr sozial eingestellten, menschlichen Anwalt Dr. Roderich Santner aus Tamsweg. Mein Bekannter brachte alles Material bei mir vorbei, ich gab es bei der BH Tamsweg bzw. beim Anwalt ab. Das finanzielle Problem konnte einvernehmlich mit der Gemeinde geregelt werden. Auch das Gericht sah das Positive, sodass sich die unlösbar scheinende Situation schnell wieder besserte.

Das Wichtigste aber war, dass er von seiner über alles geliebten Jagd nicht isoliert wurde. Ich beruhigte ihn und bot ihm an, dass er, bis alles geregelt sei, bei mir auf die Jagd gehen könne. Uns beiden war bewusst, dass das illegal war. Rein gesetzlich gesehen war es für mich ein großes Risiko, einem Menschen einen Jagdausgang zu gewähren, der Waffenverbot hatte und ohne Jagdschein dastand. Menschlich gesehen aber war ich überzeugt, dass für mich kein Risiko bestand. Dazu kannte ich ihn zu gut. Mit diesem Angebot habe ich meinem Freund den Dampf abgelassen. Die Lage schien für ihn wieder erträglich.

Binnen weniger Jahre wandte sich alles zum Positiven. Er erhielt seine Jagdpapiere wieder und wurde auch in die Jagdgesellschaft wieder aufgenommen. Heute ist er Pensionist und im Dorf gleich beliebt wie eh und je.

Unser Rechtsstaat bietet den Behördenvertretern viele Möglichkeiten des Handelns und Einschreitens. Ob das allerdings überhaupt notwendig ist, wird in den seltensten Fällen geprüft. Leider hört oder liest man beinahe täglich von Tragödien, wenn Menschen kein Licht mehr sehen. Die Folgen kennt jeder. Hinterher gibt es dann das große Gejammer. Es wäre aber höchst notwendig, die Probleme schon vorher wahrzunehmen und ihnen menschlich zu begegnen.

Gärten der Vielfalt – der Krameterhof heute

Permakultur – ein Weg für alle

Zu den vielen Fragen und Feststellungen der konventionell wirtschaftenden Bauern (»Das kannst ja nur du machen!« – »Da kannst du ja nicht mit Maschinen hineinfahren.« – »Wie willst du denn das düngen und spritzen?« usw.) möchte ich sagen:

Der Maschineneinsatz in dieser Hanglage ist sowieso nur beschränkt oder gar nicht möglich, kostet viel Geld und amortisiert sich nie. Düngemittel- und Spritzmitteleinsatz sind bei dieser Art der Bewirtschaftung überflüssig, da ich vollwertige Lebensmittel und nicht nur Nahrungsmittel produziere.

Die Permakultur könnte sich sehr wohl jedermann zunutze machen, der Mensch würde sich dann wie im Paradies fühlen. Die Vielfalt ermöglicht es, dass die Natur für mich als Bauer arbeiten kann. Sie bietet überall unterschiedliche Möglichkeiten an, die es zu erkennen und zu nützen gilt. In der herkömmlichen Landwirtschaft ist es so, dass einer dem anderen Konkurrenz macht. Hat der eine hundert Schweine, möchte der andere zweihundert haben. Hat der eine zehn Stiere, will der andere 15 haben, und hat der eine einen 100-PS-Traktor, will der andere einen stärkeren. Dieses gegenseitige Konkurrenzieren erhöht die Produktion, das Produkt aber wird billiger. Ganz schlimm wird es, wenn

Durch Zuchtarbeit entstehen am Krameterhof verschiedenste Farben und Formen von Pflanzen. Blumen wie z. B. der Fingerhut können sich dadurch vielseitig entwickeln.

noch dazu Chemie eingesetzt wird, um das Rad weiter zu drehen. Chemieeinsatz schmälert den Wert des Produktes. Es wird so vom Lebensmittel zum Nahrungsmittel degradiert, oft mit bedingter Genussfähigkeit, z. B. wegen zu hoher Nitrat- oder Schwermetallbelastung.

Meine Art der Bewirtschaftung ist arbeitsextensiv. Die Ernte erfolgt vom Kunden aus. Den Menschen wird die Möglichkeit geboten, mit der Natur wieder Kontakt aufzunehmen und Lebensmittel, wenn sie sie schon nicht selbst produzieren können, wenigstens selbst zu ernten. So entsteht wieder mehr Beziehung zur Natur. Die Leute verspüren beim Verzehr dieser Lebensmittel, dass sie ihnen schmecken und dass sie sich wohler und gesünder fühlen.

Bezüglich Chancen der Produktion möchte ich noch sagen: Es ist wichtig, die natürlichen Möglichkeiten und Gegebenheiten optimal zu nutzen. Würden der Eskimo im hohen Norden und der Neger in Afrika dieselben Kulturen anlegen, würden beide verhungern. Große Fehler in dieser Hinsicht macht das derzeitige EU-Agrarsystem, in dem für Berggebiete dieselben Auflagen und Preise gelten wie für Gunstlagen in der Niederung.

Meiner Ansicht nach gibt es gerade in der Stadt ein großes Potential an Menschen, die den Weg zurück zur Natur suchen. Diese sollte man auf einfache Art und Weise anleiten, ihre Lebensmittel wie Obst, Gemüse oder Getreide selbst zu ernten.

Beispiel Ernteland

Im Nahbereich einer Stadt könnte ein findiger Landwirt z. B. ein Ernteland mit Hochbeeten in folgender Art errichten: Die Anlage ist außen von einem erhöhten Erddamm umschlossen. Dieser Erddamm dient als Sicht- und Windschutz und dämmt den seitlichen Schadstoffeintrag ein. Er kann etwa drei bis vier Meter hoch sein, mit ein bis zwei Terrassen. Von den Stufen aus kann er bequem beerntet werden. Nach oben hin wird er mit Beerensträuchern und Obstbäumen bepflanzt, was zusätzlich dem Wind- und Sichtschutz dient. Zwischen Sträucher und Bäume kommt eine Mischsaat von Gemüse samt entsprechenden Förderpflanzen. An den Bäumen können Kletterpflanzen, Bohnen oder Erbsen gesät werden, die den Stickstoff in den Boden eintragen und so den Baum mitversorgen. Der Baum dient als Klettergerüst. Die Fläche kann durch das Aufschütten des Dammes vergrößert werden.

Nun zur Innengestaltung der Anlage: Es können unterschiedlich hohe Hochbeete angelegt werden, beispielsweise 1 bis 1,5 m hoch, und je nach Material in einem Winkel von etwa 40 bis 70 Grad aufgeschüttet. Oben sollte sich ein etwa 1 m breites Plateau befinden. Zwischen solchen Beeten verlaufen die Wege bzw. Steige, von wo aus nun die Kunden beidseitig die Hochbeete beernten können. Im tieferen Bereich können Kinder, ohne sich bücken zu müssen, Radieschen ernten. Im oberen Beetbereich und am Plateau können die Erwachsenen ihr Gemüse oder Beeren ernten. Unterschiedlich hoch angelegte Beete erleichtern die Ernte für die verschieden groß gewachsenen Kunden. Das Hochbeet wird auf diese Weise von beiden Seiten bequem beerntet.

Die Leute bekommen die entsprechenden Ernte-Anweisungen. Was am Boden auf den Gängen wächst, muss nicht geerntet, ja könnte sogar niedergetreten werden, denn im Kreislauf der Natur verdirbt nichts. Durch die Ernte wird der Boden verwundet, es kann ohne weitere Bodenbearbeitung nachgesät werden. Im Herbst können Schweine das verbliebene Restgemüse abweiden, danach können die von den Tieren zu stark beeinträchtigten Beete mit einem entsprechend umgebauten Spezialgerät wieder ausgebessert und eingesät werden.

Gemüse, Kartoffeln, sämtliche Beeren und allerlei Obst, aber auch Blumen können so dem Kunden angeboten werden.

Die Schweine wiederum könnten auch ebene Flächen beackern. Dazu anlernen lassen sie sich durch Maiskörner, die auf den Boden gestreut werden. Die Tiere suchen die Körner und wühlen mit dem Rüssel den Boden auf. So werden auch unliebsame Beikräuter wie Ampfer, Melde oder Disteln gerodet. Auf Stellen, wo Stickstoff liebende Beikräuter von den Schweinen ausgehoben bzw. abgefressen wurden, sollen später für den Nährstoffausgleich Stickstoff zehrende Knollenfrüchte eingesät werden.

Beispiele wie diese gäbe es noch viele. Permakultur in Stadtnähe ist eine interessante Alternative, davon bin ich überzeugt.

Permakultur auch in der Stadt

Es stimmt meiner Ansicht nach nicht, wie das Exkursionsbesucher so oft sagen, dass nur ich Permakultur mit Erfolg betreiben kann. Im Gegenteil, selbst jeder Stadtbewohner könnte sich, so wie ich einst als Bub, durch Pflanzungen im Blumenkistchen am Balkon, auf der Terrasse oder im Vorgarten großteils selbst mit Früchten und Gemüse versorgen. Dazu folgendes Beispiel:

Ein Wiener Ehepaar interessierte sich bei einer Exkursion auf unserem Hof sehr für unsere Bewirtschaftung und bedauerte, ohne Grund und Boden, nur mit einer Wohnung in einem Hochhaus, so etwas nicht umsetzen zu können. Außer einer Terrasse mit drei großen Betontrögen war im Freien nichts vorhanden, schilderten mir die Leute. Jeder Trog war 3 m lang, 1 m breit sowie 80 cm tief. Darin waren gemäß Hausordnung Zuckerhutfichten, Wacholder und Cotoneaster gepflanzt. An den Wänden der in grauem Beton gehaltenen Terrasse wuchs nichts.

Ich gab diesen interessierten Wienern zur Antwort, dass sie sehr wohl viele Möglichkeiten hätten, diese Tröge für die Zucht von Gemüse, Beeren und auch Obst, ja sogar Pilzen zu benutzen. Das ließ meine Besucher nicht mehr los, und wir unterhielten uns bis spät in den Abend hinein über Bepflanzungsmöglichkeiten für ihre Terrasse. Ich empfahl, die alten Pflanzen und die gekaufte Blumenerde, die ich gerne als Europamüll bezeichne, zu entfernen. Dann sollten die leeren Tröge auf etwa 15 cm hohe Sockel gestellt werden. In jeden Trog mussten vor-

Die Lupine ist nicht nur eine schöne Blütenpflanze, sie bringt auch viel Luftstickstoff in den Boden ein. Sie gedeiht auf schlechtesten Böden, baut dort Humus auf und liefert zudem wertvollen Pollen und Nektar.

Rhododendren, Azaleen, Heidelbeeren und Preiselbeeren wachsen mit Haselnuss und Rosen in Symbiose. Die Pflanzen verzichten dabei auf spezielle Erde, Rhododendron- oder Rosendünger, die in der Literatur empfohlen werden.

her am Boden verteilt drei Löcher mit einem Durchmesser von je etwa 10 cm gebohrt werden. Unter den Trögen sollten Plastikwannen als Auffangbehälter für Wasser aufgestellt werden.

Für die Pilzzucht empfahl ich meinen Gästen, von mir beimpfte knorrige Laubholzstämme mitzunehmen und in die Tröge und durch die Löcher in die Auffangwanne hineinzustellen. Die Stämme sollten mit einigen Steinen, Tonscherben oder gebrannten Ziegeln umschichtet werden, damit das Wasser besser abfließen könne. Nun sollten die Tröge mit herkömmlicher Erde, jedoch keiner gekauften Blumenerde, zu etwa zwei Dritteln befüllt werden. Ich empfahl, in diese Erde den im Haushalt anfallenden Biomüll zu entsorgen. Dazu sollte an einer passenden Stelle im Trog entsprechend Laub oder Gras oder Strohhäcksel zum Abdecken des Biomülls zur Verfügung gehalten werden. Die täglich anfallende Biosubstanz sollte frisch in die Tröge eingebracht werden. Dazu sind kleine Gruben im Erdreich auszuheben, in die der Biomüll hineingelegt wird. Alles wird mit Erde vermischt, dann wieder zugeschüttet und mit etwas Laub o. Ä. abgedeckt. Wichtig ist es, dass schon beim Einfüllen der Erde Regenwürmer, also Laub-, Tiger- und Rotwürmer, mit in die Tröge kommen.

Auf diese Weise können beispielsweise Zwergobstbäume wie auch Kletterpflanzen, Kiwis und Wein eingepflanzt werden. Diesen Pflanzen dienen die pilzbeimpften Holzstämme als Rankhilfe. In weiterer Folge werden allerdings Kletterhilfen wie Holzlatten, Schnüre oder Drähte nötig. Wenn alles so weit gediehen ist, kann

Wer die vielen Möglichkeiten der Natur nützt, kann selbst im «österreichischen Sibirien«, wie meine Heimat Lungau noch genannt wird, Maroni ernten.

In der Felsenlandschaft wachsen Kürbisse, Zucchini und Gurken, aber auch Mais oder Sonnenblumen am besten. Die Steine speichern die Wärme wie ein Kachelofen.

auch Gemüse eingesät werden – Gurken, Zucchini, Radieschen, Salat etc.

Meine Gäste nahmen die Vorschläge mit Begeisterung auf und wollten sie auch gleich umsetzen. Einige Zeit hörte ich von der Familie nichts mehr.

Eines Tages aber klingelte das Telefon, und die Frau meldete sich ganz aufgeregt wieder. Sie war gerade vom Italien-Urlaub zurückgekehrt und hatte festgestellt, dass die Zucchini von ihrer Terrasse schon über einen Meter auf jene des Nachbarn gewachsen seien. Sie wollte wissen, was sie denn nun tun solle. Mit dem Nachbarn sei sie auf Kriegsfuß und hätte sogar schon vor Gericht mit ihm zu tun gehabt, weil er als Zigarrenraucher täglich von der Terrasse aus auch ihr Schlaf- und Wohnzimmer mit verstank. Sie befürchtete, dass sie der Nachbar wegen der Zucchini auf Besitzstörung verklagen könnte.

Ich musste erst einmal nur lachen, die Frau aber klärte mich auf und versicherte, alles sei voller Ernst. Ich gab ihr spontan zur Antwort: »Bei euch sind anscheinend die Pflanzen klüger als die Menschen.« »Wie meinen Sie das, Herr Holzer?«, fragte sie mich. »Pflanzen verbinden, aber die Menschen können anscheinend nur streiten«, erklärte ich.

Die arme Frau wusste nicht, was sie mit den zum Nachbarn gewachsenen Pflanzenteilen machen sollte. Ob sie sie zurückziehen oder abschneiden dürfe, um der befürchteten Klage zu entgehen?

Ich empfahl, alles zu lassen, wie es war. Es bestand aus meiner Sicht kein Anlass für eine gerichtliche Verfolgung. Ich hoffte vielmehr, dass der Nachbar Gefallen an

Gärten der Vielfalt – der Krameterhof heute

den Pflanzen gefunden hatte, sonst hätte er sie längst abgeschnitten. Da er das nicht getan hatte, signalisierte er für mich Friedensbereitschaft. Ich empfahl der Frau, sie solle am nächsten Morgen, wenn der Nachbar wieder mit seiner dicken Zigarre auf der Terrasse steht, zufällig hinausgehen und ihre Pflanzen versorgen. Ganz locker und ungeniert solle sie zu ihm »Guten Morgen« sagen und sogleich wieder in der Wohnung verschwinden. Das würde den Nachbarn sicher verwundern und zum Nachdenken anregen. Ihr Mann solle dasselbe am nächsten Tag wiederholen.

Gesagt, getan. Schon am nächsten Tag grüßte der Nachbar zurück, berichtete mir die Frau später erleichtert. Der Bann war gebrochen und der Nachbarsfrieden dank der Balkonpflanzen wiederhergestellt. In diesem Häuserblock hatte die Terrassengartenidee bald viele Wohnungsbesitzer in ihren Bann gezogen.

In der Stadt gibt es noch viele andere Möglichkeiten, Pflanzen zu ziehen. Hauswände bieten sich als Wärmespeicher und Spalierwände an, was zugleich auch als Temperaturregulator für das Gebäude wirkt. Grüne Spalierwände erzeugen ein positives Raumklima, zugleich reifen beispielsweise Weintrauben oder Kiwis. Nicht zuletzt wirkt eine solche Wand auch optisch sehr einladend. Bepflanzte Terrassen, Vorgärten und Balkone wirken in den Städten wie Sauerstofftanks. Kinder können so die Natur in der Stadt viel leichter erleben und dabei viel lernen.

Schweinehaltung im Freiland

Gute Erfolge erzielte ich in meiner Form der Landwirtschaft mit der Haltung von robusten Schweinerassen im Wald. Die Tiere bearbeiten mit ihren Rüsseln den Waldboden und lockern ihn bei ihrer Nahrungssuche, beispielsweise nach Insektenlarven, Schnecken und Käfern, auf. Diese Wühlarbeit der Tiere lässt sich, wie erwähnt, steuern, indem Getreidekörner, Erbsen oder Mais ausgestreut werden. Die Tiere suchen das Futter am Boden und wühlen danach, wodurch der Boden bearbeitet wird.

Die positiven Effekte dieser Methode sind vielfältig. Einerseits wird der Waldboden für die Urgetreide-, Mischsaat- oder Waldkartoffelaussaat vorbereitet, andererseits fühlen sich die Schweine dabei sprichwörtlich sauwohl. Die Tiere verbringen dabei das ganze Jahr im Freien. Für diese Haltungsform eignen sich Mangalitsa-, Turopolje-, Schwäbisch-Hällische Schweine und sogar Deutsche Landschweine gut. Als Unterstand für die Tiere genügt eine große Schirmfichte oder ein aus Steinen oder Holzstämmen errichteter, in die Erde hineingebauter, zugfreier Bunker. Es ist wichtig, dass drei Seiten geschlossen sind und die Öffnung mit leichtem Gefälle nach Osten ausgerichtet wird. Als Überdachung genügt eine dichte Schicht Fichtenreisig.

Wichtig ist es, diese Unterkünfte dort zu erbauen, wo sich die Schweine gerne aufhalten. Sie zeigen durch ihre Schlafstellen an, wo sie sich wohl fühlen. Eine Erfahrung aus meiner Zeit als Jungbauer erklärt, warum das so wichtig ist:

Zur Zeit der Hofübernahme standen bei uns mehrere Muttersauen in verschiedenen Boxen im Stall. Beim Beobachten der Tiere sammelte ich wichtige Eindrücke. Es gab zwölf Schweineboxen für Zuchtsauen. In der ersten, gleich links hinter der Stalltüre, machte uns eine Sau immer wieder Probleme, die wir bei den anderen nicht kannten. Es fiel auf, dass diese Sau in der Zeit des Abferkelns besonders unruhig war und ihr Ferkelnest immer wieder veränderte. Durch diese Unruhe war die Box stets mehr verschmutzt als die anderen. Die Sau trat auch ihre Jungferkel immer wieder oder biss sie sogar und verletzte sie. Aufgrund dieser Probleme wollte meine Mutter das Tier kastrieren lassen, um es dann zu mästen und zu schlachten.

Die ganze Sache ließ mir keine Ruhe. Ich wollte unbedingt ergründen, warum diese schöne große Sau so unruhig war. Nach einigem Überlegen entschloss ich mich, ein sehr braves Tier aus der letzten Box des Stalles nach vorne zu sperren und das »ungute Luder«, wie es meine Mutter nannte, samt Ferkeln nach hinten zu verfrachten. Ich war neugierig, wie sich die beiden Schweine samt Jungen nun verhalten würden.

Zu meiner Überraschung war das bisher unruhige Tier von diesem Tag an völlig ruhig und sehr besorgt um die Jungtiere. Das Nest wurde nicht mehr verändert, das Tier fühlte sich sichtlich wohl. Die ursprünglich brave Sau hingegen wurde in der vorderen Box gleich unruhig wie das andere Tier zuvor.

Um die Probleme loszuwerden, brachte ich das Tier mit den Jungen in einem neuen Stall unter. Damit waren

Die Mangalitsa-Freilandschweine nehmen die überdachten Wohnhöhlen gerne an.

Robuste Schweinerassen wie diese Turopolje bezeichne ich gerne als «Mitarbeiter», weil sie in meinen Pflanzgärten düngen, jäten, ackern und eggen. Durch Gabe von Erbsen oder Bohnen kann ich diese Arbeiten steuern.

alle Sauen brav und zogen ihre Jungen mit größter Sorgfalt auf. Die erste Box nutzte ich fortan nur mehr als Lagerraum.

Die Erkenntnis daraus war für mich, dass Schweine sehr sensible Wesen sind, die auf Erdstrahlen besonders empfindlich reagieren.

Beobachten ist etwas besonders Wichtiges, um Tiere, aber auch Pflanzen am richtigen Standort und Platz zu halten bzw. auszupflanzen. So kann nicht nur das Wohlbefinden und damit auch der Ertrag gesteigert werden, es können sogar Krankheiten und Kosten für tierärztliche Behandlungen vermieden werden.

Deshalb sollte auch der Erdbunker für die Waldschweine dort errichtet werden, wo sich die Tiere ihren Liegeplatz selbst aussuchen. Bei uns im Lungau, dem »Sibirien Österreichs«, gibt es Winter mit sehr tiefen Temperaturen, bis zu –25 oder –30 Grad Celsius. Die richtig angelegten Erdbunker und die meist hohe Schneebedeckung geben aber so viel Wärme ab, dass Würfe bzw. Ferkel sogar im Winter ohne Probleme aufwachsen können.

Schweine können in verschiedenen Kulturen und Gärten zur Regulierung unliebsamer Beigewächse eingesetzt werden. Großer Ampfer, Brennnessel oder Beifuß wird von den Tieren reguliert.

Das Prinzip ist Folgendes: Der Bauer streut Erbsen, Bohnen oder Mais am Boden auf diese Stellen aus. Die Schweine suchen die Körner, wühlen danach und graben dabei die unerwünschten Pflanzen aus. Ist die Wirkung beim ersten Mal zu schwach, kann durch abermaliges

Ausstreuen von Futter der Effekt verstärkt werden. Zudem fressen die Schweine die freigelegten Pflanzenwurzeln und Blätter meist nach dem Verdorren auf. Auf diese verwundeten Stellen werden in der Folge Gemüsesamen ausgesät. Das Gemüse gedeiht meist sehr gut, da der Boden intensiv mit Nährstoffen versorgt ist. Brennnessel, Ampfer und Beifuß weisen auf eine intensive Nährstoffversorgung der Fläche hin.

Ich persönlich setze Schweine auch für großflächige Beackerungen ein. Ein günstiges Gelände dafür ist ein Obstgarten oder ein Pflanzgarten mit bereits größeren Bäumen. Den Tieren steht auf solchen Flächen möglicherweise auch Fallobst zur Verfügung. In Koppelwirtschaft werden Gemüse und Getreide auf diesen Flächen ausgesät. Was nach einer Ernte zurückbleibt, fressen wiederum die Schweine und brechen dabei den Boden um – der Kreislauf beginnt erneut von vorne.

Das massenhafte Auftreten der braunen Nacktschnecke kann mit Hilfe von Schweinen erfolgreich eingedämmt werden. Dazu wird entlang eines Mais-, Gemüse- oder Kürbisfeldes ein Grundstück schweinefest eingezäunt. Für die sichere Einzäunung der Tiere eignet sich ein Elektroweidezaun oder ein etwa einen Meter hoher Maschendrahtzaun.

Die eingezäunte Parzelle sollte etwa acht bis zehn Meter breit und beliebig lang sein. Als Unterstand für die Schweine könnte ein alter Viehanhänger samt Wassertrog dienen. Damit hätten sie Schutz bei Regen, Sonne oder starkem Wind. Kommen Schweine auf die

Weide, die noch keine Schnecken kennen, so muss ein halber Kübel voll davon gesammelt und den Tieren mit dem gewohnten Körnerfutter vermischt angeboten bzw. verfüttert werden. So lernen sie die Schnecken kennen und beginnen selbst, die Weide nach diesem Futter abzusuchen. Schnecken sind ein hochwertiges Eiweißfutter. Damit die Schweine beim Fressen kein Problem haben, ist Wasser zur freien Aufnahme anzubieten. Die Schnecken werden durch den Kot und den Urin der Schweine angelockt und kriechen in der Nacht 50 bis 80 Meter weit ins Schweinegehege hinein. In der Früh machen sich die Schweine auf den Weg, um ihr Frühstück aufzusammeln.

Wenn ein solcher Grundstreifen zwischen den Gemüse- und Maisfeldern ausgezäunt wird, steht den Schweinen einige Zeit genügend Futter zur Verfügung. Erschöpft sich der Schneckenbestand, können die Tiere entweder mit Körnerfutter gezielt zum Wühlen und Ackern der Fläche veranlasst werden, oder man treibt sie in die nächste Koppel, wo ihre Arbeit von vorne beginnen kann. Der betreffende Grundstreifen könnte sodann mit einer Gemüse- oder Getreideeinsaat neu kultiviert werden.

Die Schweine-Schnecken-Regulierung könnte meiner Ansicht nach ein ideales Zubrot für so manchen Pensionisten oder Arbeitslosen sein, der entgeltlich die Schneckenregulierung übernehmen könnte. Zusätzlich fiele erstklassiges Schweinefleisch und in der Folge sogar Gemüse aus der ehemaligen Schweinekoppel an – alles aus natürlicher, tiergerechter Produktion.

Alte Kultur- und Wildpflanzen

Früher gab es in jedem Land und in jeder Region spezifische Getreide-, Gemüse- und Kartoffelsorten. Leider verschwanden viele dieser Kulturen durch die intensive Landwirtschaft mit hochgezüchteten Sorten und Hybridsaatgut. Die Sortenvielfalt ist verloren gegangen, das Pflanzenangebot verarmt.

1957 entdeckte ich durch Zufall in einer Jagdzeitschrift eine Anzeige, in der für russisches Urkorn als Wildäsungspflanze geworben wurde. Das Saatgut war sehr teuer, sodass ich mir damals nur ein Kilo davon bestellte. Ich säte es aus, vermehrte und kreuzte es.

Meine Erfahrungen mit dieser Pflanze waren hervorragend: So wird beispielsweise das Stroh bis zu zweieinhalb Meter lang. Es ist sehr zäh und findet vielseitige Verwendung, etwa zum Flechten, für Strohdächer, Lehmbautechniken, als Bastelstroh, zum Füllen von Pferdegeschirren für Sattler und neuerdings auch als Einlage bzw. Füllmaterial für Betten. Das Langstroh wird sogar zum Ableiten von Erdstrahlen unter das Bett gelegt. Die Körner sind überdies ein hervorragendes Brotgetreide.

Das Urkorn ist ein mehrjähriges Getreide. Je nach Höhenlage und Bonität des Bodens gibt es unterschiedliche Anbauzeiten. Auf 1000 m Seehöhe z. B. erfolgt die Aussaat im Juli. Im ersten Jahr wird das Getreide je nach Boden etwa 20 bis 50 cm hoch und kann von Weidevieh oder Wild abgeweidet werden. Dadurch bestockt es stärker, das heißt, aus einem Korn sprießen im darauffolgenden Jahr mehrere Halme mit Ähren. Daher soll

Im Familienverband lebende Schweine in einer Mischkulturkoppel.

Selbst auf freien Stellen im Fichtenwald kann Urgetreide erfolgreich kultiviert werden. Das Foto zeigt nach alten Regeln errichtete »Dockn«. Das Korn und Stroh kann so trocknen und aushärten.

nicht zu dicht ausgesät werden. Wenn im zweiten Jahr das reife Getreide etwa im August geschnitten wird, ist die Kultur zu Ende. Wird es aber in diesem Jahr unreif als Gras abgemäht, so kann im Sommer des dritten Jahres ein ausreichender Bestand gedroschen werden.

Das Urgetreide darf auf keinen Fall gedüngt werden, auch nicht mit Mist und Jauche, da es sonst zu früh in die Ähren schießt und am Boden abfault.

Mittlerweile befasse ich mich mit Saatgutvermehrung verschiedenster Urgetreide-, Gemüse- und Kartoffelsorten. Die Zucht dieser alten Kulturformen ist ein hochinteressantes Fachgebiet. Eine Kultivierung der alten Sorten bis fast zur Baumgrenze ist ohne viel Aufwand möglich. Der Anbau solcher Sorten in Mischkulturen bewährt sich nicht nur bei uns in alpinen Lagen, auch bei meinen Projekten im Ausland, in den tropischen Gebieten Mittel- und Südamerikas, hat sich diese Methode der Vielfalt und der alten Sorten bewährt.

Untersuchungen haben gezeigt, dass die alten Kulturpflanzen wesentlich mehr Inhaltsstoffe und daher einen höheren gesundheitlichen Wert als Pflanzen aus herkömmlichem Anbau aufweisen.

Familienleben ist wichtig

Die vielen Aktivitäten und Arbeiten am Krameterhof hielten meine Frau Vroni und mich die ganze Zeit über so auf Trab, dass sich unsere Familie quasi nebenher vergrößerte. Auf unsere erstgeborene Tochter Marietta, die

1968 zur Welt kam, folgte im Dezember 1969 die zweite Tochter Silvia Veronika. Leider verstarb das kleine Kind nach wenigen Tagen. Erst im Jänner 1972 erblickte dann Heidelinde das Licht der Welt. 1974 wurde die Familie durch die Geburt von Claudia abermals größer.

Diese Zeit mit den kleinen Kindern war insofern sehr anstrengend, als damals ja die Gastwirtschaft, der Alpenwildpark, die Pension, aber auch die Pflanzgärten und die Fischteiche zu betreuen waren.

Meine Eltern, insbesondere der Opa, betreuten damals die Kinder, während wir beide hauptsächlich der Arbeit nachgingen. Es ist nicht gelogen, wenn ich sage, dass der Vater das Kindermädchen war. Meine Mutter arbeitete ohnedies mit vollem Einsatz von früh bis spät im Betrieb mit. Als unser Opa 1978 verstarb, fiel die Kinderbetreuung zur Gänze in Omas Hände. Auch sie meisterte diese Aufgabe vorbildhaft. Vroni und ich sorgten schon dafür, dass ihr nicht langweilig wurde. Mit der Geburt unseres Sohnes Josef Andreas im Mai 1981 begann die Babybetreuung für Oma nochmals ganz von vorne.

Meine Mutter opferte sich für die Kinder auf, strickte für die ganze Familie und bemühte sich bis zu ihrem letzten Tag um unser aller Wohl. Sie verstarb im Oktober 1999 im Alter von 85 Jahren bei uns im Haus.

Die Betreuung der in den letzten Monaten schwer kranken Oma war für meine Frau eine große Aufgabe. Es war für uns alle eine wichtige und positive Erfahrung, gemeinsam mit der Mutter bis zum letzten Tag zu gehen. Das Zusammensein in dieser schweren Phase erleichtert es sowohl dem Sterbenden als auch den Hin-

Unsere Familie im Mai 1990 (v. l. n. r.): Tochter Marietta, Gattin Vroni, Tochter Heidelinde, ich, Sohn Josef Andreas, Tochter Claudia und meine Mutter Maria Holzer.

Vroni und ich mit unseren Kindern Claudia (ganz links) und Josef Andreas im Jahre 1995.

terbliebenen. Man gibt sich gegenseitig Hoffnung und Kraft. Ich meine, dass jenen Menschen, die diese Lebensphase nicht im Kreis der Familie erleben können, etwas fehlt.

Auch in dieser Situation habe ich erfahren dürfen, wie wichtig und richtig es ist, sich in das Gegenüber hineinzudenken. (So wie ich das in allen anderen Lebensbereichen draußen in der Natur auch immer wieder versuche.) Der Tod verliert dadurch seinen Schrecken. Man verspürt ein Gefühl, als ob der Sterbende einem selbst den Schmerz nehmen würde.

Meiner Ansicht nach ist ein Verstorbener nicht tot. Ich bin der festen Überzeugung, dass man als Lebender mit dem Toten ab und zu in Kontakt treten kann, beispielsweise wenn man an ihn denkt und sich so mit ihm verbindet. Wer nicht in der Lage ist, diese Art von Kommunikation zu führen oder zu verspüren, dem geht viel verloren. Ich gehe sogar so weit zu glauben, dass es notwendig ist, mit einem Verstorbenen geistig in Kontakt zu treten, wenn das zu Lebzeiten versäumt wurde.

Meine Philosophie besagt, dass es nichts Totes gibt. Nicht einmal ein Stein ist tot. Aus meiner Sicht gibt es in der Natur ständige Kreisläufe, in denen eine hundertprozentige Gerechtigkeit herrscht und es nur Perfektion und Vollkommenheit gibt. Daraus leitet sich für mich die moralische Einstellung ab, dass der Mensch vor nichts flüchten kann und sein ganzes Leben in jedem Schritt verantworten muss. Das gilt für jeden Menschen, unabhängig von Konfession oder Stand.

Es ist für mich ein Wunder, dass das Verhältnis zwischen meiner Frau und meinen Eltern, nachdem mein Vater seine anfängliche Skepsis überwunden hatte, über so viele gemeinsame Jahre hindurch immer ein so gutes gewesen ist. Immerhin teilten wir jahrzehntelang einen Haushalt. Es gab keinen einzigen Streit zwischen meinen Eltern und meiner Frau. Das klingt unglaublich, ist aber die reine Wahrheit. Da hatte ich es mit meinen Eltern ob so mancher betrieblichen Änderungen und Entscheidungen doch etwas schwerer.

Wie liebevoll meine Frau Vroni unsere Oma gepflegt und umsorgt hat, zeigt mir, dass mit ihr eine Krankenschwester ersten Ranges verloren gegangen ist.

Es ist an dieser Stelle angebracht zu erwähnen, dass an dem ganzen Erfolg, den ich im Laufe der Jahre erreichen konnte, meine Frau einen unbeschreiblich großen Anteil hat. All die Behördenschikanen, die viele Arbeit und die hohen Investitionen, aber auch den Druck von außen gegen mich hat sie in fast übernatürlicher Art und Weise ausdauernd mitgetragen. Ich könnte mir keine andere Frau vorstellen.

Nachdem im Zuge der Betriebsentwicklung in den letzten Jahren auch die Postflut extrem zugenommen hatte, entschied sich meine Vroni, einen Computerkurs zu besuchen. Diesen absolvierte sie erfolgreich und managt heute Internet und Homepage des Krameterhofes perfekt.

Da ich im Zuge meiner Beratungen und Projekte mittlerweile weltweit unterwegs bin, trifft auch immer mehr

Post in den verschiedensten Sprachen bei uns ein. Das veranlasste meine Frau im Alter von 55 Jahren, kurzerhand einen Englischkurs zu belegen. Was soll ich dazu noch sagen, außer: Danke, Vroni!

Marietta und Heidelinde starteten nach der Matura eine Berufskarriere und haben mittlerweile eigene Familien. Sie leben in der Stadt Salzburg. Claudia studierte in Graz Biologie und Zoologie für das Lehramt. Josef Andreas besuchte die Försterschule in Bruck an der Mur und absolviert derzeit ein Praktikum. Er verfolgt meine Arbeit mit Interesse und ist auch schon zu Beratungen und Vorträgen mit nach Brasilien gereist.

Ich habe das Glück, dass alle meine Kinder Interesse am Hof zeigen. Ich denke, Josef wird den Betrieb einmal übernehmen.

Für meine Frau und mich wäre es klarerweise schön, wenn der Krameterhof als Paradies für Permakultur in ähnlicher Form weitergeführt werden könnte. Mein Grundsatz aber lautet: Jeder Mensch hat ein eigenes Hirn, um seinen Lebensweg selbst zu finden. Daher kann und will ich meinen Kindern eigentlich nichts vorschreiben.

Das Wissen weitergeben

1978 fuhr ich nach Südwestafrika (Namibia) und informierte mich auf verschiedenen Farmen über Wildtier-, Karakulschaf- und Rinderzucht. Ich besuchte Österreicher und Deutsche, die dort Farmen gekauft hatten. Damals spielte ich mit dem Gedanken, aufgrund der vielen Behördenprobleme und Steuervorschreibungen auszuwandern. Namibia gefiel mir sehr gut, allerdings war die politische Lage damals sehr unsicher. Zudem konnte ich meine Eltern nicht dafür gewinnen mitzukommen.

Auf dieser ersten Reise lernte ich durch den regen Erfahrungsaustausch mit den deutschen und österreichischen Bauern sehr viel. Wieder zurückgekehrt, ging ich mit vollem Elan an den weiteren Ausbau des Betriebes. Ich beschäftigte mich intensiv mit den verschiedenen Alternativkulturen für Landwirtschaft, Aquakultur, Obst- und andere Spezialkulturen, Pilzzucht etc. Viele Menschen, allen voran unsere Pensionsgäste, wurden immer neugieriger und interessierten sich zunehmend für meine Arbeit. Ich hatte das Glück, meine Produkte auch immer gut verkaufen zu können.

Anfang der neunziger Jahre interessierte sich ein langjähriger Gast besonders für meine Arbeit, und zwar Prof. Dipl.-Ing. Dr. Rudolf Habison aus Wien. Seine Fragerei war mir eigentlich schon fast lästig, wurde ich doch in der Region für meine Art der Bewirtschaftung eher als Spinner bezeichnet. Sein Interesse schien mir daher irgendwie nur bloße Neugierde zu sein. Dass da wirklich jemand an meinem Handeln ernsthaft interessiert war, konnte ich zu der Zeit noch nicht ganz glauben.

Einmal fragte Rudolf, ob er mit Bekannten, Freunden und Kollegen kommen dürfe, um mit mir zu diskutieren und meine Arbeit zu verfolgen. Das wäre interessant, meinte er. Ich wusste nicht so recht, was ich davon halten

Prof. Dr. Rudolf Habison (links), mein langjähriger Jagd- und Fischereigast, der sich für meine Spezialkulturen besonders interessierte, stellte den Kontakt zu Wissenschaftern der Universität Wien her.

Der international anerkannte Biologe Univ.-Prof. Dr. Bernd Lötsch aus Wien zeigte im Rahmen eines Universitätsseminars am Krameterhof großes Interesse für meine Arbeit. Auf sein Ersuchen hin begann ich mit der genaueren Dokumentation meiner Arbeit und mit Exkursionen, Seminaren und Vorträgen.

sollte. Rudolf nannte auch den international bekannten Biologen Prof. Dr. Bernd Lötsch, der kommen sollte. Als ich diesen Namen hörte, konnte ich nicht mehr ablehnen.

Im Juni 1995 kam dann eine Gruppe von Wiener Professoren und Assistenten mit Professor Habison zu uns auf den Hof. Im Telegrammstil erzählte und zeigte ich den Besuchern etwas von meiner Arbeit. Das fand bei den Herren großes Interesse. Beim Präsentieren meiner Bewirtschaftungsmethoden bemerkte ich, dass Professor Lötsch mitschrieb. Das verwunderte mich, hatte ich doch bei anderen Besuchern des Öfteren bemerkt, wie sie hinter meinem Rücken über meine Erkenntnisse eher lächelten. Professor Lötsch hingegen zeigte sich sehr interessiert und fragte gleich, ob es denn nicht möglich wäre, bei uns ein humanökologisches Seminar abzuhalten. Ich war überrascht, sagte aber kurzerhand zu. Dabei könnte ich selbst auch etwas lernen, dachte ich mir.

Im August desselben Jahres fand das Seminar bei uns statt. Es war ein intensives Lernen, die Mitarbeiter der Universität untersuchten Pflanzen und Boden gründlich. Während dieser Zeit stand ein eigener Laborbus für Untersuchungen am Hof.

Beim ersten Besuch von Professor Lötsch war auch sein Kollege Professor Url bei uns gewesen. Diesem hatte ich die Kreislaufwirtschaft meiner Fischzucht erklärt, wo ich, wie bereits beschrieben, mit Wassergräben, Flach- und Tiefzonen, Fischkindergarten etc. arbeite, damit ich Fried- und Raubfische miteinander halten kann und nicht künstlich zufüttern muss. Als ich das geschildert hatte, sagte Professor Url zu mir: »Nein, Herr Holzer, das kann nicht funktionieren. Da frisst der Hecht die Forelle und der Wels den Hecht. Dann bleibt nur der größte Wels im Teich über, und der verhungert letztlich auch, weil er nichts mehr zu fressen hat.« Er lächelte ein wenig und nahm meine Worte nicht ganz ernst – diesen Eindruck gewann ich zumindest. Meine Aussagen aber meinte ich ernst.

»Wenn Sie im Sommer oder Herbst wiederkommen würden, dann könnte ich Ihnen zeigen, dass es tatsächlich funktioniert«, entgegnete ich dem Professor damals.

Anlässlich des Seminars im August kam auch Professor Url wieder auf den Hof. Nachdem die Wissenschafter den ganzen Betrieb genauer unter die Lupe genommen hatten, fragte ich ihn wieder, ob er es denn jetzt für möglich halte, was ich ihm im Juni erzählt hatte.

Spontan sagte er neben den Studenten: »Ja, Herr Holzer, das ist ja unglaublich, was da an Leben auf dem Berg ist. Wir haben auf einem Quadratmeter Boden fünfzig Jungfrösche und Molche gezählt. Da wimmelt es ja nur so von Leben. Wenn die rausgehen und sich draußen mit Insekten vollfressen und dann selbst wieder ins Wasser gehen, dann ist das tatsächlich ein ständiger Kreislauf. So etwas hätte ich nie für möglich gehalten.«

Professor Lötsch blieb mit Frau und Tochter nach dem Seminar noch einen Tag länger am Hof. Er redete auf meine Frau und mich ein, wir sollten unsere Arbeit doch dokumentieren und einer breiteren Bevölkerungsschicht zugänglich machen, wir könnten Führungen machen oder Seminare abhalten. Das sei sehr wichtig für die Zukunft der Landwirtschaft.

Ich war bis zu diesem Zeitpunkt der Meinung, dass meine Erkenntnisse sowieso nichts Neues für die Wissenschaft seien. Er aber klärte mich auf: »Herr Holzer, wenn Sie das glauben, haben Sie eine falsche Vorstellung von der Wissenschaft.«

Was Professor Lötsch sagte, glaubte ich ihm. Sein hochkarätiges Wort und sein Fachwissen waren für mich so überzeugend, dass wir fortan seinen Rat befolgten. Wir begannen, Führungen und Exkursionen anzubieten. In weiterer Folge kamen Seminare und Vorträge hinzu. Der Hof entwickelte sich in die Richtung, wie er sich heute präsentiert. Meine Vortrags- und Beratungstätigkeit hat sich mittlerweile auf die ganze Welt ausgedehnt.

Hoch- und Hügelbeete

Diese alternative Form der Landbewirtschaftung, die in meiner Art der Permakultur von großer Bedeutung ist, lässt sich überall auf der Erde umsetzen, besonders in exponierten Lagen, wo man damit noch eine Terrassen- und Etagenwirtschaft verbinden kann. Sogar in den Tropen hat sich diese Bewirtschaftungsform besonders bewährt.

Einige persönliche Erfahrungen: Viele Jahre hindurch habe ich, abgeleitet von den Kartoffelfurchen, kleinere und größere Hügelbeete angelegt. Rein gefühlsmäßig baute ich unterschiedliche Materialien wie Laub, Stroh und Astwerk in diese Hügelbeete ein. Wirkung und

Gärten der Vielfalt – der Krameterhof heute

Erfolg waren immer gegeben, sodass ich neue Experimente anstellte. Ich drang mit Hügelbeeten bis in Fichtenwälder vor und kultivierte die schlechtesten Böden. Selbst auf diesen so genannten Grenzstandorten konnte ich noch schöne Kulturen auf Hügelbeeten ziehen.

Anfangs arbeitete ich so, dass die Äste und Bäume gehäckselt wurden, ehe sie unter das Erdreich eingebracht wurden. Das lief so: Im Waldboden wurden mittels Bagger etwa 0,5 bis 1 m tiefe Furchen ausgehoben, in die die Grasnarbe mit dem gehäckselten Material eingebracht wurde. Das Beet wurde schließlich mit feinem Erdmaterial, soweit vorhanden, zugeschüttet bzw. überdeckt. Vorhandene Steine wurden an das Hügelbeet angelegt, denn sie regulieren Wärme und Feuchtigkeit. Unter dem Stein bildet sich nämlich Kondenswasser, und genau dort finden sich auch die Regenwürmer ein. Der Wurm hilft dabei mit, das verrottende Innenmaterial umzusetzen, und bringt auf diese Art die Nährstoffe zu den Pflanzen.

Viele Jahre über legte ich Hügelbeete auf diese Weise an und bewirtschaftete sie erfolgreich.

Durch einen Zufall habe ich diese Praxis mittlerweile verändert. Eines Tages stand ein Bagger am Betrieb, um die Beetfundamente auszuheben. Meine Gattin und ich häckselten mit dem Traktor Strauchwerk und Fichtenbäume, die der Bagger vergraben sollte. Da die große Maschine schneller arbeitete als Vroni und ich, kamen wir beim Häckseln unter Zeitdruck. Schließlich sagte ich zum ungeduldig wartenden Baggerfahrer, er solle doch gleich die ganzen Stauden und Bäume einbaggern, es wäre schon nicht so schlimm, wenn die paar noch

Nach meiner Schockmethode ausgepflanzte Obstgehölze gedeihen vor allem zwischen Hügelbeeten besonders gut.

Diese neu angelegten Hügelbeete in ehemaligen Fichtenmonokulturen werden für die Waldgetreide- und Waldkartoffelzucht genutzt.

Hügelbeete im Winter: Durch den ständigen Bewuchs, die Pflanzensymbiose und das Mikroklima frieren die Hügelbeete nicht durch. Der Schnee isoliert zusätzlich, sodass teilweise auch im Winter frisches Gemüse wie z. B. Radieschen in den Hügelbeeten bei der Bärenseealm (unten), geerntet werden kann.

ausstehenden Beete nicht so schön geformt wären. Gesagt, getan! Die gesamte Anlage wurde dann gleichermaßen bepflanzt und eingesät.

Schon im Laufe des Sommers stellte ich fest, dass auf den etwa einen halben Meter höheren Hügelbeeten, in denen ganze Fichtenbäume mit einem Stammdurchmesser von 20 bis 25 cm eingebaut waren, eine üppigere Vegetation zu erkennen war als auf den übrigen Beeten.

Bei der Ernte im Herbst konnte ich auf den hohen Beeten wesentlich mehr Kartoffeln und Gemüse ernten als von den anderen. Warum das so war, fand ich auch bald heraus. Auf den höheren Beeten mit den ganzen Bäumen bzw. Stämmen lag das Erdmaterial viel lockerer, was ein besseres Wachstum zur Folge hatte.

Legt man herkömmliche Beete nicht sorgfältig an, und verdichtet sich das Hackgut zu sehr, dann versauert die Biosubstanz durch zu wenig Luftzufuhr. Das passiert beim Eingraben von ganzen Stämmen bzw. Bäumen nicht so leicht. Die ganzen Bäume samt Ästen bewegen sich im Beet vergleichsweise stärker, da sie sich durch Trockenheit und Feuchtigkeit verziehen. Das Schwellen und Schwinden des Astwerks schafft Bewegung, was die Erde lockert.

In die Beete bringe ich auch selbsterzeugtes Regenwurmsubstrat ein. Dieses enthält verschiedene Arten von Regenwürmern mit Erde und Wurmeiern. Diese unterschiedlichen Würmer bearbeiten den Boden und machen die natürlichen Nährstoffe für die Pflanzen zugänglich.

Mit Hügelbeeten in Terrassenwirtschaft können Kleinklimazonen geschaffen werden. Allerdings müssen die

Beete gegen den Wind ausgerichtet werden, und es ist die volle Sonneneinstrahlung auszunützen. Die Kapillarwirkung der Hügelbeete und Terrassen gleicht die Feuchtigkeit aus. So kann nichts vertrocknen, aber auch nichts ertrinken. In Hochwassergebieten in der Ebene kann das von großem Vorteil sein.

Techniken des Wassersammelns

In meiner Art der Permakultur spielt das Wasser eine zentrale Rolle. Nicht überall stehen jedoch genügend Quellen oder Grundwasser zur Verfügung. Mit speziellen Techniken kann es gelingen, auch auf andere Weise zu Wasser zu kommen.

Die einfachste Methode ist es, das Oberflächenwasser von Niederschlägen und von der Schneeschmelze am Fuße eines Hanges abzufangen und in einen Teich zu leiten. Dazu gibt es mehrere Möglichkeiten: Beispielsweise kann mit der Rückseite eines Baggerlöffels eine breite Mulde in den Boden gedrückt werden, in der das Oberflächenwasser aufgefangen und offen bis zum Teich abgeleitet wird. Eine Steindrainage mit einer eingelegten Rohrleitung könnte ebenfalls Verwendung finden. Wird die Mulde oder die Drainage entsprechend sorgsam angelegt, so wird die landwirtschaftliche Nutzung nicht beeinträchtigt.

Eine weitere Möglichkeit ist es, am Hang Terrassen anzulegen, die zueinander leicht nach innen geneigt sind. Auf solchen Flächen werden am Krameterhof noch zu-

Zwischen großen Steinen...

...wächst auch großes Gemüse.

sätzlich Hügelbeete aufgeschüttet. Da die Terrassen und Hügelbeete das Niederschlagswasser speichern und vom nicht bearbeiteten bergseitigen Hang weiteres Oberflächenwasser einsickert, wirkt dieses etwa 3 ha große Areal wie eine Art Wasser speichernder Schwamm. Die üppige Vegetation regelt den Wasserhaushalt zusätzlich. Es entstehen auf diese Weise Sickerwässer, die den darunter liegenden Teich füllen. Voraussetzung ist natürlich ein entsprechend dichter Teich (wie dies ohne Folie zu bewerkstelligen ist, wurde ja bereits beschrieben).

Bis sich dieser Wasserkreislauf richtig eingespielt hat, können ein bis zwei Jahre vergehen. Dachwasser kann, soweit vorhanden, ebenfalls gut in ein solches System eingebaut werden.

Wird dem Teich ein Wassergarten vorgeschaltet, in dem Pflanzen, Muscheln und verschiedene Wasserschnecken vorkommen, so können die Tiere das nährstoffreiche Wasser nützen und vorfiltern.

Das solcherart gefilterte Wasser könnte im Anschluss daran für einen Badeteich verwendet werden.

Regenwürmer – wertvolle Mitarbeiter in der Permakultur

Der Regenwurm ist für mich der wichtigste Mitarbeiter überhaupt. Er lockert und drainagiert nicht nur den Boden, sondern er bringt auch alle Nährstoffe, die die Pflanzen brauchen, in aufnehmbarer Form durch seine Ausscheidungen an die Pflanzenwurzeln. Der Wurm ernährt sich von verrottender organischer Substanz im Boden, zusätzlich nimmt er mineralische Bodenteile auf und scheidet sie, vermischt mit dem Humus, in für die Pflanzen gut verfügbarer Form aus.

Es gibt verschiedene Regenwurmarten, so zum Beispiel Laub-, Tau-, Tiger- und Rotwürmer. Diese Arten ergänzen einander gut. Der Laubwurm macht die härteste Arbeit im steinigen Gebiet und im kargen Boden, der Rotwurm wiederum arbeitet in sehr nährstoffreichen Böden sowie in Biomasse, Mist und Kompost. Die anderen Wurmarten ergänzen diese Arbeit.

Da die Würmer das verrottende Material fressen, sorgen sie für gesunde Pflanzen und einen gesunden Boden. Diese wichtige Aufgabe veranlasste mich, Regenwürmer in größerem Umfang zu vermehren. Das machte ich in meinen Gewächshäusern, aber auch im Freien. Im Gewächshaus legen die Würmer sehr oft Eier ab, im Freien etwa fünf bis sieben Mal im Jahr. Vermehren lassen sich die Tiere leicht, wenn man sie in einen großen dichten Behälter gibt, in den Humus und Erde eingebracht werden. Laub und Stroh eignen sich als organisches Material, dazwischen gibt man die Erdschichten und die Würmer. Das Substrat soll immer erdfeucht gehalten werden. Im Haushalt anfallender Biomüll (z. B. auch Kaffeesud samt Filter) kann ebenso eingebracht werden. Wichtig ist es, den Biomüll immer frisch und gut mit Stroh, Laub und Erde vermischt einzugraben, damit ausreichend Sauerstoff eindringen kann. Andernfalls kann das Material schnell sauer werden.

Eine gute Möglichkeit, Regenwürmer zu züchten, bietet sich, wenn zwei Hochbeete nebeneinander angelegt werden. Der anfallende Biomüll wird täglich frisch vom Ende her in die Furche zwischen den Hochbeeten gekippt und mit etwas Erde, Gras, Stroh oder Laub überdeckt. Zu diesem Biomüll kann man ohne weiteres auch einen alten Hut, Schuhe oder ein altes Hemd aus Naturfaser dazuwerfen. Auch die Zeitung könnte so entsorgt werden. Die Furche wird je nach Größe des Haushaltes langsam von hinten nach vorne gefüllt. Auf das mit Erde abgedeckte Material werden einige Gemüsesamen gestreut. Schon bald gedeiht auch hier das schönste Gemüse. Die Regenwürmer vermehren sich darunter stark und wandern dann in die Hochbeete ein. Wenn die Furche voll ist, werden mit der Erde die Hochbeete ausgebessert. Die Furche wird wieder frei, und die Kompostierung und Wurmzucht kann von neuem beginnen. Von den Schuhen bleibt nichts übrig außer vielleicht Gummisohlen, die dann entsorgt werden müssen. Gummistiefel oder nicht verrottbares Plastik eignen sich für diese Art der Entsorgung natürlich nicht.

Der Vorteil dieser Kompostierung gegenüber der herkömmlichen Methode ist, dass nicht bewässert werden muss, weil es einen Feuchtigkeitsausgleich durch die Hochbeete gibt. Schimmel kann sich nicht ausbreiten, da zwischen den Hügelbeeten stets genug Feuchtigkeit vorhanden ist. Die Regenwürmer finden ideale Bedingungen vor, zugleich wächst obendrauf bestes Gemüse.

Im Gegensatz zu dieser natürlichen Bewirtschaftung sind die herkömmlichen Komposthaufen ideale Brutstätten für Schnecken, Mäuse und Ratten. Es bildet sich oft Schimmel, der einen üblen Geruch verbreitet. Auch optisch sind diese Kästen in den Gärten nicht gerade eine Augenweide.

Da wir gerade so viel vom Boden und vom Düngen sprechen, möchte ich an dieser Stelle einen kleinen Exkurs anbringen: In den »Salzburger Nachrichten« vom 19. März 2002 fand sich eine Kurzmeldung unter dem Titel »Düngemittel setzte Balkone in Brand«. Nach einer chemischen Reaktion zwischen Erde und Dünger waren zwei Balkone eines Wohnhauses in Zell am See in Flammen gestanden. Glücklicherweise wurde niemand verletzt.

Wenn Menschen sich so weit von der Natur entfernen, dass ihre Haus- und Schrebergärten aufgrund der Überdüngung die reinsten Giftdeponien werden, ja wenn die Erde, wie in diesem Fall, schon explodiert, wie soll dort drinnen noch etwas leben können? Wie geht es dann den Bodenlebewesen?

Im Fall des Balkonbrandes hat wohl nicht nur die Beratung im Lagerhaus oder Baumarkt versagt, sondern auch der Besitzer kein Gespür für seine Mitwelt aufgebracht. Da konnte nur mehr die Feuerwehr retten, was noch zu retten war. Wenn einmal die Erde brennt, dann wäre es wohl höchste Zeit zum Umdenken.

Gärten der Vielfalt – der Krameterhof heute

Ameisenzucht – ein spezielles Verfahren

Die Haufen bildende kleine Waldameise habe ich schon während der Schulzeit aufmerksam beobachtet. Vor allem die Ameisenhaufen faszinierten mich, und ich saß stundenlang davor und beobachtete das rege Treiben. Beispielsweise fiel mir auf, dass die Völker selbst kleine Ableger bildeten. Das versuchte ich später nachzumachen. Dazu packte ich etwa 50 bis 60 Liter Ameisen samt Spreu in einen Jutesack und verbrachte die Tiere an den gewünschten Standort. Nicht immer gelang es, auf diese Weise neue Völker zu begründen. Es kam vor, dass die Tiere von dem zugedachten Platz übersiedelten und ihren Haufen mehrere Meter entfernt neu errichteten.

Nach mehreren Jahren kam ich der Ursache dieses Verhaltens auf die Spur. Es liegt daran, dass die Ameisen für ihre Haufen Plätze mit Erdstrahlung aufsuchen. Solche Orte ließ ich später von Fachleuten mittels Wünschelrute erkunden. Das Rutengehen erlernte ich dabei im Laufe der Zeit auch selbst. Von diesem Zeitpunkt an hatte ich beim Vermehren von Ameisen, also beim Bilden von Ablegern, keine Probleme mehr.

Die Ameisen lieben es, wenn ein möglichst morscher Baumstrunk auf ihrem neuen Platz steht. Wenn von Natur aus kein solcher vorhanden ist, kann auch einer eingegraben werden. Der ideale Ameisenhaufenplatz ist trocken und liegt im Halbschatten.

Als im Hochalmgebiet in unserer Nähe eine Forststraße gebaut wurde, standen viele große Ameisenhaufen genau in der Trassenlinie. Ich fragte die Besitzer, ob ich die Ameisen abholen dürfte, und sie sagten mir sofort zu. Andernfalls wären die Tiere ja unter die Schubraupe gekommen. Meine ganze Familie war fast eine Woche im Einsatz, um diese Ameisenhaufen in Jutesäcken abzusiedeln. Wir mussten die Tiere etwa eine halbe Stunde weit bis zum Traktor tragen. Das war alles andere als einfach, krochen sie doch durch den Jutesack durch und verteilten sich am ganzen Körper. Mit einem Plastiksack dürfen sie aber nicht transportiert werden, weil sie innerhalb kurzer Zeit ersticken könnten.

Meine Kinder halfen mir bei dieser Arbeit, obwohl sie noch im Volksschulalter waren. Es kam mir darauf an, ihnen die Angst vor den Ameisen zu nehmen und ihnen den richtigen Umgang mit den Tieren beizubringen. Ich redete den Kindern ein, dass sie das Zwicken der Ameisen einfach ignorieren sollten und dass Ameisenbisse sehr gesund seien. Tatsächlich beruhigten sie sich und halfen tüchtig mit.

Als wir mit den Säcken bepackt zum Traktor kamen, stand ein Mann vor uns am Weg. Es war der schon bekannte Chef der Bezirksforstinspektion Tamsweg, Oberforstrat Dipl.-Ing. Arno Watteck. Er stellte mich zur Rede und fragte mich, was ich denn mit den Ameisen mache. Es hätten irgendwelche Leute angerufen, dass ich ganze Traktorfuhren voll Ameisen aus dem Wald wegführe. Er fragte mich, was ich denn damit mache, ob ich damit meine Fische füttere.

Ich erklärte ihm genau, was ich vorhatte. Oberforstrat Watteck nahm das zur Kenntnis, beorderte mich aber für den folgenden Montag zum Verfassen einer Niederschrift in die BH Tamsweg. Nachdem ich nachweisen konnte, nur Ameisen aus der Wegtrasse für Zuchtzwecke entnommen zu haben, gab es keine weitere Amtsverfolgung.

Bei der Ansiedelung der fremden Ameisen gab es keine Probleme. Heute befinden sich genügend Haufen auf meinem ganzen Besitz. Zwischenzeitlich konnte ich sogar Ameisen, beispielsweise an Imker, für die Wiederansiedelung im Wald verkaufen.

In einem Ameisenhaufen gibt es viele Königinnen, die im untersten Drittel des Haufens, meist unterirdisch, leben. Diese Königinnen befinden sich nur zur Paarungszeit im Frühjahr im oberen Drittel des Haufens. Idealerweise verwendet man 80 bis 100 Liter von Ameisenspreu samt Arbeiterinnen und Königinnen für einen Ableger. Die weitere Behandlung des Ablegers ist sehr wichtig, denn die Ameisen müssen den ganzen Haufen erst wieder ordnen und aufbauen. Dann müssen sie ihr Straßennetz in der neuen Umgebung ausbauen, damit sie zu ihren Futterquellen gelangen. Es empfiehlt sich, die Tiere etwa zwei bis drei Monate lang durch Fütterung zu unterstützen. Als Futter dient eine Zucker-Wasser-Lösung (1:1), die rund um den Haufen herum auf die Spreu gesprüht wird. Auch Blut aus einer Schlachterei ist dafür geeignet. Über dem Ameisenhaufen schlichte ich meist buschige, dürre Fichtenäste auf, die ich im Boden verankere und oben festbinde. Das soll den Haufen schützen, damit ihn nicht ein Specht oder andere Tiere beschädigen.

Die kleine rote Waldameise ist nicht nur für einen gesunden Wald wichtig, sondern sie pflegt auch die Lachniden und Lekanien, also jene Insekten, die den überschüssigen Siebröhrensaft von den Bäumen für die Bienen abgeben.

Der Krameterhof heute

Der ehemalige Bergbauernhof hat sich durch meine Experimentierfreude ständig erweitert und verändert. Aus den ursprünglich 20 ha, die ich vom Vater übernommen habe, wurden bis heute mehr als 40 ha Eigenfläche plus Pachtflächen. Was als Kind für mich auf spielerische Art und Weise begann, nämlich die Arbeit mit den Pflanzen in meinen kleinen Pflanzgärten und die Beschäftigung mit meinen Wassertümpeln, hat sich zu einem alternativen Landwirtschaftsbetrieb ausgeweitet. Besonders positiv an dieser Entwicklung ist, dass ich meine Tätigkeit in den vielen Jahren immer eher als Hobby gesehen habe denn als belastende Arbeit. Dabei kam mir zugute, dass ich mit allen Tätigkeiten auch Geld verdienen konnte. Es macht Spaß, wenn man Freude und Erfolg hat und noch dazu Geld verdient. Was sich nicht gerechnet oder mir weniger Freude bereitet hat, wurde schnell wieder aufgegeben. Trotzdem waren die dabei gesammelten Erfahrungen für die verbliebene Arbeit wichtig.

Durch die vielen Möglichkeiten, die mir der Krameterhof bot, hatte ich stets mehrere Einkommensquellen und war so nie einem nennenswerten Konkurrenzdruck ausgesetzt. Ich versuchte immer, auf aktuelle Entwicklungen einzugehen und die Betriebsführung anzupassen.

Meine wirtschaftliche Strategie war und ist es, eine möglichst lange Zeit zurückzudenken und die Entwicklungen und die Preisgestaltung in den letzten Jahrzehnten zu analysieren. So konnte ich Entwicklungen für die nächsten fünf bis zehn Jahre vorausschauend beurteilen und darauf reagieren. Das ist eine lohnende und wichtige Betrachtungsweise, die ich jedem empfehlen kann.

Die gängige Methode ist meist die, dass im Fall von Einkommensverlusten die Produktionsmenge erhöht wird, um die Verluste durch mehr Menge auszugleichen. Dieser Weg ist meiner Ansicht nach genau der verkehrte, denn dadurch erhöht sich der Konkurrenzdruck und verbilligt sich das Produkt. Gewinner dieses Fehlverhaltens sind nur die Händler, Verlierer sind der Bauer und die Natur.

Als besonders vorteilhaft betrachte ich es, selbst viele praktische Erfahrungen zu sammeln. Das ist des Bauern bestes Kapital und gibt ihm Sicherheit. So kann er auf den Markt reagieren. Mein Beispiel zeigt das: War der Viehpreis hoch, konnte ich den Bestand aufstocken, erzielten die Besatzfische einen guten Preis, verlegte ich mich mehr darauf und weniger auf die Speisefischproduktion. In der Pflanzenproduktion war und ist es genauso. War ein großer Bedarf an Baumschulware gegeben, weitete ich die Pflanzgärten aus, ebenso machte ich es bei der Saatgut- und Gemüseproduktion. So sammelte ich wichtige Erfahrungen und bekam ein Gefühl der wirtschaftlichen Sicherheit. Lief eine Sparte weniger gut, drehte ich die Produktion zurück und gab zugleich anderswo Gas.

Aufgelassene Betriebszweige, wie den Wildpark und die Wildtierzucht, die Sportfischerei, den Jagdbetrieb, den Gastbetrieb, aber auch die Biberzucht, könnte ich jederzeit wieder aktivieren.

Die diesbezüglichen Erfahrungen haben meine Familie und ich nicht vergessen, das Wissen ist sozusagen abrufbar. Die ruhenden Betriebszweige haben wir vielfach nicht aus mangelnder Wirtschaftlichkeit aufgegeben, sondern wegen auferlegter Steuern und Sondersteuern sowie aus arbeitswirtschaftlichen Überlegungen.

Die heute so oft propagierte Spezialisierung (= Monokulturwirtschaft) lehne ich entschieden ab. Das ist ein enormes unternehmerisches Risiko und schafft nur Abhängigkeit. Die Vielseitigkeit dagegen vermittelt ungleich mehr Sicherheit und Lebensfreude.

Diesen Erkenntnissen folgend, habe ich den ganzen Hof gestaltet. Von den seinerzeit bewirtschafteten Wald-, Wiesen- und Ackerflächen blieb so gut wie nichts übrig. Stattdessen überziehen Terrassenkulturen mit Obst, Beeren, Gemüse, Heilkräutern, Getreide, Blumen etc. den Berg. Dazwischen fügen sich Teiche, Seen und Tümpel im Ausmaß von mehr als 3 ha Wasserfläche ein. Die gesamten Flächen sind durch rund 25 km Wege, Steige und Terrassen so verbunden, dass sie zum Teil sogar mit Maschinen bewirtschaftbar sind.

Dass sich diese Bewirtschaftungsweise auf die Fauna und Flora der extremen und eher kargen Berglandschaft

Gärten der Vielfalt – der Krameterhof heute

äußerst positiv ausgewirkt hat, konnte bereits vor vier Jahren Stefan Rotter in seiner Diplomarbeit über den Krameterhof wissenschaftlich nachweisen. In seiner Zusammenfassung schreibt er:

Vorliegende Arbeit untersucht den Permakulturbetrieb Krameterhof im Lungau auf die Umweltfreundlichkeit seiner Produktion. Dazu wurde für die Schweinehaltung und den Obstbau auf zwei unterschiedlichen Standorten (terrassierte Flächen, Hanglagen) am Krameterhof eine Ökobilanz (Stoff- und Energiebilanz) erstellt und einer konventionellen Produktion aus Literaturdaten gegenübergestellt. Die Daten wurden auf 1000 kg geerntetes Obst und 100 kg schlachtreifes Schwein hochgerechnet. Nebenprodukte wurden so weit als möglich mitberücksichtigt. Die Ergebnisse zeigen einen deutlich höheren Fremdenergiebedarf, höhere Emissionswerte und mehr Abfall bei der konventionellen Produktion. Die Arbeitsproduktivität ist beim Obstbau in Hanglage geringer als auf den terrassierten Flächen und im Vergleichsbetrieb. Der Arbeitszeitbedarf der Schweinestallhaltung ist 17-mal höher als bei der Extensivweide am Krameterhof.

Ergänzend wurde die Betriebsfläche mittels einer Brutvogelkartierung und einer Erfassung der Amphibien bewertet. Die Brutvogeldiversität ist am Krameterhof höher als in den artenreichsten Biotopen Mitteleuropas. Die Amphibien sind wegen der hohen Anzahl an Laichgewässern überdurchschnittlich stark vertreten. Aufgrund der Untersuchungsergebnisse kann geschlossen werden, dass die Produktionsweise am Krameterhof im Vergleich zur konventionellen umweltfreundlicher ist.

Eines der zehn Holzblockhäuser des Ökodorfs Krameterhof befindet sich auf der Bärenseealm. Die Objekte des Ökodorfs können von besonders naturverbundenen Menschen längerfristig angemietet werden.

Der Krameterhof heute.

Sehr geehrter Herr Holzer!

Ich habe die Sendung in Ö1 letzten Samstag zufällig gehört. Ich bin Biologe und in der Grundlagenforschung tätig und kann Ihre Aussagen und Konzepte aus meiner Sicht nur bestätigen. Ich freue mich, dass Sie mit solchem Elan Ihre Vorstellungen über Mischkulturmethoden vertreten, auch wenn diese nicht mit der gängigen Schulmeinung vieler Agrarwissenschaftler übereinstimmen. Es muß einfach Leute wie Sie geben, die in der Anwendung Alternativkonzepte zu unserem Monokultursystem vertreten. Sie können hier sicher mehr überzeugen als Wissenschaftler mit ihren Expertisen, die die Mehrheit der Bevölkerung sowieso nicht versteht.

Pflanzen, Tiere und Mikroorganismen konkurrieren um Resourcen. Gerade die Vielfalt der Organismen führt aber dann zu stabilen Lebensgemeinschaften. Die Mechanismen, die dahinterstecken, sind heute noch weitgehend unbekannt. Eine bessere Kenntnis hätte enorme Bedeutung für die nachhaltige Sicherung der Ernährung. Das derzeitige Monokultursystem hat sicher zu kurzfristigen Ertragssteigerung geführt, die wir aber längerfristig mit einer Vergiftung unserer Umwelt durch den immer nötiger werdenden Einsatz von Chemikalien zur Bekämpfung von Schädlingen bezahlen. Schädlinge sind Organismen, die ursprünglich aus stabilen Lebensgemeinschaften stammen und sich in landwirtschaftlichen Monokulturen erschreckend schnell vermehren können. Bereits jetzt geht weltweit ca. ein Drittel der Erträge verloren. Wo das hinführen wird, kann man heute noch kaum abschätzen. Dasselbe gilt für den hohen Mengen an Düngemitteln, die vor allem die Qualität unseres Grundwassers bedroht. In den Hochleistungsgebieten der Agrarwirtschaft wird das Geschehen aber vielfach durch internationale Konzerne bestimmt, die wie eine Mafia agieren und auch ihren Einfluss über staatliche Behörden ausüben.

Immerhin hat es in Brasilien vor dem zweiten Weltkrieg eine Landwirtschaft gegeben, in der ebenfalls Mischkulturen stark vertreten waren. Die Produktivität konnte durch Hochleistungsmonokulturen nicht gesteigert werden, wie ein zuständiger Minister in einem Radiointerview zugegeben hat. Das Argument, das wir nur mit dem Monokultursystem überleben können, ist nicht wirklich bewiesen. Daher sind diesbezügliche Ansätze wie der Ihre enorm wichtig, die aufzeigen, dass man mit Mischkulturen auch Erfolg haben kann und dies auch eine Möglichkeit darstellt, die alte Kulturlandschaft der Alpen in ihrer Vielfalt nicht nur zu erhalten, sondern auch weiterentwickeln zu können. Mit ihren Kulturmethoden schaffen Sie Lebensräume für das Überleben einer Vielfalt von Organismen, die wir in Zukunft vielleicht einmal bitter brauchen werden. Daher hoffe ich, dass Sie viele Nachahmer finden.

In diesem Sinne wünsche ich Ihnen viel Erfolg bei Ihren Projekten!
Ihr Franz Hadacek
Institut für Botanik der Universität Wien

Unzählige Briefe, Faxe und E-Mails aus aller Welt treffen bei uns am Krameterhof ein. Die positiven Reaktionen freuen und bestärken uns, allerdings können wir aufgrund der großen Anzahl leider nicht immer antworten. Ich möchte mich auf diesem Weg bei allen für das große Interesse und die Anerkennung bedanken.

Auch andere wissenschaftliche Arbeiten bestätigen die hohe Wirtschaftlichkeit der Holzer'schen Permakultur. Die Zeit, in der ich als Spinner belächelt wurde, ist damit nun wohl vorüber.

Menschen aus der ganzen Welt pilgern heute zum Krameterhof, um unsere Arbeit zu sehen. Von Mai bis Oktober kann der Hof gegen vorherige Anmeldung über Telefon oder Internet im Rahmen von Exkursionen besichtigt werden. Auch Seminare werden laufend abgehalten.

Der Hof selbst hat sich mittlerweile wegen des großen internationalen Interesses vom Produktionsbetrieb zum Lehrbetrieb weiterverändert. Es geht mir nun nicht mehr darum, größere Mengen eines Produktes zu vermarkten, sondern eine möglichst große Vielfalt an alten Wild- und Kulturpflanzen zu erhalten. Der Krameterhof soll sich zu einer Art lebenden Genbank für bedrohte Pflanzen- und Tierarten entwickeln.

Meine erste Aufgabe sehe ich heute darin, diese Art von Landbewirtschaftung und meine Philosophie möglichst vielen Menschen und vor allem Entscheidungsträgern begreifbar zu machen, sie praktisch zu vermitteln. Diesen Auftrag verspüre ich im Inneren und nehme ihn auch gerne an. Nicht einmal in meinen kühnsten Träumen hätte ich als Jüngling daran gedacht, später einmal weltweit tätig zu sein und Vorträge sogar an Universitäten zu halten.

Dem großen internationalen Interesse entsprechend nachzukommen, erfordert sowohl von meiner Gattin Vroni als auch von mir unermüdlichen Einsatz. Trotzdem erledigen wir die Arbeit mit großer Freude, denn es ist ein sehr schönes Gefühl, nach jahrzehntelangem Kampf und Belächeltwerden nun den Erfolg zu erleben.

Die Erkenntnisse meiner Art der Permakultur können nicht an einem Tag vermittelt werden. Es ist nötig, sich längere Zeit mit der Materie auseinander zu setzen. Daher wollten meine Gattin und ich interessierten Menschen die Möglichkeit bieten, sich länger bei uns aufzuhalten. Dadurch lernen die Leute unsere Bewirtschaftung und Philosophie im Jahresablauf kennen.

Über den Krameterhof verstreut wurden bereits zehn Objekte errichtet, darunter Seminargebäude, Verarbeitungsanlagen und Wohngebäude in Holzmassivblockbauweise, zum Teil in gehobenem Standard (Kachelofen, Sauna, offener Kamin, Felsenkeller etc.). In diesem so genannten Ökodorf können die Seminarteilnehmer wohnen und arbeiten. Es ist auch möglich, selbständig Flächen und Teiche zu bewirtschaften. Auf diese Weise können die Menschen die große Vielfalt praktisch erleben.

Meines Erachtens könnte sich dieses Modell noch weiterentwickeln. Es könnten sich auch andere Bauern in der Nachbarschaft und in der Nachbargemeinde anschließen. Der erste Schritt ist mit dem Ökodorf auf alle Fälle gemacht.

Projekt »Naturerlebnisland Lungau«

Hinter diesem Projekt steht ein Gedanke, den ich bei meinen Beratungen immer einzubinden versuche: das Zusammenführen der Generationen.

Ich sehe in der modernen Gesellschaft eine Entwicklung, in der Kinder kaum mehr die Möglichkeit vorfinden, mit Großeltern oder Urgroßeltern zusammenzuleben. Deshalb möchte ich Modellprojekte schaffen, bei denen sich alte Menschen und Kinder zusammentun können. Es geht darum, den Kindern auf spielerische Art alte Arbeitstechniken beizubringen und sie wieder näher mit Grund und Boden in Berührung zu bringen.

Ein konkretes Beispiel: Im Naturerlebnisland soll unter anderem ein Kinderbauernland geschaffen werden, in dem die Kleinen auf spielerische Art alle Arbeitstechniken, aber auch die Gefahren in der Landwirtschaft kennen lernen sollen. Niemand eignet sich besser zum Lehrer auf diesem Gebiet als die eigenen Großeltern oder Urgroßeltern. Selbst andere Senioren, die bereit wären, ihre Erfahrungen weiterzugeben, könnten engagiert werden.

Einige weitere Ideen: Zu einem eigens dafür errichteten Teich mit einer Insel in der Mitte können verschiedene Zugänge geschaffen werden. Es gibt etwa eine Holzbrücke oder einen Pfad im Flachwasser, wo in Schrittweite Steine ausgelegt werden. Auf der Insel sollte es eine Feuerstelle geben, wo die Kinder Reisig zum Heizen hinbringen können. So können sie die Gefahren des Wassers und des Feuers unter Aufsicht der Großeltern in dem eigens dafür geschaffenen Umfeld kennen lernen.

Holzerische Garten- und Feldbaumethoden

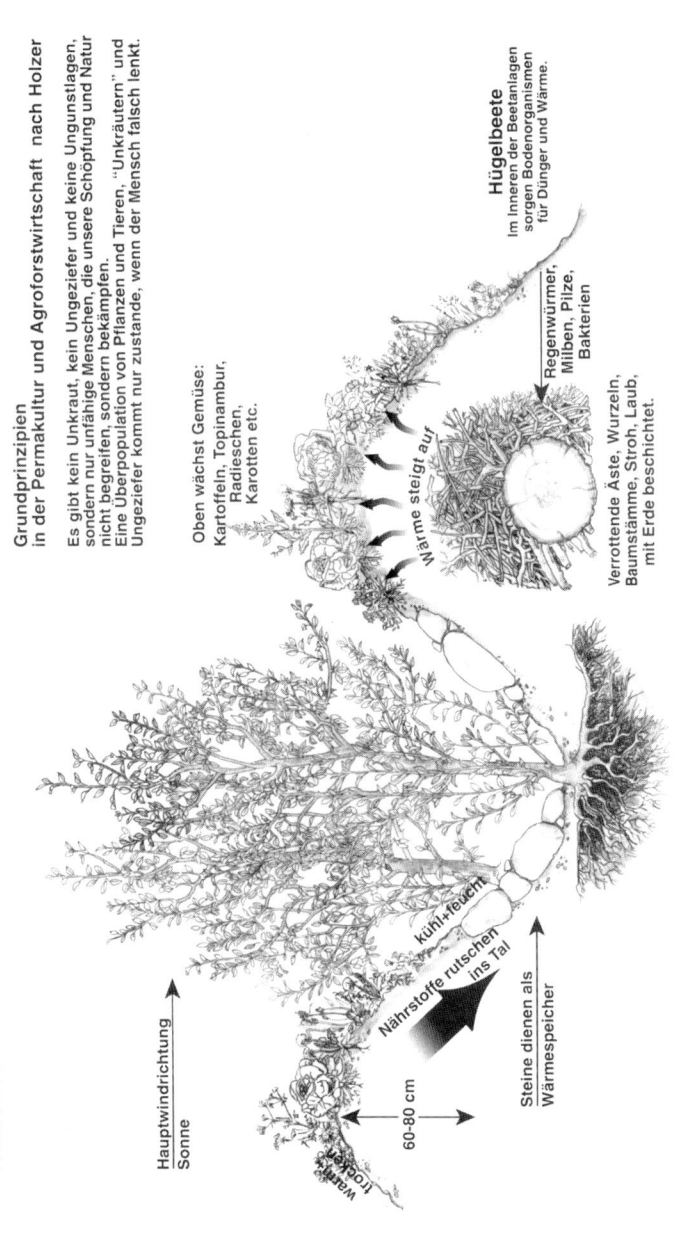

Grundprinzipien
in der Permakultur und Agroforstwirtschaft nach Holzer

Es gibt kein Unkraut, kein Ungeziefer und keine Ungunstlagen, sondern nur unfähige Menschen, die unsere Schöpfung und Natur nicht begreifen, sondern bekämpfen.
Eine Überpopulation von Pflanzen und Tieren, "Unkräutern" und Ungeziefer kommt nur zustande, wenn der Mensch falsch lenkt.

Hügelbeete
Im Inneren der Beetanlagen sorgen Bodenorganismen für Dünger und Wärme.

Regenwürmer, Milben, Pilze, Bakterien

Verrottende Äste, Wurzeln, Baumstämme, Stroh, Laub, mit Erde beschichtet.

Oben wächst Gemüse: Kartoffeln, Topinambur, Radieschen, Karotten etc.

Wärme steigt auf

Feuchter Boden, Ansammlung von Nährstoffen

kühl+feucht

Nährstoffe rutschen ins Tal

60-80 cm

Steine dienen als Wärmespeicher

warm+trocken

Hauptwindrichtung
Sonne

Im Kinderbauernland sollten die Kinder eine Burg bauen, in einem Sandhaufen spielen, ein Baumhaus bauen, ein lebendes Weidenhaus errichten, einen Tunnel bauen, kleine Hügelbeete oder Gemüse- und Kräutergärten anlegen dürfen. Auch Tiere könnten mit eingebunden werden, sodass die jungen Menschen auch Erfahrungen mit ihnen machen. So könnten die Kinder die Natur auf eine positive Art und Weise erfahren.

Es ist im Sinne der Schöpfung, seine Erfahrung in den Kreislauf der Natur einzubringen. Ich glaube, dass Großeltern diesen Auftrag verspüren und ihr Wissen auch gerne weitergeben, wenn sie die Möglichkeit dazu haben.

Wie interessant das Zuhören und das Nachmachen sein können, habe ich in meiner Kindheit oft selbst erfahren dürfen. »Anach, is der Bua neugierig, der lost mit Augn und Moi (hört mit Augen und Mund)!«, hatte meine Mama häufig gesagt. Ich selbst habe aus den Gesprächen der Erwachsenen viel gelernt und gerne zugehört.

Im Naturerlebnisland könnte in dafür bereitstehenden Bauernhäusern oder anderen vorhandenen Gebäuden ein ganzheitliches Leben verwirklicht werden. Eine Art Kinder-Alten-Wohnhaus könnte Kindergarten und Altersheim ersetzen, wobei die Großeltern den Enkelkindern theoretisch und praktisch den Umgang mit Leben und Natur vermitteln. Die Eltern können zwischenzeitlich die zur Verfügung stehenden Permakulturen im Naturerlebnisland bewirtschaften oder ihrer Arbeit nachgehen. Sie können sich in die Kindererziehung einbringen, so viel

Gärten der Vielfalt – der Krameterhof heute

sie wollen. Das Ziel wäre es, die Generationen möglichst nicht zu isolieren. Für Kinder sind Erfolgserlebnisse wie die »Erdung« mit der Natur und die Beziehung zu den Großeltern wichtig.

Dies wäre ein ganzheitliches System, das auch in der Praxis funktioniert. Menschen, die so aufwachsen könnten, wären selbständig, hätten Naturerfahrung, wären zufrieden. Denn eines ist klar: Der Friede beginnt in der eigenen Familie.

Leider lässt der Umgang mit den Tieren heute in weiten Bereichen zu wünschen übrig. Vielfach werden Landwirte zur Spezialisierung und, damit einhergehend, zur Massentierhaltung verleitet. Die Folgen sind hinlänglich bekannt: Der Produktpreis verfällt, die Tiere leiden auf engem Raum durch unnatürliche Haltung und Fütterung, der Mensch verroht und wird zum Massentierquäler. Der Bestrafte dabei ist aber letztlich der Mensch selbst. Das kann doch nicht Inhalt und Sinn des Lebens sein! Solcherart erzeugte Produkte sind keine Lebensmittel mehr, sondern im besten Fall minderwertige Nahrungsmittel von gequälten Kreaturen.

Dass diese Bewirtschaftung für den Bauern kein wirklicher Lebensinhalt und keine Freude sein kann, müsste jeder, der noch einen Funken Naturinstinkt in sich trägt, verspüren. Nur eine Arbeit, die mit Freude und aus innerer Überzeugung heraus gemacht wird, führt auch zum Erfolg. Das ist dann dem Empfinden nach weniger Arbeit als vielmehr Lebensinhalt und Lebenssinn.

Ein Mensch, der sich verirrt hat, muss den Weg zurück

allerdings selbst finden. Es wäre ein Irrtum zu glauben, dass er von dort abgeholt wird.

Auch in Afrika und in Süd- und Mittelamerika werden in riesigem Ausmaß Tiere gezüchtet und gemästet. Dafür werden dort, wie noch zu berichten sein wird, große Busch- und Urwaldflächen brandgerodet und mit großem Aufwand Beregnungsanlagen für die intensive Tierproduktion gebaut. Die Tiere bzw. deren Fleisch wird größtenteils in die USA und nach Europa exportiert, während die Menschen im Land in den Slums am Rand der großen Städte verhungern oder dahinvegetieren. Dieses verantwortungslose, von Politik und Wirtschaft gesteuerte Fehlverhalten werden wir nicht so schnell abstellen können. Wir können aber darauf reagieren.

Mit der Dumping-Preisgestaltung können wir nicht mithalten. Wer das erkennt, wird vielleicht zu einer verantwortungsvollen Bewirtschaftung der Flächen und zu einer artgerechten Tierhaltung zurückkehren. Die von der EU zur Verfügung gestellten Mittel sollten meines Erachtens punktgenau in diesem Bereich zum Einsatz kommen. Es geht darum, das Geld nicht zum Spezialisieren und Intensivieren zu verwenden, sondern zum Konsolidieren, Extensivieren und Ökologisieren. Das würde zu einem Gesunden unserer alpinen Landwirtschaft und zu mehr Unabhängigkeit der bäuerlichen Betriebe führen.

Im Naturerlebnisland möchte ich daher eine Art Arche Noah der Vielfalt schaffen. Tiere der verschiedensten alten und gefährdeten Haustierrassen, ebenso alte Kulturpflanzen sollten in geeigneten Biotopen wieder ihren Platz finden. Parallel dazu könnte das verloren gegangene Wissen über die richtige Verwendung der Lebensmittel und Heilmittel wieder aufgefrischt werden. Die Nahrung sollte schließlich die beste Medizin für den Menschen sein.

Solange die entsprechenden Lehrer noch vorhanden sind, also erfahrene ältere Bauern, können auch alte Arbeitstechniken, z. B. Mahlen von Brotmehl in einer Wassermühle, Brecheln von Flachs zur Verarbeitung von Leinen, Brennen einer Knochensalbe und Kenntnis ihrer vielseitigen Einsatzmöglichkeiten, Getreideverarbeitung, Brotbacken im Holzofen, Arbeit in der Rauchkuchl, alte Konservierungspraktiken etc., weitergegeben und somit erhalten werden. Für mich ist gerade dieser Punkt unverzichtbar.

Daher wurden im ersten Teil des Naturerlebnislandes Lungau, im Ökodorf Krameterhof, entsprechende Einrichtungen geschaffen. Eine Rauchkuchl, eine Flachsbrechelanlage und ein großer Holzbackofen wurden bereits neu errichtet, eine Wassermühle und eine Leinölpresse befinden sich in Bau.

Damit die auf ursprüngliche Weise hergestellten veredelten Produkte, aber auch das Obst und das Gemüse fachgerecht eingelagert werden können, wurden zu den Wohnobjekten auch Erd- und Felsenkeller dazugebaut.

Das Naturerlebnisland soll in weiten Bereichen von Permakulturanlagen geprägt sein. In diesen Gärten der Vielfalt sollen Jung und Alt die Möglichkeit haben, zu essen, zu ernten und die Natur zu erfahren. In dieser

Form der Landwirtschaft könnten auch die Städter die Natur begreifen lernen und ihre Lebensmittel selbst ernten.

Vor zwanzig Jahren hätte ich diesen Gedanken noch für unmöglich gehalten. Mittlerweile wurde ich aber eines Besseren belehrt. Diese Entwicklung verlief allerdings nicht von heute auf morgen, es war auch hier ein Wachsen, eine kontinuierliche Entwicklung. Wo, außer im Supermarkt, ist es denn heute noch erlaubt, sich seine Früchte selbst zu pflücken? Diese Möglichkeit gibt es höchstens noch in Erdbeer- oder Himbeermonokulturen.

Nicht einmal in den Weingegenden des Burgenlandes oder Südtirols gibt es derzeit die Möglichkeit, selbst Obst oder Trauben ernten zu dürfen. Wohl aber werden dort Trauben z. T. sogar in Tabaktrafiken zum Verkauf angeboten. Wieso also die Kunden nicht selbst pflücken lassen? Warum soll sich der Bauer in die Abhängigkeit von der Genossenschaft begeben, wenn er auch andere Möglichkeiten vorfindet? Was von Genossenschaften gesteuert ist, unterliegt stets einem massiven Preisdruck und großer Konkurrenz. Das steht eigentlich in Widerspruch zu einem freien Bauernstand.

Ein Garten der Vielfalt für die Selbsternte ist demgegenüber eine Dauerlage, die von Gemüse bis zu Beeren und von Heilkräutern bis zu Blumen vielseitige Nutzungsmöglichkeiten bieten könnte. Jungpflanzen und Früchte könnten verkauft werden, zusätzlich könnte ein Lehr- und Schaugarten entstehen, der ohne Chemie und Kunstdünger stets Erträge liefert. Die Produkte aus einem solchen Gartenland haben einen vielfach höheren gesundheitlichen Wert als konventionelle Ware.

Mit Landwirtschaft dieser Art hat der Bauer mehrere Standbeine. Die Monokulturwirtschaft hingegen ist ohne Förderungen nicht mehr aufrechtzuerhalten.

Bei der Anlage der Kulturen sollte auf die unterschiedlichen Biotope und die Bonitäten des Bodens besonders Rücksicht genommen werden. Am Krameterhof gibt es zwischen dem tiefsten und dem höchsten Punkt 400 m Höhenunterschied. So reifen die Kirschen im Tal bereits Mitte Juni, während jene auf 1500 m Seehöhe erst Ende September so weit sind. Das ermöglicht eine kontinuierliche Kirschenernte über drei Monate hinweg. Verstärken lässt sich dieser Effekt durch die Wahl von verschiedenen frühen und späten Sorten.

Wo immer sich solche natürlichen Gegebenheiten bieten, sind sie auszunützen. Der dumme Mensch allerdings erkennt diese Chancen der Natur nicht, er jammert höchstens.

Für das Naturerlebnisland Lungau bieten sich noch viele zusätzliche Möglichkeiten an. Menschen, die sich nach Grund und Boden sehnen, sind gerne bereit, sich kleine Flächen anzumieten. Städter könnten auf diesem Land selbst kleine Gärten anlegen oder sich auch in der Nutztierhaltung versuchen. Wenn dieser Geist einmal die Kinder erfasst hat, reißen sie die Eltern mit. Es lohnt sich daher, Aktivitäten zu setzen, die die Kinder motivieren. Denn es wäre wichtig, dass die Kinder die Eltern erziehen, damit die Eltern nicht ihre Kinder verziehen können.

Auch einzelne Obstbäume könnten kurz- oder langfristig vermietet werden. In solchen dezentralen Gärten und Erholungsinseln könnte ein neues Miteinander gelebt werden, denn kleine Gruppen naturverbundener Menschen könnten dort Gedanken austauschen und weitere Ideen entwickeln. Es käme zum so genannten Schneeballeffekt.

In einem System, in dem Menschen, Pflanzen und Tiere in Eintracht miteinander leben, muss auch der Umgang mit dem Tier freundlicher werden. Damit die Tiere gut gedeihen können und fachgerecht gehalten werden, schlage ich vor, den Tierarzt nur mehr für jedes gesunde Tier zu bezahlen. Kranke Tiere bringen ihm Abzüge. Damit dieses System nutzbringend ist, sind eine intensive Zusammenarbeit zwischen Bauer und Tierarzt und eine möglichst gesunde und artgerechte Tierhaltung nötig. Der Tierarzt sollte mehr als Berater und weniger (nur in Notfällen) als Arzt in Erscheinung treten. Sein Honorarsystem würde nach einem Punktesystem gestaffelt werden.

Beim herkömmlichen System ist die Kuh krank, und zusätzlich ist der Bauer finanziell im Nachteil. Nur der Arzt ist der Gewinner. Beim neuen System wäre der Bauer gesund, die Kuh gesund, und selbst der Tierarzt könnte stolz auf seine gesunde Gemeinde sein.

Der Tamsweger Amtstierarzt Dr. Tockner hat auf meine Anfrage hin zunächst etwas verwundert reagiert, nach Rücksprache mit der Tierärztekammer den Vorschlag aber durchaus positiv aufgenommen.

Gärten der Vielfalt – der Krameterhof heute

Ein ähnliches System wäre sehr wohl auch im menschlichen Bereich denkbar und erstrebenswert.

Die Bewirtschafter des Naturerlebnislandes können sich im Jahresablauf auf verschiedenste Weise betätigen. Im Winter:

- Pferdelift für Schlitten- und Skifahrer
- Skikjöring auf Forstwegen
- Den vorhandenen Wasserdruck und das Wasser für Eisskulpturen und zum Eisklettern nutzen
- Finnische Sauna mit Holzöfen
- Iglu bauen
- Rodeln
- Langlaufen
- Eislaufen sowie Stockschießen

Im Sommer:

- Seminarangebote, z. B. Erlernen alter Arbeitstechniken
- Exkursionen durch die Gärten und die Tierwelt
- Bewirtschaftung unproduktiver Flächen, z. B. Felsen- und Sumpflandschaften
- Kursangebote über Heilpraktik, Homöopathie, Ganzheitsmedizin, Kinesiologie, Schamanismus, Mensch-, Tier- und Pflanzenheilkunde, autogenes Training
- Positive Zukunftsperspektiven vermitteln

Ich bemühe mich schon einige Jahre intensiv, das Projekt Naturerlebnisland Lungau voranzutreiben. Der erste

Teil, das Ökodorf Krameterhof, ist schon recht weit gediehen, die Anlagen auf den Nachbargrundstücken befinden sich in Planung. Durch die vielen notwendigen Genehmigungen und Auflagen von Seiten der Behörden wird es wohl noch geraume Zeit dauern, bis alles in Angriff genommen werden kann. Am Gesamtprojekt sollen an die 20 Landwirte, über einen ca. 30 km langen Rundweg verbunden, teilnehmen.

Auslandsprojekte

Projekte in Süd- und Mittelamerika, in Bosnien und Nordamerika (2000/2001)

Vroni und ich bereisten im Jänner und Februar 2000 den »Regenwald der Österreicher« in La Gamba und Golfito in Costa Rica. Wir besuchten dort einen Tropenkurs, bei dem uns das Wunderwerk Regenwald näher gebracht wurde. Im Zuge dessen lernten wir Tiefland- (Meereshöhe) und Hochlandregenwald (bis zu 3500 m Seehöhe) kennen.

Im Auftrag des katholischen Ordens der Claretiner errichtete ich im Jänner und Februar 2001 eine Permakulturanlage beim Kinder- und Jugendheim Hogares Claret nahe Medellin (Kolumbien). Bei dieser Reise wurde ich von einem Filmteam des ORF begleitet. Trotz gegenteiliger Expertenmeinung, dass nämlich eine Aussaat während der Trockenzeit wirkungslos sei, weil eine Keimung ohne Bewässerung nicht erfolgen könne, stellte sich der Erfolg schon sieben Tage nach der Aussaat ein. Dieses wunderbare Ergebnis war durch die Kapillarwirkung der Hügelbeete trotz Trockenzeit und ohne Bewässerung in so kurzer Zeit möglich.

In Rio Negro half ich, eine Wasserversorgungsanlage für ein Heim für drogensüchtige Jugendliche und Erwachsene instand zu setzen. In dem Heim in 2000 m Seehöhe wohnen 250 Menschen.

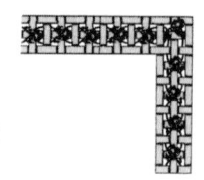

**BOSNIEN UND HERZEGOWINA
ROTES KREUZ VON FÖDERATION
BOSNIEN UND HERZEGOWINA
GEMEINDEORGANISATION
DES ROTEN KREUZES ZENICA**

*Gemäß der Verordnung des Artikels 77 vom Statut
der Gemeindeorgavisation des Roten Krezes
wird*

DANKESSCHREIBEN

SEPP   HOLZER

RAMINGSTEIN
Keusching 13

*für die geleistete humanitare Hilfe
den gefürdeten Bürgern der Stadt Zenica zugeteilt.
Sie haben durch Ihre Spende auf beste Weise
den Edelmut und die Humanität Ihrer Tätigkeiten gezeigt.
Den besten Dank im Namen aller jenigen,
die die Hilfe erhalten haben.*

In Zenica, den .05.04.2003...

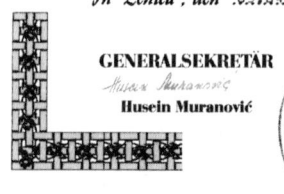

GENERALSEKRETÄR　　　　　　　　**PRÄSIDENT**

Husein Muranović　　　　　　**Prim. dr Mustafa Mehmedbašić**

Für meine Arbeit in Bosnien und Herzegowina hat mir das Rote Kreuz dieses Dankschreiben übermittelt.

Auf Einladung der Cherokee- und der Hopi-Indianer reisten wir zu einem internationalen Treffen nach Nordamerika. Meine Aufgabe war es, Vorträge und Workshops abzuhalten sowie zu beraten.

Bei den Ureinwohnern Brasiliens im Bundesstaat Piaui konnte ich Grundzüge eines natürlichen Wirtschaftens mit der Natur vorfinden.

Eine weitere Permakulturanlage errichtete ich in San Pedro de Urabá. Mitarbeiter waren katholische Schwestern, Indios sowie Witwen und Waisen aus dem bürgerkriegsgeschädigten Land. Es gelang mir, eine Quelle zu finden, und wir konnten einen Wassergarten errichten. Es folgten noch Beratungen im »Heißland« Kolumbiens, dort gab es große Probleme mit Nematoden und Pilzkrankheiten in den intensiven Bananenmonokulturen. Per E-Mail bekam ich mittlerweile die Mitteilung, dass die von mir empfohlenen Mischsaaten zur Gesundung dieser Böden erstklassige Wirkung gezeigt haben.

Vom Bund Naturschutz in München wurde ich im April 2001 zu Beratungen nach Bosnien in die Stadt Zenica eingeladen. Meine Aufgabe war es dort, kleine Permakulturgärten für die Witwen und Waisen zu planen.

Im Juni 2001 besuchte ich mit meiner Frau auf Einladung der Hopi- und der Cherokee-Indianer eine internationale Tagung und ein Schamanentreffen in Montana/USA. Wir bereisten die Orte Mount Helena und Boulder. Ich hielt Vorträge und veranstaltete Workshops über Permakultur, Agroforstwirtschaft und Planung von Wasserlandschaften. Am Ende der Reise stand ein Besuch des Indianerreservats in Missoula am Programm.

Im November 2001 reisten mein Sohn und ich zu Beratungen und Projektplanungen in den Norden Brasiliens, in den Bundesstaat Piaui. Dieser liegt im Nordosten des Landes und ist einer der ärmsten Staaten Brasiliens. Hauptstadt dieser Region mit einem eher trockenen Klima ist Teresina. Die großteils ländliche Bevölkerung verdient ihren Lebensunterhalt auf kleinen Landwirtschaften mit Viehzucht und durch den Anbau von Bohnen. Obwohl alles wachsen und gedeihen könnte, werden Obst und Gemüse großteils aus den Nachbarstaaten importiert.

Die größeren Farmer, deren Besitztümer sich über Tausende Hektar erstrecken, leben ebenfalls hauptsächlich von der Viehzucht, im Speziellen von der Fleischproduktion. Diese Landbewirtschaftung hat viele Probleme zur Folge. Brandrodung und Überweidung sind dabei an erster Stelle zu nennen. Einerseits wird die empfindliche Humusschicht teilweise zerstört und der Erosion preisgegeben, nur für ein bisschen frisches Grün für die frei laufenden Rinder. Andererseits wird eine unzählbare Menge von Klein- und Kleinstlebewesen durch die zahllosen Feuer getötet. Die Folgen für die Zukunft sind kaum abzuschätzen. Eine zusätzliche Gefahr geht von den Buschfeuern vor allem während der Trockenzeit aus. Ganze Landstriche werden durch kaum kontrollierbare Brandrodungen ein Opfer der Flammen.

Die Besichtigungen dienten dazu, ein genaueres Bild der ökologischen Lage dieser Region zu bekommen und Lösungen für eine naturnahe Bewirtschaftung unter Einbeziehung aller Lebewesen zu erarbeiten. Aus diesem Grund besuchten wir ein Indianerreservat im Nachbarstaat Maranhão. Das Treffen mit den Indianern war eine faszinierende Begegnung, die es uns ermöglichte, etwas über das alte Wissen der Bevölkerung hinsichtlich Anbau und Kultivierung von Pflanzen zu erfahren. Auch mittlerweile nahezu vergessene Kulturpflanzen des Gebietes, wie etwa Maniok, sahen wir erstmals im Indianerreservat.

Maniok, auch Kassawa genannt, ist ein Grundnahrungsmittel dieses Stammes. Geschmacklich ist er einer Süßkartoffel sehr ähnlich. Der Anbau im Reservat erfolgt in Mischkultur. Reis, Mais, Bohnen, Melonen, Bananen und vieles mehr sind neben Maniok zu finden. Das tropische Klima ermöglicht eine ungeheure Vielfalt an Möglichkeiten im landwirtschaftlichen Bereich.

Die grünen Lungen der Erde durch Brandrodung zu vernichten und wertvolles Humusmaterial nach der Beweidung durch Rinder ungeschützt der Erosion preiszugeben, ist unverantwortbar.

Nachdem ich bei Vorträgen und Beratungen immer wieder danach gefragt worden war, ob ich meine Erfahrungen denn nicht in Buchform einem breiteren Publikum zugänglich machen wolle, entschloss ich mich, den Winter 2001/2002 für das Verfassen des vorliegenden Buches zu verwenden. Aus diesem Grund musste ich zwei Großprojekte in Kamerun und Venezuela vorerst aufschieben.

Menschliche Tragödien in Kolumbien

Werfen wir einen Blick nach Kolumbien: In diesem Land gibt es eine Jahresdurchschnittstemperatur von rund 22 Grad Celsius. Zum Vergleich: Im Lungau sind es nur 4,5 Grad. In Südamerika erstreckt sich die Vegetationszeit auf das ganze Jahr, bei uns im besten Fall auf das halbe.

In Kolumbien, wo praktisch alles wächst und gedeiht, verhungern die Menschen auf der Straße. In sehr kurzer Zeit ist es mir während meines Aufenthalts gelungen, auf angeblich unproduktivem Land eine Mischkultur von Gemüse, Beeren und Getreide zu kultivieren. Experten hatten das für unmöglich gehalten.

Kolumbien ist seit mehr als drei Jahrzehnten ein Bürgerkriegsland, Medellin wird als gefährlichste Stadt der Welt bezeichnet. Über 400 Morde pro Monat werden hier registriert. Durch Brandrodung werden in diesem Land von den Großgrundbesitzern riesige Urwaldflächen zerstört. Danach werden sie kurzfristig als Weideland genutzt und verkarsten und veröden schließlich. Würden diese Flächen mit einer Vielfalt an Obstbäumen bepflanzt, so wäre dies ein dauerhaftes, »essbares« Paradies. Es wäre nur darauf zu achten, dass einem die vielen tropischen Früchte nicht auf den Kopf fallen. Von Hunger könnte keine Rede sein, und eine Vorratshaltung wie bei uns wäre gar nicht notwendig, wächst und gedeiht doch ganzjährig alles.

Bei der herkömmlichen Bewirtschaftung der Plantagen ist ein enormer Chemie- und Düngereinsatz nötig. Täglich bringen Flugzeuge Unmengen von Giftstoffen aus, die bei uns längst verboten sind. Selbst die in den Plantagen wohnenden und arbeitenden Menschen werden einfach mitgespritzt, ganze Dörfer werden nicht ausgespart. Meiner Meinung nach ist der Hunger in

Auf Einladung eines katholischen Ordens errichtete ich eine Permakulturanlage für die Straßenkinder von Medellin.

Entgegen der dort vorherrschenden Expertenmeinung, dass es in der Trockenzeit ohne Bewässerung und Düngung unmöglich sei, etwas zum Wachsen zu bringen, waren der von mir eingesäte Zuckermais und die Bohnen schon nach einer Woche 7 cm hoch.

dieser Region bzw. in der dritten Welt überhaupt nur vom Menschen geschaffen, sozusagen hausgemacht. Es scheint, als könnte dort mit der Not der Menschen ein gutes Geschäft gemacht werden, da es nur eine kleine, sehr reiche Oberschicht, so gut wie keinen Mittelstand und sehr viele arme Menschen gibt. Wer die Arbeit verliert, ist zum Stehlen oder Verhungern verurteilt. Sofern überhaupt Löhne ausbezahlt werden, sind diese lächerlich. Ein Vorarbeiter auf einer Bananenfarm verdient im Monat umgerechnet 40 bis 50 Euro. Es gilt das Recht des Stärkeren: Morden und Töten stehen an der Tagesordnung, Nachfragen ist lebensgefährlich.

Während meines Aufenthaltes in diesem Land wurde das Haus, in dem ich wohnte, Tag und Nacht von drei mit Maschinenpistolen und Pumpguns bewaffneten Polizisten bewacht. Durch Schüsse, die ich in der Nacht hörte, wurden mehrere Personen getötet, wie ich von der Dolmetscherin am Morgen erfahren konnte.

Solche Zustände gibt es im Kolumbien von heute, einem Land, das wie ein Paradies sein könnte. Man sieht, wenn den Menschen jede Hoffnung und Chance genommen wird, sind sie zu allem fähig. Dabei würde ein verantwortungsvolles, natürliches Denken ausreichen, und kein Mensch müsste mehr verhungern. Das gilt sinngemäß für die ganze so genannte dritte Welt. Bei natürlicher Bewirtschaftung könnte meiner Meinung nach weltweit die dreifache Bevölkerungsmenge ernährt werden, ohne Hunger zu leiden. Das wären immerhin 18 Milliarden Menschen.

Riesige Brandrodungen in Brasilien

In Brasilien sind die Probleme ähnlich gelagert, jedoch herrscht kein Bürgerkrieg. Wie auch in Kolumbien gibt es kein soziales Netz. Wer die Arbeit verliert, muss selbst schauen, wie er sich durchschlägt. Menschen wohnen zu Tausenden an den Rändern der Großstädte in Karton- und Blechhütten ohne Kanalisation und Wasserversorgung. Kleinkinder und Babys landen vielfach in der Gosse, werden einfach entsorgt. Ein Durchqueren dieser Viertel ohne Polizei ist lebensgefährlich. Es gibt schätzungsweise neun Millionen Straßenkinder in Brasilien, die für beliebige Zwecke im wahrsten Sinn des Wortes benutzt werden (Organspenden etc.).

Durch Buschfeuer, die mit Absicht gelegt werden, verbrennen Zehntausende Hektar Busch und Wald mit allem darin befindlichen Leben. Brandroden wird nach wie vor in großem Ausmaß praktiziert. Die Menschen argumentieren damit, dass auch schon die Indios in früheren Zeiten Brandrodungen durchgeführt hätten und dass es eben daher Tradition sei. Sie vergessen aber, dass die Indios nur kleinstflächig rodeten, während heute der ganze Dschungel niedergebrannt wird.

Teilweise werden riesige Beregnungsanlagen errichtet, wo ein Kreisregner allein 52 ha Land bewässern kann. Auf den Flächen weiden dann wenige Jahre lang Rinder, deren Fleisch nach Amerika und Europa exportiert wird. Anschließend verkarstet das Land, und die Bauern ziehen mit ihren Herden zum nächsten brandgerodeten Gebiet weiter.

Durch die großflächigen Brandrodungen gehen riesige Mengen an Biomasse verloren. Die Luft wird durch die Rauchgase und das CO_2 beeinträchtigt. Viel schlimmer aber wirkt sich der Biomasseverlust aus, weil der an sich humusarme Boden nicht länger vor Austrocknung geschützt ist. Die Pflanzendecke und das verrottende Material wie Laub und Äste usw. fehlen ihm. Die Flora verarmt durch die Brandrodung ebenso, weil empfindliche Sorten wie diverses Wildobst das Feuer nicht überstehen. Nur besonders robuste Akazienarten kommen davon und wachsen teilweise von selbst weiter. Die Folgen sind Austrocknung des Bodens, Verlust der Humusschicht durch Winderosion und Niederschläge sowie weiters ein Verlust von Nährstoffen und Speicherwirkung der Böden.

Riesige Gebiete trocknen dadurch völlig aus. Jede Vegetation stirbt ab, obwohl dort vorher Busch- bzw. Urwald war. Natürlich drängen sich Mensch und Tier auf den verbliebenen grünen Flächen, wo sich der Verbissdruck durch Wild- und Weidetiere wiederum verstärkt. Die Bewirtschaftung mit dem Abholzen und Verbrennen sowie der Haltung von Ziegen, Eseln und Rindern zerstört allerdings die Lebensgrundlage. Die Tiere machen der Vegetation den Garaus, und das Land versteppt. Die Wasservorkommen verringern sich, Brunnen versiegen. Durch die dichte Besiedelung und Nutzung sowie das fehlende Umweltbewusstsein verschlechtert sich die Wassersituation und -qualität ständig.

Wenn man zugleich weiß, dass ein Drittel der weltweit erzeugten Agrargüter noch immer vernichtet wird,

Die Ureinwohner des brasilianischen Bundesstaates Piaui wohnen in primitiven, aus Holz und Lehm errichteten Hütten und fühlen sich im ärmsten und trockensten Gebiet des Landes sehr wohl. Die 32-köpfige Großfamilie, die in dieser Hütte lebt, präsentierte mir mit Freude ihre Mischkulturen.

Die so genannten Favelas (Armensiedlungen) am Stadtrand von São Paulo besiedeln Menschen, die von ihrem Land vertrieben worden sind. Sie vegetieren ohne Kanalisation und Wasserversorgung hinter Stacheldraht nahe den Wolkenkratzern der Metropole dahin.

Durch Brandrodungen in gigantischem Ausmaß werden die Urwälder Brasiliens zerstört.

Nach wenigen Jahren intensiver Weidenutzung und Beregnung ist es mit…

…der Bodenfruchtbarkeit vorbei. Zurück bleiben Wüstenlandschaften.

um die Preise zu stabilisieren, während gleichzeitig die Menschen verhungern, dann kann man wohl nur von einer verrückten Welt sprechen – oder, besser gesagt, von verrückten Managern.

Es wäre so einfach, auf diesen Flächen eine Vielfalt an Früchte tragenden Bäumen und Sträuchern auszupflanzen und diese für die Saft-, Wein- und Mostgewinnung oder getrocknet zu verwenden. Es ginge auch ohne Chemie, Düngung und Pflanzenschutz. Terrassen- und Etagenwirtschaft wäre eine ideale Alternative, denn so ließe sich bei dem tropischen Klima der Ertrag erheblich steigern.

Leider ist das ökologische Bewusstsein bzw. Umweltbewusstsein der Menschen in Süd- und Mittelamerika so gut wie gar nicht erkennbar. Riesige Mengen an Müll werden in Wiese, Feld und Wald entsorgt. Berge von Plastik und Abfall aller Art türmen sich auf und werden mitunter in offenen Feuern einfach verbrannt.

Schlechte Trinkwasserversorgung und Murengefahr in der Gegend um Medellin

Mit der Wasserversorgung liegt es häufig dermaßen im Argen, dass man von fachgerechten Quellfassungen oder Brunnen gar nicht reden kann. In vielen Fällen waren die Wasserstellen unserem Verständnis nach nicht einmal als Viehtränken geeignet. In Rio Negro in Kolumbien stieß ich in einem Dorf auf eine Quelle, deren Wasser nicht einmal zum Duschen brauchbar war. Es hatte einen üblen, faulen Geruch. Ich drängte darauf, diese Wasserversorgungsanlage genauer unter die Lupe zu nehmen, und führte gemeinsam mit den Bewohnern des erwähnten Heimes eine Teilsanierung durch.

Als Quellfassung fand ich ein Betonbassin in einer Mulde vor, etwa 6 x 4 Meter groß und 3 Meter tief. Die Abdeckung war desolat und löchrig, sodass sich dort Oberflächenwasser sammeln und in das Bassin fließen konnte. Rund um diese Wasserstelle weideten Ziegen, Mulis und Esel. Die Tiere ruhten sich besonders gerne auf dem Bassin aus, weil es dort kühl war. Dementsprechend sah der Sammelschacht weniger wie eine Wasserversorgungsanlage, sondern eher wie eine Düngestätte aus.

Als Erstes wurde das Becken saniert, die Abdeckung instand gesetzt und ein Ablaufgraben rundherum gezogen. Somit konnten zukünftig Oberflächengewässer außen abfließen. Rund um den Behälter wurde ein ordentlicher Zaun errichtet, damit kein Vieh mehr zum Becken gelangen und es verschmutzen konnte. Als Nächstes suchten wir den Ursprung des Zulaufs zu diesem Bassin, die eigentliche Quelle. Diese lag einige hundert Meter entfernt im dichten Buschwerk. Das Bild, das sich mir dort bot, werde ich nie vergessen, besonders in Hinsicht darauf, dass das Wasser für 250 Menschen täglich zum Kochen verwendet wurde. Auch ich hatte dort schon gegessen und Kaffee getrunken. Was habe ich vorgefunden?

Es war ein Loch, eine Art offener Tümpel, der mit einer dicken Schlammschicht bedeckt war und aus dem allerlei

Für die bürgerkriegsgeschädigten Witwen und Waisen habe ich in San Pedro de Urabá (Kolumbien) einen Wassergarten samt Hügelbeeten neu errichtet und dort vor allem Obstgehölze ausgepflanzt.

In solchen Baracken am Stadtrand von Medellin wohnen Tausende Familien ohne Wasserversorgung und Kanalisation.

Bewohner des Erwachsenen- und Jugendheimes in Rio Negro (Kolumbien) halfen mir bei der Sanierung der Wasserversorgungsanlage.

Dieser katastrophal verunreinigte Tümpel ist bis heute die Quelle für das Heim. Während ich das Wasserbassin notdürftig sanieren konnte, wurde mir eine fachgerechte Fassung der Quelle nicht ermöglicht.

Getier, von Schlangen bis zu Affen, Wasser schöpfte. Ich war bei diesem Anblick dem Erbrechen nahe, entdeckte ich doch Reste von Kadavern und Kot von Tieren beim Wasser. Das Ganze war noch viel ärger als die Dungstätte auf dem Wasserbassin.

Klarerweise wollte ich diese Wasserstelle umgehend ordentlich fassen und sanieren. Das wäre in dieser Hanglage gar keine besondere Aufgabe gewesen, in einem Tag hätte alles gerichtet werden können. So weit kam es aber nicht. Mir wurde von den Verantwortlichen mitgeteilt, dass sich irgendwer in der Gegend durch diese Arbeiten provoziert fühlen könnte. Dort zu arbeiten hätte daher Todesgefahr bedeutet. Das Ganze kam mir etwas seltsam vor. Die Quelle war doch im Besitz jener Gesellschaft, die das Heim führte, somit wurden eigentlich keine Nachbarschaftsrechte berührt. Ich wollte nicht nachgeben, denn solches Trinkwasser würde ich nicht einmal für Schweine verwenden. Das gab ich den Leuten mit Nachdruck zu verstehen.

Die Vizepräsidentin der Organisation, eine ausgewanderte Österreicherin, gab mir deutlich zu verstehen: »Hier in Kolumbien gibt es kein Recht, hier gilt kein Vertrag, hier gilt nur das Recht des Stärkeren.« Ich solle mir das sagen lassen, wenn ich mich nicht einer Gefahr aussetzen wolle. Sie gab mir auch zu verstehen, dass das Team die zu meiner Bewachung nötigen Sicherheitskräfte in diesem Fall nicht aufbringen könnte, und ohne Schutz wäre die Arbeit bei der Quelle nun einmal nicht machbar. Man könnte leicht ohne Kopf im Busch wiedergefunden werden. Das wollte ich nun doch nicht riskieren und ließ von meinem Vorhaben der Sanierung ab. Für mich ist es unerklärbar, warum die Heiminsassen und andere Menschen bis heute dieses Schmutzwasser zum Kochen und Trinken verwenden müssen, wo eine Sanierung doch so einfach möglich wäre.

Wenn man gesehen hat, wie das ohnehin schlechte Wasser aus dem Heim, vermischt mit den Küchen- und Fäkalabwässern, frei durch das Gebüsch zu den darunter liegenden Armensiedlungen am Steilhang über Medellin weiterrinnt, dann weiß man plötzlich, warum die Menschen dort sterben wie die Fliegen. Hunderte Familien mit unzähligen Kindern haben kein anderes Wasser als diese Kloake zur Verfügung. Das ging für mich an die Grenze des Erträglichen. Ich schlug daher vor, eine Pflanzenkläranlage zu errichten und die Trink- und Fäkalabwässer streng zu trennen. Zur Antwort bekam ich, dass die unten am Steilhang in den Slums wohnenden Menschen ihre Grundstücke gestohlen und die Hütten dort illegal errichtet hätten. Sie hätten eigentlich keinen Anspruch auf besseres Wasser und seien selbst schuld, wenn ihnen etwas passiere.

Ein zweites Problem ergab sich bei diesen Hangsiedlungen. Murenabgänge, verursacht durch starke Niederschläge in der Regenzeit, hatten alleine im Vorjahr über 240 Bewohner dieser Armensiedlung mit in den Tod gerissen. Das komme hier alljährlich vor und sei nichts Außergewöhnliches, sagte man mir. Das sei eben die Folge, wenn die Menschen Siedlungen illegal errichteten. Die Leute seien selbst schuld, hieß es immer wieder. Ich teilte diese Ansicht überhaupt nicht. Es handelt sich bei den Betroffenen um Opfer des Bürgerkriegs, vertriebene Bauern ebenso wie Städter aus dem ganzen Land, die nahe der Großstadt weniger Gefahr sehen, überfallen zu werden, als am Land. Wo sollten diese armen Vertriebenen sonst einen Platz finden als hier an den Berghängen um Medellin? Mir setzte diese Situation so zu, dass ich mich gemeinsam mit dem ORF-Filmteam entschloss, diese Menschen zu besuchen. Das sei lebensgefährlich, warnte man uns. Nichtsdestotrotz machten wir uns auf den Weg.

Auf dem schlechten Boden in den Steilhangslums fand ich eine unglaubliche Pflanzenvielfalt vor. Kakao, Bananen, Gemüse, Kaffee und Heilkräuter aller Art dienten den Menschen als Nahrung. Unter den Hütten wurden zum Teil Hühner und Schweine gehalten, die für die Menschen eine weitere Lebensgrundlage waren. Von einer Gefahr für uns konnte keine Rede sein. Im Gegenteil, die Menschen waren zu uns sehr freundlich. Im Nu waren wir von bettelnden Kindern umringt.

Besondere Sorgen bereitete mir ein angebrochener Hang in der Siedlung, die wir besuchten. Meiner Ansicht nach bestand Gefahr, dass durch den nächsten Starkregen dort Hunderte Menschen mit in den Tod gerissen werden. Ich ersuchte das Fernsehteam, die Situation zu filmen. Den Behördenvertretern und den Grundbesitzern schlug ich eine unverzügliche Sanierung vor. Das löste bei den Verantwortlichen aber nicht mehr als Achselzucken aus.

Nach meiner Heimkehr erhielt ich einen Telefonanruf, dass bei einem Murenabgang wieder über 40 Menschen ums Leben gekommen seien.

Die Erlebnisse von Medellin prägten mich. Wie die Menschen auf gestohlenem Boden überleben, war für mich beeindruckend. Mit einem kleinen Fleckchen Grund und etwas sauberem Trinkwasser könnte sich jeder in seinem Paradiesgarten wohlfühlen. Würden die großen Brandflächen und brachliegenden Gebiete diesen Menschen zur Bewirtschaftung zur Verfügung gestellt, wäre die Hungersnot schnell beendet. Leider aber ist alles in Händen weniger Großgrundbesitzer, und so bleiben meine Pläne wohl bis auf weiteres fromme Wünsche.

Spendenaktion für Kolumbien

Die aus Sicht eines normal denkenden Menschen einfach unverantwortbare Politik in diesen Ländern und der Umgang miteinander sind so naturfremd und fern jedes schöpferischen Denkens, dass ich die moralische Verpflichtung verspüre, das Erfahrene anderen Menschen mitzuteilen, ja, es laut hinauszuschreien. Daher versuche ich, die schrecklichen Erlebnisse von Süd- und Mittelamerika bei Vorträgen und Seminaren auch anderen Menschen zu vermitteln.

Nachdem der erste Film über Kolumbien ausgestrahlt worden war, richteten der ORF, das Filmteam und ich ein Spendenkonto zugunsten der Straßenkinder von Medellin ein.

Ich habe über das Thema bei jedem Vortrag oder Seminar auf unserem Hof sowie im In- und Ausland berichtet. Ein Südtiroler Exkursionsteilnehmer namens Hermann Demichiel, Obmann des Katholischen Vereins der Werktätigen in Südtirol, griff das Problem auf und organisierte kurzerhand eine Benefizveranstaltung in Bruneck, bei der über 7000 Euro zugunsten der Straßenkinder gespendet wurden. Diese Spendengelder liegen auf einem Treuhandkonto und konnten wegen des erneut aufgeflammten Bürgerkriegs bislang nicht für die Sanierung der Wasserversorgungsanlage und den Bau einer Pflanzenkläranlage verwendet werden. Sobald sich aber die Lage beruhigt hat, wird das Geld unter meiner Aufsicht für diese Projekte in Kolumbien zum Einsatz kommen.

Meine Form der Permakultur wurde im Zuge der EXPO 2000 in Hannover von einer internationalen Expertenjury auf Herz und Nieren geprüft. Der Krameterhof wurde auf der Weltausstellung präsentiert und ausgezeichnet.

Auf das vom ORF und der zuständigen Redakteurin Mag. Claudia Hefner eingerichtete Spendenkonto sind 14 000 Euro von großzügigen Spendern eingegangen. Ein Liechtensteiner Bürger, der namentlich nicht genannt werden wollte, spendete für diese Aktion allein 7000 Euro. Diese Summe wurde dem Präsidenten der Claretiner, Pater Gabriel, in Wien bereits in bar übergeben.

Schlussbetrachtung

Philosophie der Vielfalt weckt Interesse an der Landwirtschaft

Es gelingt mir durch die Seminare und Vorträge, wieder Interesse und eine positive Einstellung zur Landwirtschaft zu wecken. Im In- und Ausland waren mir z. B. Fälle bekannt, in denen sich kein Hoferbe gefunden hat. Durch Exkursionen und Hofberatungen angeregt, zeigen junge Menschen heute wieder mehr Interesse für die Landwirtschaft und für eine Hofübernahme. Bei einem größeren Hof in meiner Nachbarschaft wird sogar über eine Besitzteilung nachgedacht, weil jedes Kind plötzlich Bauer werden möchte.

Es gibt eine ganze Reihe von Beispielen, wo Nicht-Landwirte aufgrund des vermittelten Interesses einen aufgelassenen Bauernhof gekauft haben und nach meiner Permakultur-Idee bewirtschaften. Jüngste Beispiele dieser Art gibt es im südburgenländischen Jennersdorf oder in Maria Schutz am Semmering.

Im Südburgenland ist eine Familie darum bemüht, einen Bauernhof nach dem Holzer'schen Konzept zu entwickeln. Nach einem ersten Besuch am Krameterhof im Jahre 1995 entstand bei dieser Familie aus Wien das tiefe Bedürfnis, selbst in der Landwirtschaft tätig zu werden. Nach intensiver Suche fand sich der passende alte Hof, der unter meiner Mithilfe umgestaltet wurde.

Am Semmering passiert Ähnliches. Auch hier wurde

Schlussbetrachtung

eine Wiener Familie durch einen Besuch bei uns zum Landwirt-Sein inspiriert. Beispiele für solche Beratungen und Umgestaltungen kann ich auch aus Deutschland, Italien und der Schweiz anführen. Es gibt tatsächlich nichts Schöneres, als mit Grund und Boden arbeiten zu können. Nirgends gibt es mehr zu lernen und zu lesen als im Buch Natur.

Es ist ein beglückendes Gefühl, es in diesem Ausmaß erleben zu dürfen, wie Menschen nur durch einen Besuch bei uns ihr Leben verändern und wieder den Weg zurück zur Natur finden. Bauernland gehört für mich eigentlich in Bauernhand. Wenn auch einerseits viele Landwirte das Interesse am Hof verlieren, weil sie in Einfallslosigkeit und Abhängigkeit ihre Monokulturen bewirtschaften, so ist es andererseits doch gut, wenn andere Menschen kommen, die den Grund und Boden vielseitig im Einklang mit der Natur bewirtschaften und weiterführen.

Dass immer mehr Landwirte die Freude an ihrem Beruf verlieren, ist allerdings nicht nur deren eigenes Verschulden. Wesentlichen Anteil an dieser Misere trägt die von Lobbyisten in eine falsche Richtung gesteuerte Ausbildung und Beratung, die in einer Ausbeutung der Bauern mündet. Der Bauer endet als Sklave seines Besitzes, er wird zum Gefängniswärter in seiner Massentierhaltung degradiert.

Ehrlich und direkt miteinander kommunizieren

Es macht mir Freude, die eigenen Erfahrungen weiterzuerzählen, Positives ebenso wie Negatives. Wenn die Menschen Lebenserfahrungen austauschen, so macht dies das Leben interessant. Man kann dann über mehr als nur über Wetter, Urlaub, Krankheit oder das Auto reden.

Ich werde immer wieder darauf angesprochen, meine Ideen und Erfahrungen doch patentieren zu lassen. Das lehne ich entschieden ab, denn ich vertrete die Ansicht, kein alleiniges Recht auf die Weisheiten der Natur zu haben. Was ich weitergebe, habe ich ja für mich schon gespeichert.

Mein Bekanntheitsgrad ist wohl auch darauf zurückzuführen, dass ich mein Wissen nicht für mich behalte, sondern es weitergebe. Dafür ernte ich Anerkennung und Dank, was mir wiederum Kraft und Energie verleiht. Das Geben und gegenseitige Austauschen ist eben der Kreislauf der Natur, das Patentieren wäre aus meiner Sicht Diebstahl an der Natur.

Die Menschen sollten miteinander undiplomatisch und ehrlich umgehen und kommunizieren. Nur eine solche offene und ehrliche Art kommt tief aus dem Herzen. Dem stehen die eingedrillten diplomatischen Verhaltensweisen und Redensarten unserer Gesellschaft gegenüber. Unerträglich wird es für mich, wenn akademische Redeschwalle auf mich einprasseln. Mitunter weiß ich nach einer halben Stunde noch nicht, was mir der Betreffende eigentlich mitteilen will.

Ist es nicht schade um die schöne Zeit, wenn man sich solch einen Redeschwall anhören muss? Tagtäglich müssen wir Derartiges von Medien und Politikern ertragen. Aber auch ganz andere Lebensbereiche sind von diesem Problem betroffen: Wer kann die Gesetze noch lesen, Förderungsrichtlinien oder die Gebrauchsanweisung seines Videorecorders und anderer Elektrogeräte verstehen? Die Unterhaltungsindustrie von heute führt diese seichte Kommunikation vor allem über Radio, Fernsehen und Kino heute jeden Tag vor. Viele Menschen verirren sich und verblöden dabei, ohne es selbst zu bemerken. Kinder sitzen vor dem Computer bei einem Videospiel, anstatt sich draußen mit der Natur zu verbinden.

Die Natur ist einfach und perfekt

Im Kreislauf der Natur ist nichts kompliziert, jeder Analphabet kommt mit ihr zurecht. Die verschiedensten Ureinwohner auf dieser Welt können, wenn sie in Ruhe gelassen und nicht missioniert werden, von sich aus ein zufriedenes und schönes Leben führen. Und das trotz des oft eingeengten Lebensraums in Reservaten.

Aus meiner Sicht kennt die Schöpfung keine dummen und keine gescheiten Wesen. Das versuchen nur verschiedene Menschen für sich auszunützen, indem sie Tiere oder Mitmenschen einer der beiden Gruppen zuordnen. So aber beginnt das Gegeneinander, die Verfolgung, die Ausbeutung. Die Schöpfung hingegen ist perfekt, niemand wird vergessen. Es müsste nur jeder mit dem Lebensraum, in den er hineingeboren wurde, natürlich umgehen können und in Ruhe gelassen werden, dann könnte er ein schönes und zufriedenes Leben führen. Darauf sollten wir uns besinnen.

Meine Botschaft

In all meinen Vorträgen, Dokumentationen und Seminaren, aber auch in diesem Buch habe ich nur Teile meines Lebens und meiner Erfahrungen zusammengestellt. Es ist eines meiner Kennzeichen, alles aus dem Stegreif zu vermitteln und zu behandeln. So wie mir die Dinge einfallen, erzähle ich sie. Es gäbe demnach noch vieles, was ich aus meinen nahezu 60 Jahren an Lebenserfahrung mitteilen könnte. Das vorliegende Buch ist also wie ein Auszug aus meinem Leben und meinen praktischen Erfahrungen zu verstehen.

Wann immer ich mit Menschen zusammenkomme – und das waren in den letzten Jahren viele tausend Begegnungen im In- und Ausland –, versuche ich, wichtige Botschaften zu vermitteln. Meine klaren Worte waren und sind auch bei Vorträgen und Veranstaltungen an Schulen und Universitäten auf der ganzen Welt zu hören. Die folgenden Botschaften sind als eine Art Zusammenfassung und Kernaussagen dieses Buches zu verstehen.

Entwickeln und fördern wir einen Bauernstand, der verantwortungsvoll mit seinem Grund und Boden sowie

Schlussbetrachtung

den Mitlebewesen, Mensch wie Tier, umgeht! Der Bauer soll Nahrung erzeugen, die den Menschen vor Siechtum und Entartung bewahren kann. Er soll Lebensmittel erzeugen und nicht bloß Nahrungsmittel, denn alles Leben auf der Erde hat ein angeborenes Recht auf Gesundheit. Dieses Naturgesetz gilt für unsere Erde, die Pflanzen und Tiere sowie uns Menschen. Die Natur und das Leben funktionieren nur in Kreisläufen, es gibt keine Sackgassen oder Ecken und Enden. Die Schöpfung ist vollkommen. Die Natur hat immer Recht, ist immer richtig; die Fehler machen nur wir Menschen.

In diesem Sinne muss es Auftrag für die Bauern sein, als Lehrer für eine nachhaltige Landwirtschaft tätig zu sein und sich nicht als Boden- und Wasservergifter oder Massentierquäler von Lobbyisten missbrauchen zu lassen.

Erkennen wir die grenzenlosen Möglichkeiten der Schöpfung! In der Natur findest du in jeder Situation Rat und Hilfe, du musst dich nur mit ihr verbinden. In schwierigen Situationen und Entscheidungen versetze dich in die Lage deines Gegenübers! Du bist die Pflanze, das Tier, der Mensch. So erfährst du, was du dem anderen zumutest, und kannst leichter die richtige Entscheidung treffen. Schaff also Platz in deinem Hirn, wirf das Unwichtige in den Papierkorb, damit dir das Wichtige ein- und nicht vorbeifällt.

Begreifen wir die Natur und bekämpfen wir sie nicht! Das ermöglicht ein Leben in Kooperation und nicht in

Konfrontation mit ihr. Die Holzer'sche Permakultur muss man leben, damit man sie erleben und auch vermitteln kann.

Entwurzeln wir uns nicht von der Natur! In erschreckendem Ausmaß werden heute vor allem Kinder entwurzelt und von der Natur wegerzogen. Die Folgen sind allzu deutlich bemerkbar. Allergien, Unlust, Perspektivenlosigkeit, Alkoholmissbrauch, Drogenabhängigkeit, Kriminalität und Gewalt nehmen drastisch zu. Hindernisse und Probleme sollten nicht aus dem Weg geräumt werden, sondern von Eltern und Kindern gemeinsam aufgearbeitet und bewältigt werden. Symbiosen in der Pflanzen- und Tiergemeinschaft könnten gute Ratschläge geben, vorausgesetzt, man könnte sie wahrnehmen.

Treiben wir uns nicht gegenseitig an! Dadurch werden die Menschen nur zu Nachläufern, wie die Lemminge. Breite Bevölkerungsschichten verblöden, ohne die geistige Verarmung zu bemerken. Die psychischen Probleme und Depressionen nehmen zu. Ein entwurzeltes Wesen findet eben keine natürliche Nahrung mehr.

Der Mensch braucht ein Fundament mit tiefen Wurzeln in gesunder Erde, dort kann er Energie tanken, Rat und Hilfe in jeder Situation erfahren und jede Angst verlieren. Denn Angst wird nur vom Menschen geschürt, um andere einzuschüchtern, abhängig zu machen und auszunutzen.

Erkennen wir einen Irrweg, und kehren wir von selbst um! Erwarten wir nicht, dass uns jemand anderer von einem falschen Weg abbringt! Dann würden wir nämlich lange warten.

Entschuldigen wir uns, wenn wir jemandem Unrecht getan haben! So viel Courage sollten wir aufbringen. Die eigenen Fehler soll der Mensch einsehen und sie nicht anderen zuschieben. Aus Fehlern, die man eingesteht, lernt man. Das zeigt die wahre Seite eines Menschen und tut beiden Teilen gut.

Einem natürlichen und nicht einem anerzogenen, diplomatischen Verhalten ist der Vorrang zu geben. Meine Renaturierungsmaßnahmen bei Pflanzen, Tieren und Menschen haben mir gezeigt, dass wir alle ein bisschen mehr Natürlichkeit, Menschlichkeit und Ehrlichkeit im Umgang miteinander bitter nötig hätten. Auf die Verlogenheit und die Diplomatie können wir durchaus verzichten.

Streben wir ein erfülltes, ganzheitliches Leben in Symbiose mit unseren Mitlebewesen an! Es gibt nichts auf der Welt, was bekämpft werden müsste. Reden wir nicht nur von unserer Mutter Erde, sondern behandeln wir sie dementsprechend! In der Natur gibt es keine Kompromisse, es gibt nur einen richtigen und einen falschen Weg. Das müssen wir auch unseren Kindern erklären und vorleben. Das Herz soll im Zentrum stehen, von der Seele umschlossen und vom Geist gelenkt.

Zeigen wir Zivilcourage! Gesetze, die sich nicht mit der Natur vereinbaren lassen, lehne ich grundsätzlich ab und befolge sie nicht. Wer den natürlichen Weg wählt und ihn konsequent geht, wird zwar kurzfristig Probleme haben, aber langfristig Recht bekommen und bestätigt werden. In der gigantischen Wunderwelt unseres Universums gibt es Gott sei Dank eine hundertprozentige Perfektion und Gerechtigkeit. Diese erfahren auch wir Menschen im ständigen Kreislauf der Schöpfung.

Setzen wir uns ein Ziel, das wir anstreben und erreichen können! Mein Ziel ist sehr weit gesteckt. Es ist eine gesunde Erde, auf der Pflanzen, Tiere und Menschen würdevoll miteinander umgehen und leben können.

Sepp Holzer

Eckhart Tolle · Eine neue Erde

ISBN 3-442-33706-2

Nach seinen Bestsellern „Jetzt" und „Leben im Jetzt" geht Eckhart Tolle mit seinem neuen Buch einen Schritt weiter. Er setzt das Erwachen eines radikal geänderten persönlichen Bewusstseins in Beziehung zum Kollektivbewusstsein. Nur wenn wir uns in einen „inneren Raum" jenseits von Gedanken, Emotionen und reaktivem Verhalten bewegen, erfahren wir Liebe und eine allumfassende Intelligenz. Nur wenn viele Menschen diesen Schritt gehen, wird sich ein neues Bewusstsein entwickeln. Nur ein neues Bewusstsein kann uns und die Erde vor Zerstörung bewahren.

**GOLDMANN
ARKANA**

»Durchdacht und fesselnd ... Sie werden kaum eine bessere Darstellung darüber finden, wo genau Ihre Nahrung herkommt.«

(New York Times Book Review)

272 Seiten
ISBN 978-3-422-21872-1

Pollan reduziert seine Ernährungstipps auf den Satz: »Esst Nahrung, nicht zu viel und überwiegend Pflanzen« und plädiert im Übrigen dafür, das Essen dem gesunden Menschenverstand zu überlassen. Ein vergnüglicher Antiratgeber, der uns endlich die Lust am Essen zurückgibt.

Überall, wo es Bücher gibt, und unter www.arkana-verlag.de

Gesund leben und essen

Irene Dalichow, 21790
Die Gewürzapotheke

Galina Schatalova, 21745
Heilkräftige Ernährung

Nobuo Shioya, 21743
Die Kraft strahlender Gesundheit

Otfried D. Weise, 14188
Entschlackung

**GOLDMANN
ARKANA**